Die Stellung des Aktionärs
bei Übernahmen börsenkotierter Unternehmen

Europäische Hochschulschriften
Publications Universitaires Européennes
European University Studies

Reihe V
Volks- und Betriebswirtschaft

Série V Series V
Sciences économiques, gestion d'entreprise
Economics and Management

Bd./Vol. 2306

PETER LANG
Frankfurt am Main · Berlin · Bern · New York · Paris · Wien

Barbara Möller

Die Stellung des Aktionärs bei Übernahmen börsenkotierter Unternehmen

Optionen und rechtliche Grenzen im schweizerischen und im englischen Recht

PETER LANG
Europäischer Verlag der Wissenschaften

Die Deutsche Bibliothek - CIP-Einheitsaufnahme

Möller, Barbara:

Die Stellung des Aktionärs bei Übernahmen börsenkotierter Unternehmen : Optionen und rechtliche Grenzen im schweizerischen und im englischen Recht / Barbara Möller. - Frankfurt am Main ; Berlin ; Bern ; New York ; Paris ; Wien : Lang, 1998

(Europäische Hochschulschriften : Reihe 5, Volks- und Betriebswirtschaft ; Bd. 2306)
Zugl.: Fribourg, Univ., Diss., 1998
ISBN 3-631-33518-0

ISSN 0531-7339
ISBN 3-631-33518-0

Vorwort

An dieser Stelle möchte ich Professor Max Boemle für die Unterstützung meiner Dissertation Dank sagen.

Ebenso gebührt den Personen Dank, die mir anlässlich von Interviews oder Anfragen zu wesentlichen Informationen verhalfen. Dies sind insbesondere Felix Huber und Dr. Martin Weber vom Schweizerischen Bankverein; Kath Cates, Abigail Harvey, John Cusack und Andrew Corrie von SBC Warburg Dillon Read (London); Dr. Anne Héritier-Lachat und Professor Alain Hirsch von der Kommission für Regulierungsfragen; Daniel Suter und Hanspeter Plozza von Coopers & Lybrand (Basel); Nigel Atkinson von der London Stock Exchange und Myriam Senn von der Eidgenössischen Bankenkommission.

Mein besonderer Dank gilt Dr. Hans-Peter Bauer und Pierre Grumbacher vom Schweizerischen Bankverein, die mir jederzeit mit Rat und Tat zur Seite standen.

Inhaltsverzeichnis

Tabellenverzeichnis

Abbildungsverzeichnis

Abkürzungsverzeichnis

ABI	Association of British Insurers
ABl.	Amtsblatt der Europäischen Gemeinschaften
ABV	Aktionärsbindungsvertrag
AG	Aktiengesellschaft
aOR	altes Obligationenrecht (vor dem 1.7.1992)
ASB	Accounting Standards Board
ASC	Accounting Standards Committee
BBl.	Bundesblatt der schweizerischen Eidgenossenschaft
BEHG	Bundesgesetz über die Börsen und den Effektenhandel
BGE	Bundesgerichtsentscheid
CA 1985	Companies Act aus dem Jahre 1985
Consgold	Consolidated Hold Fields
CSI	Council for the Securities Industry
DCF	Discounted Cash-Flow
DTI	Department of Trade and Industry (Industrie- und Handelsministerium)
EBK	Eidgenössische Bankenkommission
ECU	European Currency Unit
EG	Europäische Gemeinschaft
EGV	Vertrag zur Gründung der Europäischen Gemeinschaft
et al.	et alii
EU	Europäische Union
EWG	Europäische Wirtschaftsgemeinschaft
FAS	Financial Accounting Standards
FASB	Financial Accounting Standards Board
FER	Fachempfehlungen zur Rechnungslegung
FRS	Financial Reporting Standards
FSA 1986	Financial Services Act aus dem Jahre 1986
FTA 1973	Fair Trading Act aus dem Jahre 1973
FTSE	Financial Times Stock Index
GAAP	Generally Accepted Accounting Standards
GEC	General Electric Co.
GP	General Principle
GV	Generalversammlung
HSBC	Hong Kong and Shanghai Banking Corporation
IAS	International Accounting Standards
IASC	International Accounting Standards Committee
inc.	incorporated
IP	International Paper

KG	Bundesgesetz über Kartelle und andere Wettbewerbsbeschränkungen
KVZ	Konsumverein Zürich
LSE	London Stock Exchange
ltd.	limited
M&A	Mergers and Acquisitions
MMC	Monopolies and Mergers Commission
NAPF	National Association of Pension Funds
OFT	Office of Fair Trading
OR	Obligationenrecht
o.V.	ohne (Angabe des) Verfasser(s)
Plc.	public limited company
PüG	Preisüberwachungsgesetz
R-UEK	Reglement der Übernahmekommission
s.	section
ss.	sections
SARs	Rules Governing Substantial Acquistions of Shares
SIB	Securities and Investment Board
SR	Systematische Sammlung der Bundesgesetze und Verordnungen
SSAP	Statements of Standard Accounting Practice
StGB	Strafgesetzbuch
v.	versus
VSB	Vereinigung der Schweizer Börsen
V-BR	Börsenverordnung des Bundesrates
V-EBK	Börsenverordnung der Eidgenössischen Bankenkommission
V-UEK	Verordnung der Übernahmekommission über öffentliche Kaufangebote
UTH	Usego-Trimerco Holding

1. Einleitung

1.1 Problemstellung

In der Schweiz wurde am 24. März 1995 das Bundesgesetz über die Börsen und den Effektenhandel (BEHG) von den eidgenössischen Räten angenommen. Sein erster Teil, der aus der Börsenverordnung des Bundesrates, der Gebührenverordnung sowie den Bestimmungen über die Journalführungspflichten und die Meldepflichten für Effektenhändler besteht, trat am 1. Februar 1997 in Kraft, während der zweite Teil, der die Vorschriften zur Offenlegung von Beteiligungen und zu den öffentlichen Kaufangeboten regelt, am 1. Januar 1998 in Kraft trat. Damit sind erstmals in der Schweiz öffentliche Übernahmen von börsenkotierten Unternehmen einer gesetzlichen Regelung unterzogen und Meldepflichten für Beteiligungen statuiert. Zudem wird eine Aufkaufpflicht ab einer bestimmten Beteiligungsschwelle vorgeschrieben. Die Unternehmen haben allerdings die Möglichkeit, diese Aufkaufpflicht statutarisch wegzubedingen (Opting-out oder Opting-up). Wichtige Neuerungen des Börsengesetzes sind auch die Verhaltensvorschriften für das Management der Zielgesellschaft während eines Übernahmeangebotes und die Möglichkeit des Anbieters, ab einer Beteiligungsschwelle von 98 Prozent der Stimmrechte der Zielgesellschaft die restlichen Beteiligungspapiere von einem Richter binnen dreier Monate für kraftlos erklären zu lassen (Squeeze Out).

Mit den neuen Vorschriften des BEHG versucht der Gesetzgeber einen umfassenden Anlegerschutz und die Funktionsfähigkeit des Finanzmarktes Schweiz zu gewährleisten. Sie sollen insbesondere die Transparenz und die Gleichbehandlung der Anleger der Zielgesellschaft sicherstellen. Das BEHG lehnt sich dabei sehr stark an den englischen City Code on Takeovers and Mergers an. Dies kommt unter anderem in den Vorschriften zur Aufkaufpflicht, den neuen Melde- und Verhaltenspflichten und einigen Elementen der Selbstregulierung zum Ausdruck. Der City Code hat sich bereits seit vielen Jahren bewährt. Auch er beabsichtigt einen Schutz der Anleger bei Übernahmen, indem er insbesondere auf die Transparenz von Übernahmen und die Gleichbehandlung der Anleger abstellt. Damit wird der Anlegerschutz in beiden Regelungen als eines der wichtigsten Ziele proklamiert.

Die Gründe für die herausragende Stellung des Aktionärsschutzes in beiden Regelungen liegen in der besonderen Situation der Aktionäre bei Übernahmen. Letztendlich sind es die Aktionäre der Zielgesellschaft, die durch den Verkauf ihrer Aktien über den Erfolg eines öffentlichen Übernahmeangebotes entscheiden. Aus diesem Grund könnten gerade bei unfreundlichen Übernahmen andere an der Übernahme beteiligte Parteien, insbesondere der Bieter und das Management der Zielgesellschaft, versucht sein, die Entscheidung der Aktionäre in eine ihnen genehme Richtung zu lenken. So wird der Bieter an einem möglichst niedrigen Übernahmepreis und einer schnellen Abwicklung der Übernahme interessiert sein, während das Management der Zielgesellschaft - insbesondere bei einer unfreundlichen Übernahme - versucht sein könnte, seine eigene Stellung durch Abwehrmassnahmen zu erhalten. Da der Aktionär in der Regel nur beschränkten Zugang zu Informationen über die Zielgesellschaft hat und vor allem auf die Informationen des Managements der Zielgesellschaft angewiesen ist, entsteht ein besonderes Informationsbedürfnis des Aktionärs. Zudem benötigt der Aktionär der Zielgesellschaft ausreichende Informationen über die Bietergesellschaft, die ihm einen ausgewogenen Entscheid über den Verkauf oder Tausch seiner Aktien ermöglichen sollten. Schliesslich besteht besonders bei unfreunlichen Übernahmen ein Schutzbedürfnis des Aktionärs vor Abwehrmassnahmen des Managements, insbesondere vor solchen, die allein auf den Erhalt der Machtposition des Managements abzielen.[1]

1.2 Zielsetzung und Vorgehensweise

In dieser Arbeit soll die Stellung des Aktionärs bei Übernahmen börsenkotierter Unternehmen untersucht werden. Besondere Bedeutung soll dabei den Auswirkungen des neuen Börsengesetzes auf die Stellung des Aktionärs der Zielgesellschaft in der Schweiz zukommen.

Da sich das BEHG gerade beim Anlegerschutz sehr stark an den City Code on Takeovers and Mergers anlehnt, liegt es nahe, die Situation des Aktionärs sowohl in England als auch in der Schweiz zu untersuchen. Dabei erfolgt eine Prüfung, ob sich die Regelungen, die sich in England seit Jahrzehnten bewährt haben, wirklich so leicht auf die Schweiz übertragen lassen und inwiefern ein Anpassungsbedarf an schweizerische Verhältnisse besteht oder bereits im BEHG berücksichtigt wurde. Dadurch können auch die grundlegenden Unterschiede zwischen den beiden Ländern, die trotz einer sehr ähnlichen Ausgestaltung der Übernahmevorschriften bestehen, aufgezeigt, die unterschiedlichen Möglichkeiten der Aktionäre, auf den Übernahmeprozess Einfluss zu nehmen und die rechtlichen Grenzen dieses Einflusses betrachtet werden. Schlussendlich ermöglicht die Einbeziehung des englischen City Code, die Entwicklungen der Übernahmevorschriften in der Schweiz in einem internationalen Kontext zu sehen und Entwicklungsrückstände und Entwicklungspotentiale aufzuzeigen.

Um diese Ziele zu erreichen, sollen im zweiten Kapitel die theoretischen Grundlagen gelegt und die Gesetze und Regelwerke, die bei Übernahmen beachtet werden müssen, beschrieben werden. Dazu werden der Begriff der Kontrolle, die Gründe für Übernahmen und Kontrollprämien und die verschiedenen Interessengruppen, die auf dem Markt für Unternehmenskontrolle zusammentreffen, beschrieben. Daran anschliesend werden die gesetzlichen oder freiwilligen Vorschriften zu Übernahmen in der Schweiz und in England vorgestellt und die Entwicklung des Marktes für Unternehmenskontrolle in den beiden Ländern kurz

[1] Vgl. Meier-Schatz, C. J., Betrachtungen, 1991, S. 57.

beschrieben. In dem anschliessenden dritten Kapitel werden die Rechte und Pflichten des Aktionärs in Übernahmesituationen untersucht. Das vierte und letzte Kapitel beschreibt dann die verschiedenen Abwehrmassnahmen, die zum einen zur Prävention von Übernahmen und zum anderen zur Abwehr eines unerwünschten Bieters vom Management ergriffen werden. Dabei sollen die Möglichkeiten des Aktionärs, seinen Willen durchzusetzen, und seine Möglichkeiten der Einflussnahme bei der Ausgestaltung und dem Einsatz von Abwehrmassnahmen eingehend beleuchtet werden, da gerade die Analyse solcher Abwehrmassnahmen die Beeinflussbarkeit des Übernahmeprozesses durch den Aktionär besonders gut illustriert.

1.3 Begriffsbestimmungen und thematische Abgrenzung

Der Begriff der Übernahme (Takeover) beschreibt den Versuch eines Bieters (Bietergesellschaft, Bidder), die Kontrolle über ein anderes Unternehmen (Zielgesellschaft, Target Company) zu erlangen. Wie die nachfolgende Tabelle zeigt, kann dabei die Kontrolle auf unterschiedlichen Wegen erlangt werden.

Tabelle 1: Arten der Kontrollerlangung

Arten der Kontrollerlangung
1. Heimlicher Aufkauf größerer Aktienpakete an der Börse
2. Börslicher oder außerbörslicher Kauf eines Mehrheitspaketes
3. Erwerb durch Aktienemission
4. Proxy-Fight
5. Öffentliches Übernahmeangebot

Quelle: eigene Darstellung

Bei Proxy-Fights versucht ein Bieter, von anderen Aktionären Stimmrechtsvollmachten zu erlangen. Sie können zumeist nur dafür eingesetzt werden, auf einer Generalversammlung wichtige Entscheidungen zu beeinflussen und hatten in der Schweiz aufgrund der fehlenden Möglichkeit, die Identität der Aktionäre festzustellen, bis zum Zeitpunkt des Inkrafttretens des BEHG keine Bedeutung. Es bleibt abzuwarten, ob durch die neu eingeführten Meldepflichten des BEHG Proxy Fights - in dem bereits erwähnten beschränkten Ausmass - eingesetzt werden können. Andererseits haben diese Meldepflichten in der Schweiz und in England aber auch zur Folge, dass der heimliche Kauf von Mehrheitspaketen im Falle von börsenkotierten Unternehmen durch die Vorschriften des Companies Act so stark eingeschränkt, dass er als Übernahmemassnahme keine Bedeutung erlangen kann. Da dies ebenso auf den Erwerb durch Aktienemission, der ebenfalls nur als vorbereitende Massnahme betrachtet werden kann, zutrifft, verbleibt damit das öffentliche Übernahmeangebot als wichtigste Methode, die Kontrolle über eine börsenkotierte Zielgesellschaft zu erlangen, ohne mit dem Management in Verhandlungen treten zu müssen.[2]

Ein Übernahmeangebot (Tender Offer, Takeover Bid) ist die von einer Bietergesellschaft ausgehende öffentliche Offerte an alle Aktionäre einer börsenkotierten Zielgesellschaft, deren Aktien innerhalb eines festgesetzten Zeitraums zu festgesetzten Bedingungen zu erwerben. Den Aktionären wird dabei entweder ein festgelegter Preis (Barangebot, Cash Offer) oder ein Umtausch in andere, meist von der Bietergesellschaft emittierte Wertpapiere (Umtauschangebot, Offer to Exchange Securities) angeboten. Dabei kann bereits ein Teilangebot (Partial Bid), das nur einen Prozentsatz oder eine bestimmte Kategorie der ausstehenden Aktien umfasst, ausreichen. Gilt das Angebot für alle Aktien der Zielgesellschaft, so spricht man von einem Vollangebot (Full Bid).[3]

Erfolgt die Übernahme gegen den Willen des Managements[4], so wird sie als unfreundlich (Unfriendly Takeover, Hostile Takeover, Contented Takeover, Defended Takeover) bezeichnet; unterstützt das Management der Zielgesellschaft das Übernahmeangebot, so ist es ein freundliches Übernahmeangebot (Friendly Takeover, Agreed Takeover). Die Bezeichnung eines Übernahmeangebotes als feindlich sagt demnach nur etwas über die Haltung des Managements und nichts über die Haltung der Aktionäre aus.[5]

Übernahmen werden häufig mit dem Begriff M&A (Mergers and Acquisitions, Fusionen und Übernahmen) gleichgesetzt. Dies ist nicht ganz korrekt, da dieser Begriff auch Fusionen, die in der Praxis relativ selten sind, und den Kauf von Aktiven und Passiven durch einen Vertrag umfasst. Der Begriff M&A ist damit ein Sammelbegriff für Akquisitionen, Beteiligungen und ganze oder teilweise Unternehmensverkäufe (Divestments).[6]

Das öffentliche Übernahmeangebot zeichnet sich gegenüber anderen Methoden der Kontroll-übernahme dadurch aus, dass ihm keine Vertragsverhandlungen mit dem Management der Zielgesellschaft vorausgehen müssen. Vielmehr wendet sich das Management der Bietergesellschaft direkt an die Aktionäre der Zielge-

---

2 Vgl. Böckli, P., Aktienrecht, 1996, S. 417; Bohrer, A., Takeover, 1993, S. 505; Braschler, C., Abwehrmassnahmen, 1992, S. 6 f. und 159; Burkart, M., Kaufangebote, 1994, S. 32; Lüttmann, R., Kontrollwechsel, 1992, S. 21; Mayr, S., Takeovers, 1989, S. 3; Schade, M., Internationalisierung, 1990, S. 23; Watter, R., Unternehmensübernahmen, 1990, S. 50.

3 Vgl. Berger, K. P., Unternehmensübernahmen, 1991, S. 1645 f.; Braschler, C., Abwehrmassnahmen, 1992, S. 7; Lüttmann, R., Kontrollwechsel, 1992, S. 22; Meier-Schatz, C. J., Betrachtungen, 1991, S. 57; Tschäni, R., Übernahmeangebote, 1994, S. 308.

4 Unter Management wird in dieser Arbeit für die Schweiz der Verwaltungsrat und die Geschäftsleitung und für England das Board of Directors verstanden.

5 Vgl. Auerbach, A., Takeovers, 1988, S. 106; Röhrich, M., Feindlich, 1992, S. 16 f.; Strazzer, R., Übernahmeangebot, 1993, S. 19; Todd, R. / Lynchehan, M., United Kingdom, 1992, S. 65.

6 Vgl. Braschler, C., Abwehrmassnahmen, 1992, S. 6; Schade, M., Internationalisierung, 1990, S. 2 f.; Watter, R., Unternehmensübernahmen, 1990, S. 50.

sellschaft. Während ein solches Vorgehen in England durchaus üblich ist, ist es in der Schweiz bisher kaum aufgetreten.[7]
Im Gegensatz zu anderen Methoden der Kontrollübernahme kann ein Übernahmeangebot gerade bei Publikumsgesellschaften mit zersplittertem Anteilsbesitz eingesetzt werden und insbesondere auch dann, wenn das Management sich nicht zu Vertragsverhandlungen bereit erklärt hat oder diese bereits gescheitert sind. Auch erlaubt ein Übernahmeangebot, dass die Kontrolle verhältnismässig zügig erworben wird. Gegenüber Marktkäufen hat es den Vorteil, dass es allen Aktionären den gleichen Preis bietet und somit die Gleichbehandlung der Aktionäre gesichert ist. Gegenüber dem Paketkauf hat es den Vorteil, dass es nicht so leicht blockiert werden kann und keine Einigung über den Paketzuschlag erfolgen muss. Zudem bergen Paketkäufe grundsätzlich das Problem der Bevorzugung einzelner Aktionäre. Im übrigen werden die Möglichkeiten, einen Paketzuschlag zu zahlen, durch das schweizerische Börsengesetz teilweise und durch den City Code vollkommen eingeschränkt. Der Unterschied der Unternehmensübernahme zur Fusion wird dadurch gekennzeichnet, dass die rechtliche Selbständigkeit der Zielgesellschaft bei einer Übernahme nicht berührt wird, während bei der Fusion eines der beiden Unternehmen seine Rechtspersönlichkeit verliert oder beide Unternehmen in einem neugegründeten Unternehmen aufgehen.[8]
Die Nachteile von Übernahmeangeboten bestehen darin, dass in der Regel nicht alle Aktionäre das Angebot annehmen werden. Zudem werden die Aktionäre das Übernahmeangebot nur dann annehmen, wenn der Bieter bereit ist, einen Aufschlag auf den gegenwärtigen Aktienkurs zu zahlen. Dieser Aufschlag wird in der Literatur[9] auch Kontrollprämie genannt und entsteht nach Böckli[10] dann, wenn beim Mehrheits- oder Kontrollübergang ein Mehrwert gegenüber dem vorher geltenden Kurswert erzielt wird. Ausserdem erfordern Übernahmeangebote eine breite Streuung des Anteilsbesitzes, da bei Unternehmen mit einem festen Aktionärskern die direkte Kontaktierung des Mehrheitsaktionärs sicherlich eher zum Erfolg führt als die Publikation einer Übernahmeofferte in einer nationalen Tageszeitung. Durch die breite Streuung erhöht sich auch der Anteil der nicht

---

7 Vgl. Strazzer, R., Übernahmeangebot, 1993, S. 3.

8 Vgl. Caytas, I. G. / Mahari, J. I., Investment Banking, 1988, S. 125-127; Huemer, F., Acquisitions, 1991, S. 5; Lüttmann, R., Kontrollwechsel, 1992, S. 22; Röhrich, M., Feindlich, 1992, S. 41; Watter, R., Unternehmensübernahmen, 1990, S. 49 und 330; Zoern, A., Motive, 1994, S. 3 f.

9 Vgl. Assmann, H.-D. et al., Übernahmeangebote, 1990, S. 1; Böckli, P., Aktienrecht, 1996, S. 870; Röhrich, M., Feindlich,1992, S. 41; Watter, R., Unternehmensübernahmen, 1990, S. 67 und 290 f.

10 Böckli, P., Aktienrecht, 1996, S. 870; der Begriff der Kontrollprämie ist vom Paketzuschlag insofern abzugrenzen, als ein Paketzuschlag bedeutet, dass für ein grosses Aktienpaket ein höherer Kaufpreis als für ein kleines gezahlt wird. Dabei kann aber auch an die kleinen Aktienpakete ein (wenn auch geringerer Teil) der Kontrollprämie gezahlt werden. Paketzuschläge können damit eine ungleiche Verteilung der Kontrollprämie bewirken.

aktiv an der Geschäftsführung beteiligten Aktionäre, die zumeist von finanziellen Beweggründen angetrieben werden. Zudem besteht bei einem weitgestreuten Aktienbesitz für Aktionäre auch nicht die Möglichkeit, ihr Verhalten untereinander zu koordinieren.[11]

In dieser Arbeit werden nur Übernahmen börsenkotierter Unternehmen betrachtet. Der Schwerpunkt soll dabei auf öffentlichen Übernahmeangeboten an die Aktionäre börsenkotierter Unternehmen liegen, wobei es gleichgültig sein soll, ob der Gegenwert Bargeld oder Aktien sein soll (der letztere Fall wird auch als unechte Fusion bezeichnet).[12] Der heimliche oder offene, börsliche oder ausserbörsliche Kauf von Aktien wird nur als vorbereitende Massnahme zu einem Übernahmeangebot betrachtet, da er durch Melde- und Aufkaufpflichten an Bedeutung verlieren wird. Auch der direkte Kauf eines Aktienpaketes von einem Mehrheitsaktionär wird durch die neuen Regelungen des Börsengesetzes und die seit vielen Jahren bestehenden Regelungen des Companies Act und des City Code erheblich eingeschränkt und deswegen nur am Rande behandelt. Echte Fusionen oder der Kauf von Aktiven und Passiven mittels eines Vertrages werden nicht betrachtet.

---

[11] Vgl. Assmann, H.-D. et al., Übernahmeangebote, 1990, S. 1; Röhrich, M., Feindlich, 1992, S. 41; Watter, R., Unternehmensübernahmen, 1990, S. 67 und 290 f.

[12] Vgl. Boemle, M., Unternehmensfinanzierung, 1993, S. 481.

2. Theorie, Gesetze und freiwillige Regelwerke

In diesem Kapitel sollen die theoretischen Grundlagen gelegt werden und die in der Schweiz und in England geltenden Gesetze und freiwilligen Regelwerke vorgestellt werden. Da es sich bei Übernahmen grundsätzlich um den Übergang der Kontrolle von einem Eigentümer zu dem nächsten handelt, werden zuerst die Begriffe der Kontrolle, der Kontrollprämie und des Marktes für Unternehmenskontrolle erläutert. Daran anschliessend sollen die Gründe für die Bezahlung von Kontrollprämien und für Übernahmen beschrieben und die von Übernahmen betroffenen Interessengruppen vorgestellt werden. Nach diesem theoretischen Teil wird der Markt für Unternehmenskontrolle in der Schweiz und in England analysiert. Dies umfasst zum einen eine Beschreibung der Gesetze und freiwilligen Regelwerke und zum anderen eine kurze Beschreibung der historischen Entwicklung von Übernahmen in diesen beiden Ländern.

2.1 Theorie der Unternehmenskontrolle

2.1.1 Der Begriff der Kontrolle

Der Begriff der Kontrolle ist im schweizerischen Recht weitgehend unbestimmt. So umfassen die Kontrollrechte des Aktionärs im schweizerischen Aktienrecht lediglich das Recht auf Bekanntgabe des Geschäftsberichtes (Art. 696 OR) und auf Auskunft und Einsicht (Art. 697 OR). Eine Definition von Kontrolle enthält lediglich das Kartellgesetz. Nach Art. 1 der Verordnungen zum Kartellgesetz erlangt ein Unternehmen „die Kontrolle über ein bisher unabhängiges Unternehmen, wenn es durch den Erwerb von Beteiligungsrechten oder auf andere Weise die Möglichkeit erhält, einen bestimmenden Einfluss auf die Tätigkeit des andern Unternehmens auszuüben." Im englischen City Code wird Kontrolle als eine Position oder aggregierte Position von Aktien definiert, mit denen 30 Prozent der Stimmrechte oder mehr ausgeübt werden können.[13]
Versteht man nach Caytas/Mahari[14] unter Kontrolle die Möglichkeit, Einfluss auf das Geschehen im Unternehmen zu nehmen und insbesondere Manager einzusetzen und abzuberufen oder deren Aufgaben selbst zu übernehmen, so zeigt sich, dass die Kontrolle über eine Gesellschaft eng mit dem Stimmrecht verknüpft ist. Das Stimmrecht ermöglicht dem Aktionär, an der Generalversammlung über die Gewinnverwendung und Kapitalmaßnahmen abzustimmen und vor allem den Verwaltungsrat zu wählen und abzuberufen. Nach Röhrich[15] kann Unterneh-

---

[13] Vgl. City Code, Definitions C4.
[14] Caytas, I. G. / Mahari, J. I., Investment Banking, 1988, S. 145.
[15] Röhrich, M., Feindlich, 1992, S. 49.

menskontrolle auch als die Verfügungsmacht über die gesamten Ressourcen einer Unternehmung definiert werden.[16]

Durch eine Übernahme versucht eine Bietergesellschaft, die Kontrolle über ein anderes Unternehmen zu gewinnen. Um diese Kontrolle zu erlangen, muss je nach Einzelfall eine bestimmte Beteiligungsschwelle erreicht werden. So kann es bei Unternehmen, in deren Statuten für bestimmte Entscheidungen ein qualifiziertes Stimmenmehr gefordert wird, nicht ausreichen, eine Mehrheitsbeteiligung (Majority Control) zu halten. Hingegen können in einer Gesellschaft mit breit gestreutem Aktienbesitz bereits weniger als 50 Prozent der Stimmrechte für die Ausübung der Kontrolle ausreichend sein (Minority Control). Ist die Beteiligung mit der Geschäftsführung oder mit der Einflussnahme auf ein Geschäftsführungsorgan verbunden, so kann sie sogar bei einer noch geringeren Beteiligung die Kontrolle garantieren (Working Control). Kurzfristig kann auch dadurch, dass andere Aktionäre dem Bieter Vollmacht über ihre Stimmrechte geben (Proxy Fight), Kontrolle ausgeübt werden.[17] "Kontrolle hängt somit weniger von einem bestimmten Prozentsatz der Beteiligung, als vielmehr vom konkreten, in Frage stehenden Aspekt von Kontrolle und den spezifischen Verhältnissen in der AG ab."[18] Diese werden beispielsweise durch die Aktionärsstruktur, die Generalversammlungspräsenz, personelle Verflechtungen, Blockbildungen und Stimmrechtsvertretungen geprägt.[19]

Die verschiedenen möglichen Aktionärsstrukturen zeigen auch deutlich, dass nicht alle Aktionäre die gleichen Interessen haben. So wird ein Mehrheitsaktionär meist auch an der Geschäftsführung beteiligt sein, während ein Streubesitz- oder Publikumsaktionär eher an einer gewinnbringenden Anlage als an einer Kontrolle über die Gesellschaft interessiert sein wird. Institutionelle Investoren schliesslich sind - wie die Streubesitz- oder Publikumsaktionäre - vor allem an dem gewinnbringenden Einsatz des ihnen anvertrauten Vermögens interessiert, können aber auch die Kontrolle über ein Unternehmen anzustreben versuchen. Letzteres hängt auch von dem Diversifikationsgrad des institutionellen Investors ab: so ist ein Investor, der eine breite Anlagepalette hat, auch aus Zeitgründen meist nicht an einer Einflussnahme interessiert, während ein institutioneller Investor, der nur in einige wenige Unternehmen investiert, auf diese auch einen grösseren Einfluss auszuüben versuchen wird.[20] Die untenstehende Tabelle 2 soll die Arten von

---

[16] Vgl. Braschler, C., Abwehrmassnahmen, 1992, S. 6; Caytas, I. G. / Mahari, J. I., Investment Banking, 1988, S. 145; Röhrich, M., Feindlich, 1992, S. 49.

[17] Allerdings können die Statuten vorschreiben, dass ein Aktionär sich in der Generalversammlung nur durch einen anderen Aktionär vertreten lassen kann (vgl. Böckli, P., Aktienrecht, 1996, S. 621).

[18] Watter, R., Unternehmensübernahmen, 1990, S. 65.

[19] Vgl. Braschler, C., Abwehrmassnahmen, 1992, S. 6; Röhrich, M., Feindlich, 1992, S. 50.

[20] Vgl. Bachmann, R.-P., Übernahmen, 1992; Boemle, M., Rechenschaft, 1996, S. 35; Schmid, H.-R., Aktionär, 1996, S. 6 f.

Aktionären mit ihren Kontrollmöglichkeiten aufführen. Dabei wird nach der - für die Kontrolle sicherlich ausschlaggebenden - Beteiligungsquote unterschieden.

Tabelle 2: Die Arten von Aktionären und ihre Kontrollmöglichkeiten

Aktionärsgruppe	Kontrollmöglichkeiten
Streubesitz- / Publikumsaktionär: unbedeutender Stimmrechtsanteil	zur Kontrolle ist der Stimmrechtsanteil in der Regel zu gering
Minderheitsaktionär mit Sperrbeteiligung	indirekte Kontrollmöglichkeit durch Blockadepolitik: je nach den in den Statuten festgelegten Quoren besitzt dieser Aktionär genügend Aktien, um wichtige Beschlüsse zu blockieren
Grossaktionär: hat ein bedeutendes Stimmrechtspaket, muss aber das Unternehmen nicht unbedingt dominieren, da noch andere Grossaktionäre vorhanden sein können	Kontrolle kann je nach Streuung der Aktien erheblich sein und den Kontrollmöglichkeiten eines Mehrheitsaktionärs entsprechen; zumeist übt er aber nur eine gewissen Einfluss aus und hat die vollständige Kontrolle nicht inne
Mehrheitsaktionär: der Aktionär mit dem grössten Stimmrechtspaket (in der Regel über 50% der Stimmrechte); dominiert das Unternehmen	hat vollständige Kontrolle über das Unternehmen, solange Quoren nicht höher als sein Stimmrechtsanteil sind
Alleinaktionär: besitzt ein Unternehmen zu 100%	vollständige Kontrolle

Quelle: eigene Darstellung

Gelingt es keinem Aktionär oder Aktionärsgruppe, Einfluss auf die Geschäftsführung zu nehmen, so liegt die Kontrolle über die Gesellschaft beim Management. Insbesondere bei Gesellschaften mit breit gestreutem Aktienbesitz ist es für den einzelnen Aktionär meist viel zu aufwendig, sein Stimmrecht auszuüben. Mit sinkendem Interesse der Aktionäre an der Kontrolle steigen die Einflussmöglichkeiten des Managements.[21]

Diese Situation ist auch eine Konsequenz aus der internen Organisationsform der Aktiengesellschaft, bei der Aktionäre ohne unternehmerische Ambitionen Kapital an eigentumslose Manager geben, die die Entscheidungen über die Verwendung des Kapitaleinsatzes der Aktionäre treffen. Die dabei auftretenden Probleme

21 Vgl. Lüttmann, R., Kontrollwechsel, 1992, S. 20.

wurden bereits 1933 von Berle und Means[22] behandelt. So entstehen dadurch, dass das Management nicht das volle Risiko seiner Entscheidungen zu tragen hat, Spielräume, die das Management zur Verfolgung seiner eigenen Interessen, die nicht mit denen der Aktionäre übereinstimmen müssen, nutzen kann. Folge kann die ineffiziente Verwendung des Gesellschaftskapitals und das Zurückhalten von frei verfügbarem Gesellschaftskapital sein.[23]
Um die Machtposition des Managements, die insbesondere bei Gesellschaften mit breit gestreutem Aktienbesitz durch die Trennung von Eigentum und Kontrolle entsteht, auszugleichen, sind effiziente Kontrollmechanismen notwendig. Ein solcher Überwachungsmechanismus ist nach Manne[24] der Markt für Unternehmenskontrolle (Market for Corporate Control). Dieser Markt bietet den Aktionären unter anderem die Möglichkeit, sich durch Verkauf der Anteile der ineffizient geführten Gesellschaft und damit ihrer Unternehmensleitung zu entledigen.[25]

2.1.2 Der Markt für Unternehmenskontrolle

2.1.2.1 Die Grundlagen des Marktes für Unternehmenskontrolle

Manne[26] hat schon 1965 festgestellt, dass die Kontrolle über ein Unternehmen ein eigenes wirtschaftliches Gut ist und auf dem Markt für Unternehmenskontrolle gehandelt werden kann. Auf diesem Markt treffen sich die potentiellen Bieter als Nachfrager nach Aktien auf der einen und die Aktionäre als Anbieter der Aktien auf der anderen Seite.[27]
Die Theorie vom Markt für Unternehmenskontrolle basiert auf der effizienten Allokation einzelner Faktoren, zu denen auch der Faktor Kapital zählt. Der optimale Einsatz des Faktors Kapital wird durch einen funktionsfähigen Kapitalmarkt gewährleistet, d.h. der Faktor Kapital wird dort eingesetzt, wo seine effizienteste Nutzung möglich ist.[28]
Der optimale Faktoreinsatz wird durch die Hypothese effizienter Kapitalmärkte garantiert. Dabei ist ein Kapitalmarkt immer dann effizient, wenn der Börsenkurs dem tatsächlichen inneren Wert der Gesellschaftsanteile entspricht und sich sämtliche Informationen über die produktive Unternehmens- und Managerleistung sowie die zukünftige Unternehmensentwicklung in den Börsenkursen einer Aktie

---

22 Vgl. Berle, A. A. / Means, G. C., Modern Corporation, 1933, S. 6 f.

23 Vgl. Berle, A. A. / Means, G. C., Modern Corporation, 1933, S. 124; Knoll, H.-C., Übernahmen, 1992, S. 39; Röhrich, M., Feindlich, 1992, S. 99 f.

24 Vgl. Manne, H., Corporate Control, 1965, S. 112 f.

25 Vgl. Röhrich, M., Feindlich, 1992, S. 100 f.

26 Vgl. Manne, H., Corporate Control, 1965, S. 112.

27 Vgl. Caytas, I. G. / Mahari, J. I., Investment Banking, 1988, S. 145; Röhrich, M., Feindlich, 1992, S. 52; Strazzer, R. Übernahmeangebot, 1993, S. 57.

28 Vgl. Knoll, H.-C., Übernahmen, 1992, S. 38.

widerspiegeln. Dies entspricht der strengen Form von Informationseffizienz, die von Fama[29] im Rahmen seiner Kapitalmarkteffizienztheorie entwickelt wurde.[30] Bei der strengen Informationseffizienz kann der Börsenkurs als sinnvolles Mass für den wahren Wert einer Unternehmung herangezogen werden. Mangelhafte Managerleistungen schlagen sich dann sofort in tiefen Börsenkursen nieder, die aufgrund eines - vom Ausmaß der Unterbewertung abhängigen - höheren Übernahmegewinnes potentielle Bieter anlocken und die Ablösung eines ineffizienten Managements ermöglichen. Damit wird wieder eine effiziente Ressourcenallokation möglich. Da eine erfolgreiche Übernahme von der Entscheidung der Aktionäre, ihre Anteile zu verkaufen, abhängt, wird das Management gezwungen, seine Entscheidungen am Interesse der Aktionäre auszurichten. Ansonsten müsste es mit seiner Ablösung rechnen. Durch den Kontrollmechanismus des Marktes für Unternehmenskontrolle wird demnach der Aktionär geschützt und eine effiziente Ressourcenallokation sichergestellt. Vertreter dieser These fordern konsequenterweise einen freien Markt für Unternehmenskontrolle. Gegen diese Position hat sich allerdings Kritik erhoben, die insbesondere die Funktionsfähigkeit des Marktes für Unternehmenskontrolle anzweifelt.[31]

2.1.2.2 Die Grenzen der Funktionsfähigkeit des Marktes für Unternehmenskontrolle

Die Kritik an der Theorie von Manne bezieht sich zum einen darauf, dass es nicht möglich ist, Angebot und Nachfrage nach Aktien danach aufzuteilen, ob sie für die Übernahme eines Unternehmens oder für andere Zwecke, beispielsweise als reine Kapitalanlage, ausgeübt werden. Damit wird die These, dass die Kontrolle ein Gut im traditionellen Sinne sei, in Zweifel gezogen.[32]
Zum anderen wird die Hypothese der Kapitalmarkteffizienz kritisiert, da die Aktienkurse nicht unbedingt Signale für eine effiziente Ressourcenallokation setzen. Vielmehr spielt die psychologische Verfassung bei der Kursbildung eine grosse Rolle. Zudem wird kritisiert, dass sich Fehlentscheidungen des Managements und Führungsschwächen nicht unbedingt in einem tiefen Börsenkurs, der potentielle Bieter anlockt, niederschlagen müssen, so dass der Sanktionsdruck des Marktes auf das Management verringert wird. Auch ist die Attraktivität von besonders schlecht geführten Gesellschaften so gering, dass diese aufgrund der

---

[29] Vgl. Fama, E. F., Capital Markets, 1970, S. 383.

[30] Vgl. Bachmann, R.-P., Übernahmen, 1992, S. 65; Fama, E. F., Capital Markets, 1970, S. 383.

[31] Vgl. Aerni, P., Börsengesetz, 1992, S. 23; Huemer, F., Acquisitions, 1991, S. 39 f.; Manne, H., Corporate Control, 1965, S. 112; Röhrich, M., Feindlich, 1992, S. 78; Strazzer, R., Übernahmeangebot, 1993, S. 57-59; Vock, T., Aspekte, 1987, S. 15 f. und 56 f; Weston, J. F. / Chung, K. S. / Hoag, S. E., Restructuring, 1990, S. 45.

[32] Vgl. Röhrich, M., Feindlich, 1992, S. 51.

natürlichen Risikoscheu der Bieter gar nicht erst Gegenstand von Übernahmeangeboten werden. All diese Faktoren führen dazu, dass der Preisbildungsmechanismus gestört ist und damit auch die Ressourcen nicht mehr optimal alloziert werden können.[33]

Ferner kann der Markt für Unternehmenskontrolle seine Überwachungsfunktion nur wahrnehmen, wenn keine übermässigen Transferhürden aufgebaut worden sind. Dies ist in der Realität, in der beispielsweise Wettbewerbsvorschriften die Übernahme eines Konkurrenten einschränken, nicht immer gegeben. Kritiker eines freien Marktes für Unternehmenskontrolle verweisen auch darauf, dass „im Interesse der Gesellschaft und damit auch der Aktionäre eine langfristige, von kurzfristigen Gewinnrealisationen losgelöste Unternehmenspolitik notwendig sei, die nur durch das Management gewährleistet sei.“[34] Es gebe auch genug interne Überwachungsmechanismen des Managements (beispielsweise die Möglichkeit der Aktionäre, den Verwaltungsrat oder das Board of Directors abzuwählen oder eine ergebnisabhängige Entlöhnung des Managements), so dass man auf den externen Kontrollmechanismus des Marktes für Unternehmenskontrolle verzichten könne. Neben ausreichenden internen Kontrollmechanismen besteht zudem auch ein Wettbewerb zwischen den Managern um die Führung der Unternehmen, der eine Ausrichtung auf das Gesellschafts- und Aktionärsinteresse fördere.[35]

Auch wenn die Funktionsfähigkeit des Marktes für Unternehmenskontrolle insbesondere dadurch, dass die Börsenkurse nicht alle verfügbaren Informationen widerspiegeln, eingeschränkt sein mag, so kann doch ein Übernahmeangebot zumindest als „subsidiärer Überwachungsmechanismus zu den unternehmensinternen Überwachungsmöglichkeiten angesehen werden.“[36] Der Börsenkurs selbst wird häufig - trotz der Tatsache, dass er nicht alle verfügbaren Informationen widerspiegelt - als Massstab zur Berechnung der Kontrollprämie verwendet. Diese Kontrollprämien werden nachfolgend behandelt.

2.1.2.3 Kontrollprämien auf dem Markt für Unternehmenskontrolle

Bei einem Übernahmeangebot wird die Kontrolle über das Zielunternehmen durch den Erwerb seiner Aktien erlangt. „Der Handel mit Aktien umfasst somit einen Markt für Investitionskapital und einen Markt für Unternehmenskontrolle, die über den Börsenkurs miteinander verbunden sind.“[37] Auf dem Markt für Unternehmenskontrolle werden für die Kontrolle Aufschläge zu den Börsenkur-

---

[33] Vgl. Röhrich, M., Feindlich, 1992, S. 78 f.

[34] Knoll, H.-C., Übernahmen, 1992, S. 40.

[35] Vgl. Knoll, H.-C., Übernahmen, 1992, S. 40; Meier-Schatz, C. J., Betrachtungen, 1991, S. 65; Weston, J. F. / Chung, K. S. / Hoag, S. E., Restructuring, 1990, S. 193.

[36] Röhrich, M., Feindlich, 1992, S. 79 f.

[37] Röhrich, M., Feindlich, 1992, S. 50.

sen des Aktienmarktes in Form von Kontrollprämien oder Paketzuschlägen gezahlt.[38]

Die Existenz von Kontrollprämien zeigt sich auch in den Zuschlägen, die für verschiedene Wertpapierkategorien in der Schweiz gezahlt werden (in England ist lediglich die Inhaberaktie üblich). So liegen die Kurse von Inhaberaktien in der Regel immer über den Kursen von Partizipationsscheinen, auch wenn diese die gleichen Vermögensrechte verkörpern. Der Unterschied, der zu diesem Ecart[39] führt, resultiert daraus, dass Partizipationsscheine keine Stimmrechte und damit auch keine Kontrollrechte gewähren. Besonders deutlich zeigte sich dies beispielsweise beim Übernahmekampf um die Gewerbebank Baden. Dabei nahm der Marktwert der Aktien vom Jahresanfang 1988 bis zu dem Zeitpunkt, zu dem die Umwandlung der Namen- in Inhaberaktien bekanntgegeben wurde, um 148 Prozent zu, während der Kursanstieg der Partizipationsscheine lediglich 31 Prozent betrug. Auch der Ecart zwischen Inhaberaktien und vinkulierten Namenaktien bei gleichem Nennwert lässt sich zum Teil dadurch erklären, dass das Management in der Schweiz aufgrund der Vinkulierung die Möglichkeit hat, einem Bieter die Eintragung in das Aktienbuch zu verweigern, sofern die Statuten eine prozentuale Beschränkung des Stimmrechtes vorsehen. Dies macht die Inhaberaktien für einen Bieter so wertvoll, dass er dann bereit ist, einen Aufschlag für sie zu zahlen.[40]

Die Bereitschaft eines Bieters, für die Kontrolle einen Zuschlag zu zahlen, hängt zu einem grossen Teil davon ab, wie gut das gegenwärtige Management die Ressourcen alloziert. „Je grösser die Ineffizienz in einer Unternehmung, desto grösser ist auch der Anreiz zur Kontrolle.“[41] Ineffizienz des bestehenden Managements ist jedoch nicht der einzige Grund für einen Bieter, einen Übernahmeversuch zu unternehmen und für die Kontrolle eine Prämie zu zahlen. Es gibt vielmehr eine Vielzahl von Gründen, die untenstehend beschrieben werden.

2.1.3 Die Gründe für Übernahmen und Kontrollprämien

Es gibt keine einheitliche Theorie zu Übernahmen. Vielmehr erklärt jede Theorie oder Hypothese[42] unterschiedliche Aspekte von Übernahmen. Zudem überschneiden sich die Theorien und Hypothesen teilweise. So lässt sich die Motivation

---

[38] Vgl. Röhrich, M., Feindlich, 1992, S. 50 f.; Vock, T., Aspekte, 1987, S. 137.

[39] Als Ecart wird die Preisdifferenz zwischen zwei Aktienkategorien bezeichnet (vgl. Boemle, M., Unternehmungsfinanzierung, 1993, S. 228).

[40] Vgl. Boemle, M., Zusammenschlüsse, 1990, S. 363; Vock, T., Aspekte, 1987, S. 8 f. und 161.

[41] Vock, T., Aspekte, 1987, S. 113.

[42] Da viele der Begründungsversuche von Übernahmen auf Annahmen beruhen, erscheint es dem Autor nicht sinnvoll, alle unter den Begriff „Theorie“ zu subsumieren. Vielmehr müssen einige als „Hypothesen“ bezeichnet werden, da sie zwar einleuchtend erscheinen, aber nur schwer nachweisbar sind.

eines Bieters meist auch nicht eindeutig auf einen einzigen Grund zurückführen, sondern auf eine Kombination verschiedener Gründe.[43]

Alle Theorien und Hypothesen gehen allerdings davon aus, dass sich für die Aktionäre der Zielgesellschaft ein Gewinn ergibt, der ihnen in Form einer Kontrollprämie ausbezahlt wird. Eine Kontrollprämie ergibt sich allein schon daraus, dass der Angebotspreis über dem Börsenkurs liegen muss, um das Angebot überhaupt attraktiv zu machen. Die Beweggründe für das Management der Bietergesellschaft, eine Kontrollprämie zu bezahlen, können allerdings vollkommen verschieden sein, wie im folgenden gezeigt wird.

2.1.3.1 Effizienztheorien

Effizienztheorien gehen davon aus, dass durch die Kombination der Aktivitäten zweier Unternehmen ein positiver Net Present Value erzielt werden kann. Dies wird hauptsächlich durch die Behebung der Unterbewertung der Zielgesellschaft, eine verbesserte Leistung des Managements und durch Synergieeffekte erzielt. Die Effizienztheorien gehen grundsätzlich davon aus, dass für den Aktionär Mehrwert geschaffen wird, ohne dass eine andere Anspruchsgruppe benachteiligt würde.[44]

2.1.3.1.1 Unterbewertung der Zielgesellschaft

Die Unterbewertung der Zielgesellschaft stellt ein häufiges Übernahmemotiv dar. Im Extremfall kann der Fortführungswert unter dem vom Markt geschätzten Liquidationswert liegen. Solange die Unterbewertung nicht im Kaufpreis berücksichtigt ist, kann der Bieter die Aktien des Unternehmens günstig erwerben. Dies setzt allerdings voraus, dass der Bieter mehr und bessere Informationen als die Aktionäre hat. Eine solche Übernahme ist aus der Sicht der Aktionäre der Zielgesellschaft negativ zu bewerten, da sie ihre Anteile unter ihrem inneren Wert, der sich aus der Bewertung des Unternehmens als Ganzes ergibt, verkaufen. Ein Nachweis ist allerdings schwer zu führen, da der Begriff des inneren Wertes von Aktien (Intrinsic Value) ausgesprochen vage ist[45] und im Falle von Übernahmen in der Regel den zentralen Streitpunkt darstellt. Zu beachten ist auch, dass ein Übernahmeangebot, das über dem Börsenkurs liegt, den Aktionären erst zeigen kann, dass ihre Anteile mehr wert sind. Insofern könnten die Aktionäre von dem

---

[43] Vgl. Röhrich, M., Feindlich, 1992, S. 55-66; Watter, R., Unternehmensübernahmen, 1990, S. 29.

[44] Vgl. Högholm, K., Corporate Control, 1994, S. 2; Weston, J. F. / Chung, K. S. / Hoag, S. E., Restructuring, 1990, S. 190.

[45] Zur Diskussion über den inneren Wert von Aktien vgl. Boemle, M., Unternehmungsfinanzierung, 1993, S. 610.

Übernahmeangebot profitieren. Nachfolgend sollen die beiden wichtigsten Gründe für eine Unterbewertung dargestellt werden.[46]

2.1.3.1.1.1 Ineffizientes Management

Die Theorie des ineffizienten Managements geht davon aus, dass eine Übernahme dann zustande kommt, wenn die bisherige Unternehmensführung nicht effizient gearbeitet hat. Dabei ist ein Management dann nicht effizient, wenn die von ihm verfolgte „Unternehmens- und Wettbewerbsstrategie nicht zu einer Marktwertsteigerung des Aktienkapitals führt (der interne Ertragssatz unter den Kapitalkosten liegt)“[47] und somit das Entwicklungspotential des Unternehmens nicht genützt wird. Dies kann sich beispielsweise in der Unfähigkeit des Managements, die Aktiven der Gesellschaft optimal einzusetzen und die Kosten unter Kontrolle zu halten, in einer suboptimalen Kapitalstruktur bezüglich der Verschuldungsrate, in einer ungenügenden steuerlichen Position des Akquisitionsobjektes oder in einer fehlenden Anpassungsfähigkeit an geänderte Umweltbedingungen äussern.[48] Da eine ineffiziente Unternehmensführung keinen Mehrwert für die Aktionäre schafft, bedeutet eine Übernahme für den Aktionär die Möglichkeit, das Management abzusetzen. Bei einer solchen Übernahme geht es also nicht vorrangig um eine Integration der Geschäftsbereiche zweier Unternehmen, sondern nur um die wirksamste Möglichkeit, die Kontrolle über ein Unternehmen auszuwechseln und die Geschäftstätigkeit der Zielgesellschaft zu beeinflussen.[49]

Da sich ein ineffizientes Management schnell einer drohenden Übernahme gegenübersehen kann, wird die Kontrolleffizienz über das amtierende Management erhöht und damit die Kosten für seine Überwachung gesenkt. Dies ist für die Aktionäre einer Zielgesellschaft von Vorteil. Übernahmen, die die Ablösung eines ineffizienten Managements bezwecken, sind auch volkswirtschaftlich erwünscht, da sie Ressourcen an diejenigen überführen, die sie erwartungsgemäss am effzientesten zu nutzen vermögen. „Damit würde also nicht nur die als Dilemma moderner Volkswirtschaften angesehene Trennung von Eigentum und Unternehmensleitung im Grossunternehmen durch die Wiederherstellung der Interessengleichheit von Aktionär (principal) und Management (agent) überwun-

---

[46] Vgl. Boemle, M., Unternehmungsfinanzierung, 1993, S. 487; Bohrer, A., Takeover, 1993, S. 506; Caytas, I. G. / Mahari, J. I., Investment Banking, 1988, S. 165.

[47] Huemer, F., Acquisitions, 1991, S. 27.

[48] Vgl. Bohrer, A., Takeover, 1993, S. 506; Huemer, F., Acquisitons, 1991, S. 27; Watter, R., Unternehmensübernahmen, 1990, S. 31; Weston, J. F. / Chung, K. S. / Hoag, S. E., Restructuring, 1990, S. 192; Zoern, A., Motive, 1994, S. 16 f.

[49] Vgl. Auerbach, A., Takeovers, 1988, S. 101; Steinmann, M., Abwehrmassnahmen, 1989, S. 45.

den, sondern auch die effiziente Allokation knapper Ressourcen in Gestalt von Anlagekapital gewährleistet."[50]
An der Theorie des ineffizienten Managements wird die Annahme kritisiert, die Überwachungskosten seien so hoch, dass die einzige Disziplinierungsmöglichkeit für die Aktionäre in einer kostenaufwendigen Übernahme bestünde. Auch setzt diese Theorie voraus, dass der Bieter selbst über ein fähigeres Management verfügt, mit dem er das unfähige Management ersetzen könnte. Dies muss nicht unbedingt der Fall sein. Zudem wird auch angenommen, dass die Aktionäre selbst nicht in der Lage sind, ihr Management selbst zu ersetzen. Es besteht jedoch sowohl in der Schweiz als auch in England die Möglichkeit, das Board, bzw. den Verwaltungsrat jederzeit abzuwählen. Wie sich in 4.3.2 noch zeigen wird, kann eine jederzeitige Abwahl in der Praxis durch erhöhte Beschlussquoren eingeschränkt werden.[51]

2.1.3.1.1.2 Informationsineffizienz des Kapitalmarktes

Eine Unterbewertung eines Unternehmens ist auch dann möglich, wenn der Bieter über mehr Informationen verfügt als die Aktionäre der Zielgesellschaft und diese Informationen nicht in den Börsenkursen widergespiegelt werden, der Kapitalmarkt demnach nicht informationseffizient ist. Damit bieten sich für den Bieter selbst dann Gewinne, wenn der Übernahmepreis weit über dem Börsenkurs liegt. Diese Informationsineffizienz des Kapitalmarktes kann zum einen aus der Kurzsichtigkeit des Marktes und zum anderen aus einer falschen Einschätzung des Unternehmens durch den Markt resultieren.[52]
Die Kurzsichtigkeit des Marktes basiert auf der kurzfristigen Orientierung der Investoren, die sofortige Gewinne gegenüber Gewinnen, die erst nach Jahren entstehen, bevorzugen. Aus diesem Grund können Unternehmen, die auf lange Sicht planen und hohe Investitionen in Forschung und Entwicklung tätigen, auf dem Kapitalmarkt - gemessen am langfristigen Entwicklungspotential - unterbewertet sein. Um diese Unterbewertung zu vermeiden, werden von den Managern nur kurzfristige Investitionen getätigt. Ein Bieter könnte durch eine Übernahme und ein Going Private oder die Eingliederung in einen Konzern eine Ausrichtung auf die vernachlässigten langfristigen Investitionen durchsetzen und damit die Effizienz des Unternehmens langfristig steigern.[53]

---

[50] Röhrich, M., Feindlich, 1992, S. 43 f; eine methodische Einordnung sowie einen Literaturüberblick zur Agency-Theorie liefert auch Jensen, M. C., Organization, 1983, S. 319-339 und 334 f.
[51] Vgl. Watter, R., Unternehmensübernahmen, 1990, S. 95; Weston, J. F. / Chung, K. S. / Hoag, S. E., Restructuring, 1990, S. 193 und 216.
[52] Vgl. Romano, R., Takeover, 1992, S. 20.
[53] Vgl. Romano, R., Takeover, 1992, S. 21.

Bewertet der Markt ein Unternehmen einfach nur falsch, so kann der Bieter einen Gewinn aus einem Übernahmepreis, der unter dem wahren inneren Wert der Aktien liegt, ziehen. Die Kontrollprämie basiert damit nicht auf der Erwartung einer operativen Verbesserung, sondern „ist vielmehr ein Arbitragegewinn zwischen der vom ineffizienten Markt bedingten Bewertung und dem bei Zugang zu den entscheidungsrelevanten Informationen höheren inneren Wert."[54] Da der Bieter mehr Informationen als die Aktionäre und der Markt hat, kann er sich eine höhere Rendite sichern. Durch das geringere finanzielle Engagement und Risiko eines Bieters werden aber auch Bieter angelockt, die das Unternehmen lediglich aus spekulativen Gründen erwerben wollen.[55]
Ein weiterer Schwachpunkt dieser Theorie besteht darin, dass kotierte Unternehmen sowohl in der Schweiz als auch in England zur Offenlegung von kursbeeinflussenden Tatsachen gezwungen werden und nur in bestimmten Fällen von der Offenlegungspflicht ausgenommen werden (siehe auch 3.2.4). Zudem könnte sich ein Bieter, der über Informationen verfügt, die den Börsenkurs des Unternehmens erheblich beeinflussen und nicht öffentlich sind, des Insiderhandels nach Art. 161 StGB bzw. ss. 52-79 Criminal Justice Act 1993 strafbar machen. Dabei unterscheidet der schweizerische Art. 161 StGB danach, ob die betreffende Person Primärinsider[56] oder Sekundärinsider[57] ist. Diese Unterscheidung bewirkt zum einen unterschiedliche Verhaltenspflichten (so darf ein Primärinsider noch nicht einmal über die Insidertatsache reden, während sich ein Sekundärinsider durch diese Insidertatsache nur nicht sich oder einem anderen einen Vermögensvorteil verschaffen darf) und zum anderen unterschiedliche Strafen (die Strafen für einen Primärinsider fallen sehr viel höher aus als für einen Sekundärinsider). In England entfällt eine solche Unterscheidung, da sich dort die betreffende Person lediglich bewusst sein muss, dass es sich um eine Insidertatsache handelt und sie wissen muss, dass die Information aus einer sog. „inside source"[58] stammt. Handelt der Insider aufgrund einer Insidertatsache in den betreffenden Wertpapieren, ermun-

---

[54] Huemer, F., Acquisitions, 1991, S. 21.

[55] Vgl. Caytas, I. G. / Mahari, J. I., Investment Banking, 1988, S. 36; Zoern, A., Motive, 1994, S. 16 f.

[56] Nach Art. 161 Abs. 1 StGB ist Primärinsider, wer als Mitglied des Verwaltungsrates, der Geschäftsleitung, der Revisionsstelle oder als Beauftragter einer Aktiengesellschaft oder einer sie beherrschenden oder von ihr abhängigen Gesellschaft, als Mitglied einer Behörde oder als Beamter, oder als Hilfsperson einer der vorgenannten Personen Kenntnis von einer Insidertatsache erhält.

[57] Nach Art. 161 Abs. 2 StGB sind Sekundärinsider diejenigen Personen, die eine Insidertatsache von einem Primärinsider unmittelbar oder mittelbar mitgeteilt bekommen.

[58] Jemand hat Informationen von einer „inside source", falls er sie dadurch erlangt hat, dass er Director, Angestellter oder Aktionär ist, falls er sie aufgrund seiner Anstellung (employment), seiner Tätigkeit (office) oder seines Berufes (profession) erlangt hat oder falls er die Information direkt oder indirekt von einer solchen Person hat (s. 57 Criminal Justice Act 1993).

tert er einen Dritten, in diesen Wertpapieren zu handeln, oder teilt er die Insidertatsache unbefugterweise Dritten mit, so kann er beispielsweise eine Gefängnisstrafe von bis zu sieben Jahren erhalten.[59]

Aus Sicht des Aktionärs der Zielgesellschaft sind Übernahmen, die aufgrund einer Unterbewertung des Zielunternehmens erfolgen, eindeutig negativ zu beurteilen, da sie ihre Aktien unter ihrem inneren Wert verkaufen. Auch wird die Richtigkeit dieser Theorie häufig angezweifelt, da die Fehleinschätzung durch den Markt nach dem Übernahmeangebot, das die Unterbewertung des Unternehmens aufzeigt, durch steigende Börsenkurse korrigiert werden müsste. So hat eine Studie von Bradley/Desai/Kim[60] über Zielunternehmen, bei denen das Übernahmeangebot zurückgezogen wurde, gezeigt, dass innerhalb von fünf Jahren der Kurs auf das Niveau vor der versuchten Übernahme zurückging, wenn kein anderes erfolgreiches Übernahmeangebot erfolgte. Nach ihrer Argumentation spricht dies gegen die These, dass eine Übernahme nur aufgrund von Informationen, über die der Markt nicht verfügt, erfolgt. Denn würde sie stimmen, so hätte der Aktienkurs auf dem hohen Niveau verbleiben müssen. Dieses Ergebnis ist aber konsistent mit der Synergiehypothese, nach der eine nachhaltige Höherbewertung nur eintritt, wenn durch den Zusammenschluss tatsächlich Synergiepotentiale entstehen. Sie soll nachfolgend betrachtet werden.[61]

2.1.3.1.2 Die Synergiehypothese

Synergiegewinne entstehen dadurch, dass der Wert der zusammengeschlossenen Unternehmen grösser als der Wert der einzelnen Unternehmen ist. So steigt mit der Grösse des Unternehmens die Verhandlungsmacht gegenüber Lieferanten, Abnehmern und Kapitalgebern, vorhandene Aktiven können in der Kombination mit anderen effizienter genutzt werden, die Produktpalette kann sich verbreitern und verbessern und Vertriebswege besser genutzt werden.[62]

Auch wenn der Nachweis von Synergien im Einzelfall schwer ist („Synergie existiert zweifellos, wir können sie aber weder sinnvoll messen noch überhaupt glaubhaft nachweisen“[63]), so ist doch die Synergiehypothese „die tragfähigste Hypothese, um Unternehmensübernahmen erklären zu können und wird bei Betrachtung der überhaupt ein Aufgeld rechtfertigenden wertbildenden Grössen

---

59 S. 61 Criminal Justice Act 1993.

60 Vgl. Bradley, M. / Desai, A. / Kim, E. H., Interim Tender Offer, 1983, S. 183-206.

61 Vgl. Huemer, F., Acquisitions, 1991, S. 22; Romano, R., Takeover, 1992, S. 20.

62 Vgl. Bosc, M. / Gallicé, P. / Jeuy, M.-P., M&A, 1990, S. 31; Caytas, I. G. / Mahari, J. I., Investment Banking, 1988, S. 34; Romano, R., Takeover, 1992, S. 7; Watter, R., Unternehmensübernahmen, 1990, S. 32.

63 Caytas, I. G. / Mahari, J. I., Investment Banking, 1988, S. 35.

bei effizienten Kapitalmärkten als unabdingbare Voraussetzung für ökonomisch sinnvolle Akquisitionen gesehen."[64]

An der Synergiehypothese wird auch kritisiert, dass die Synergieeffekte in der Regel nicht von selbst entstehen, sondern auch ein Management erfordern, das das Potential zu Synergieeffekten auszunützen versteht. Dabei stellt sich auch die Frage, wie die beiden Unternehmen zusammengefügt werden sollen, wie die gesamte Organisation koordiniert und die Bereiche, die in beiden Unternehmen vorhanden sind, eliminiert werden. Im Gegensatz zu der Theorie des ineffizienten Managements ist die Integration beider Unternehmen notwendig, um Gewinne aus der Übernahme zu ziehen. Aus der Sicht des Aktionärs der Zielgesellschaft ist dies allerdings von zweitrangiger Bedeutung, da er sich in erster Linie für die Kontrollprämie, die auch einen Aufschlag für zu erwartende Synergieeffekte enthalten kann, interessiert.[65]

Der gesteigert Wert des zusammengeschlossenen Unternehmens kann verschiedene Ursachen haben, die sich grob in operative Synergieeffekte und finanzielle Synergieffekte einteilen lassen.[66]

2.1.3.1.2.1 Operative Synergieeffekte

Operative Synergieeffekte können durch die gesteigerte Unternehmensgrösse beispielsweise im Einkauf, in der Produktion, in Forschung und Entwicklung, im Marketing und Vertrieb, beim Management und in der Verwaltung entstehen.[67]

Die bekanntesten operativen Synergieeffekte sind die „Economies of Scale", die dann entstehen, wenn die Fixkosten über ein grösseres Produktionsvolumen verteilt werden können, und die „Economies of Scope", bei denen komplementäre Ressourcen kombiniert werden. Ein Beispiel für Economies of Scope ist der Zusammenschluss von Unternehmen, bei dem das eine Unternehmen über die Produktionsanlangen und das andere über die Vertriebswege verfügt. Auch ist es möglich, dass Mehrprodukt-Unternehmen ein Produktprogramm beispielsweise aufgrund von ähnlichen Produktionsprozessen oder Vertriebswegen kostengünstiger bereitstellen können als zwei Einprodukt-Unternehmen. Da dadurch aber auch die Marktmacht - beispielsweise die Abhängigkeit der Abnehmer von dem Unternehmen - steigt, werden solche Akquisitionen von den Wettbewerbsbehörden besonders kritisch geprüft (s. auch 2.1.3.5 und 4.4.2.2).[68]

---

[64] Huemer, F., Acquisitions, 1991, S. 26.

[65] Vgl. Auerbach, A., Takeovers, 1988, S. 102; Weston, J. F. / Chung, K. S. / Hoag, S. E., Restructuring, 1990, S. 194.

[66] Vgl. Romano, R., Takeover, 1992, S. 7.

[67] Vgl. Röhrich, M., Feindlich, 1992, S. 55; Zoern, A., Motive, 1994, S. 26.

[68] Vgl. Röhrich, M., Feindlich, 1992, S. 55 f.; Romano, R., Takeover, 1992, S. 7.

2.1.3.1.2.2 Finanzielle Synergieeffekte

Finanzielle Synergieeffekte können dann entstehen, wenn der Cash Flow von einem liquiden Unternehmen in einem stagnierenden Markt, in dem es nur noch wenige attraktive Investitionsmöglichkeiten gibt, abgezogen wird, um diesen in ein Unternehmen in einem Wachstumsmarkt, das noch kaum Innenfinanzierungsmöglichkeiten hat, zu investieren. Das zusammengeschlossene Unternehmen kann dann von reduzierten Kapitalkosten aufgrund der Möglichkeit zur Innenfinanzierung, einer Risikoreduzierung und Verbesserungen in der Kapitalallokation profitieren. Damit wird auch das Insolvenzrisiko gesenkt. Auch kann das grössere Unternehmen eine erhöhte Schuldenkapazität aufweisen, die ihm Steuerersparnisse ermöglicht.[69]

Übernahmen können einem Unternehmen auch den Zugang zum Kapitalmarkt erleichtern. So kann durch die Übernahme die für eine Börsenkotierung erforderliche Mindestgrösse erreicht werden oder dadurch, dass ein kotiertes Unternehmen ein nicht-kotiertes Unternehmen übernimmt, die Börsenkotierung für das nicht-kotierte Unternehmen erkauft werden. Dies kann sich als viel einfacher erweisen „als die Tretmühle der Prospektausgabe und behördlichen Spiessruten zu durchlaufen“.[70] Aufgrund des leichteren Zugangs zum Kapitalmarkt kann es zweckmässig sein, dass das kleinere, börsenkotierte Unternehmen das grössere, nicht-kotierte Unternehmen übernimmt (Reverse Takeover). Ein Beispiel für ein solches Vorgehen ist die Absorption der grösseren Jacobs AG durch die kleinere Interfood AG im Jahre 1982.[71]

2.1.3.1.3 Diversifikation

Übernahmen aus Diversifikationsüberlegungen erfolgen aus ähnlichen Gründen wie Übernahmen aufgrund von Synergieeffekten. Mit der Diversifikation wird bezweckt, saisonale, strukturelle oder konjunkturelle Schwankungen in den Cash Flows der Unternehmen auszugleichen. Diese Risikostreuung bringt den Arbeitnehmern ein geringeres Beschäftigungsrisiko und den Kapitalgebern ein geringeres Konkursrisiko. Da die Unternehmen dieses Resultat nicht alleine erzielen könnten, kann die Diversifikation als eine Form der finanziellen Synergieeffekte angesehen werden. Von diesem Standpunkt aus wären Übernahmen aufgrund von Diversifikationsmöglichkeiten gesamtwirtschaftlich sinnvoll.[72]

---

[69] Vgl. Röhrich, M., Feindlich, 1992, S. 55; Romano, R., Takeover, 1992, S. 8; Weston, J. F. / Chung, K. S. / Hoag, S. E., Restructruring, 1990, S. 198 und 216.

[70] Caytas, I. G. / Mahari, J. I., Investment Banking, 1988, S. 40.

[71] Vgl. Boemle, M., Unternehmungsfinanzierung, 1993, S. 484 f.; Röhrich, M., Feindlich, 1992, S. 55.

[72] Vgl. Röhrich, M., Feindlich, 1992, S. 56 f.; Romano, R., Takeover, 1992, S. 22; Watter, R. Unternehmensübernahmen, 1990, S. 36.

In den letzten Jahren wurden allerdings Übernahmen aus Diversifikationsüberlegungen, die zur Konglomeratsbildung führen können, heftig kritisiert.[73] So besteht die Gefahr, dass verlustbringende Aktivitäten auf einem Markt durch gewinnbringende Aktivitäten auf einem anderen Markt unternehmensintern subventioniert werden. Auch zeigten sich erhebliche Koordinationsprobleme beim Management, da die verschiedenen Konzernteile oft vollkommen unterschiedliche Geschäftstätigkeiten beinhalteten. Aus diesen Gründen war in den letzten Jahren eine Konzentration auf das Kerngeschäft zu beobachten, die vom Kapitalmarkt - beispielsweise bei der Ankündigung von AT&T im Jahre 1995, das Unternehmen in drei Teile aufzuspalten - durch erhebliche Kursgewinne belohnt wird.[74]
Diese Punkte legen nahe, dass der Aktionär sein Portefeuille sehr viel kostengünstiger diversifizieren kann als ein Unternehmen. Damit fallen die Zuschläge, die gezahlt werden, um die Kontrolle über die Unternehmen, die im Konglomerat geführt werden, weg. Hat ein Aktionär bereits ein diversifiziertes Portefeuille, so wird er von einer Risikoreduktion aufgrund von einer diversifizierenden Übernahme nicht profitieren können und auch nicht bereit sein, für diese Risikoreduktion zu zahlen. Dies lässt sich darauf zurückführen, dass sich diversifizierte Investoren nach dem systematischen oder Marktrisiko und nicht nach firmenspezifischen Risiken richten. Damit wäre der Wert der zusammengeführten Unternehmen aus der Sicht dieser Aktionäre nicht grösser als der Wert jedes einzelnen Unternehmens.[75]
Trotz der zu erwartenden negativen Reaktionen des Kapitalmarktes kann es für das Management dennoch attraktiv sein, durch eine diversifizierende Übernahme Risikostreuung zu erlangen. Dies ist in der Tatsache begründet, dass zwar Aktionäre ihr Portefeuille diversifizieren können, das Einkommen des Managements aber vor allem vom Unternehmen abhängt und das Management im Insolvenzfall - rein theoretisch - auch persönlich haftbar gemacht werden könnte. Zudem ist auch das Wissen, das sich das Management bei seiner Arbeit aneignet, zum Teil nur für das Unternehmen selbst von Wert. Aus diesem Grund verhält sich nach Coffee[76] das Management weitgehend risikoavers, während ein Aktionär eher eine neutrale Haltung gegenüber dem Risiko einnimmt. Das Management ist an einer Risikoreduktion durch Diversifikation in andere Märkte interessiert, die diversifizierten Aktionären - wie oben beschrieben - nur zusätzliche Kosten und keinen zusätzlichen Nutzen einbringen; vielmehr erfolgt bei einer solchen Übernahme ein Wohlstandstransfer von den Aktionären der Bietergesellschaft

---

[73] Vgl. Bahnmüller, K., Fusionen, 1996, S. 2 und 7.

[74] Vgl. Caytas, I. G. / Mahari, J. I., Investment Banking, 1988, S. 35; Röhrich, M., Feindlich, 1992, S. 56 f.

[75] Vgl. Huemer, F., Acquisitions, 1991, S. 32; Romano, R., Takeover, 1992, S. 22; Watter, R., Unternehmensübernahmen, 1990, S. 37.

[76] Coffee, J. C., Shareholders, 1988, S. 82.

zum Management. Dieser Interessenkonflikt ist ein typisches Beispiel für die Agency-Theorie, die nachstehend beschrieben wird.[77]

2.1.3.2 Agency-Probleme

2.1.3.2.1 Die Agency-Theorie

Durch die für eine grosse Publikumsaktiengesellschaft typische Trennung von Eigentum und Kontrolle über die Unternehmensressourcen kann ein Interessenkonflikt zwischen den Aktionären (Prinzipale) und dem Management (Agent) entstehen, da das Management aufgrund seiner Stellung einen Informationsvorsprung gegenüber den Aktionären hat. Einer dieser Konflikte entsteht dabei - wie oben beschrieben - aufgrund der unterschiedlichen Risikoneigung. Auch kann das Management versuchen, seine finanzielle Autonomie durch sehr niedrige Dividenden und die Betonung der Innenfinanzierung zu erhalten. Aufgrund der asymmetrischen Informationsverteilung zulasten der Aktionäre sind besondere Informations- und Kontrollmechanismen notwendig, die die sog. Agency-Kosten verursachen.[78]

Um die Interessenkonflikte zwischen Aktionären und Management zu reduzieren und das Management zu veranlassen, seine Interessen an denen der Aktionäre auszurichten, gibt es verschiedene Kontrollmechanismen, die von ergebnisabhängigen Entlohnungssystemen über zunehmenden Anteilsbesitz von Führungskräften bis zu einem kompetitiven Arbeitsmarkt für Manager reichen. Reichen diese Mechanismen nicht aus oder übersteigen die Agency-Kosten die Kosten einer Übernahme, so können die Aktionäre ihre Anteile über den Markt für Unternehmenskontrolle veräussern. Damit verleiht der Markt für Unternehmenskontrolle nach Manne[79] gerade Publikumsaktionären „both power and protection commensurate with their interest in corporate affairs". In diesem Zitat zeigt sich auch der enge Zusammenhang zwischen der Agency-Theorie und der Theorie des ineffizienten Managements.[80]

Eine weitere Möglichkeit, die Interessenkonflikte zwischen Agenten und Prinzipalen zu reduzieren, wird von der Free Cash Flow-Hypothese aufgezeigt.

---

[77] Vgl. Huemer, F., Acquisitions, 1991, S. 31; Romano, R., Takeover, 1992, S. 23; Weston, J. F. / Chung, K. S. / Hoag, S. E., Restructuring, 1990, S. 196.

[78] Vgl. Boemle, M., Unternehmungsfinanzierung, 1993, S. 53; Boemle, M., Rechenschaft, 1996, S. 3; Fama, Eugene F., Agency Problems, 1980, S. 288-307; Huemer, F., Acquisitions, 1991, S. 31 und 35.

[79] Manne, H., Corporate Control, 1965, S. 112.

[80] Vgl. Huemer, F., Acquistions, 1991, S. 33; Romano, R., Takeover, 1992, S. 9; Weston, J. F. / Chung, K. S. / Hoag, S. E., Restructuring, 1990, S. 202 f.

2.1.3.2.2 Die Free Cash Flow-Hypothese

Der Free Cash Flow ist derjenige Geldstrom, der über das Budget hinausgeht, das nötig ist, um alle Investitionsprojekte mit einem positiven Kapitalwert (Net Present Value) durchzuführen. Beabsichtigt das Management darüber hinausgehende Investitionen, so kann es sich der Kontrolle des Kapitalmarktes und der Aktionäre dadurch entziehen, dass es den Free Cash Flow zur Finanzierung der Investition verwendet. Es könnte dann auch Investitionen, die einen negativen Kapitalwert aufweisen, tätigen. Aus diesem Grund ist es nach Jensen[81] mehr daran interessiert, den Free Cash Flow wieder zu investieren als ihn an die Aktionäre auszuschütten. Da dann aber die Gefahr besteht, dass Aktionärswert vernichtet wird, entsteht ein Konflikt zwischen Aktionären und Management um die Verwendung des Free Cash Flow. Sind die daraus resultierenden Agency-Kosten sehr hoch, so könnten nach Jensen fremdfinanzierte Übernahmen eine Lösung darstellen.[82]

Durch eine Übernahme kann den Aktionären der Zielgesellschaft ein Teil der zurückbehaltenen früheren Free Cash Flows in der Form der Kontrollprämie zurückgezahlt werden. Ist eine solche Übernahme zudem fremdfinanziert, so verringert sich der Spielraum von Managern, unrentable Investitionen zu tätigen, da Zins- und Tilgungszahlungen im Gegensatz zu Dividenden unbedingte Zahlungsverpflichtungen sind und notfalls eingeklagt werden können. Durch eine Übernahme kann das Management des zusammengeführten Unternehmens gezwungen werden, wenigstens einen Teil der zukünftigen Free Cash Flows aufgrund der Kosten der Fremdfinanzierung auszuzahlen. Eine zunehmende Fremdfinanzierung erhöht auch die Abhängigkeit des Managements vom Kapitalmarkt, unterwirft es im Falle von Kapitalbedarf für neue Investitionen seinen strengen Regeln und verhindert dadurch, dass es Investitionen in unrentable Projekte tätigt.[83]

Im Gegensatz zu den bisher vorgestellten Theorien ist eine Übernahme nicht unbedingt notwendig, da es auch möglich ist, die Fremdfinanzierungsrate durch andere Massnahmen zu erhöhen. Auch ist es nicht unbedingt plausibel, dass eine Erhöhung der Fremdfinanzierungsrate der effizienteste Weg zur Lösung des Interessenkonfliktes zwischen Manager und Aktionär darstellt. Insbesondere in Zeiten von stark steigenden Zinsen kann eine Erhöhung der Fremdfinanzierungsrate auf Kosten des Ertragsüberschusses des Eigenkapitals gehen. Zudem können

---

[81] Vgl. Jensen, M. C., Controversy, 1988, S. 314.

[82] Vgl. Huemer, F., Acquisitions, 1991, S. 36; Röhrich, M., Feindlich, 1992, S. 61 f.; Romano, R., Takeover, 1992, S. 11; Weston, J. F. / Chung, K. S. / Hoag, S. E., Restructuring, 1990, S. 204.

[83] Vgl. Huemer, F., Acquisitions, 1991, S. 36; Röhrich, M., Feindlich, 1992, S. 61 f.; Romano, R., Takeover, 1992, S. 11; Weston, J. F. / Chung, K. S. / Hoag, S. E., Restructuring, 1990, S. 204 f. und 217.

die Möglichkeiten der Fremdfinanzierung Manager dazu veranlassen, die Bewertung eines Unternehmens weniger vorsichtig vorzunehmen.[84]
Der Agency-Theorie verwandt ist die Theorie über Fehleinschätzungen, Ehrgeiz und Prestigedenken des Managements. Sie stellen lediglich eine Verschärfung der Agency-Probleme dar.

2.1.3.3 Fehleinschätzungen, Ehrgeiz und Prestigedenken des Managements

2.1.3.3.1 Die Hybris-Hypothese

Nach der von Roll[85] vertretenen Hybris-Hypothese begehen Manager bei der Bewertung einer Zielgesellschaft den Fehler, ihren Wert falsch einzuschätzen. Dabei ist annahmegemäss die Wahrscheinlichkeit einer Überbewertung gleich hoch wie die Wahrscheinlichkeit einer Unterbewertung. Existieren keine Synergiegewinne, so ist - strenge Informationseffizienz des Kapitalmarktes vorausgesetzt - das Mittel der Bewertungen der aktuelle Marktpreis. Liegt die Bewertung nun unter diesem Marktpreis, so erfolgt kein Übernahmeangebot; liegt sie hingegen über dem Marktpreis, so wird ein Übernahmeangebot gemacht. Damit ist die Kontrollprämie ein Zufallsfehler, der aus der Überbewertung des Bieters resultiert. Die Überbewertung ist Resultat des exzessiven Stolzes des Managements. Das Management überschätzt seine Kompetenzen und glaubt, das Unternehmen besser als der Markt einschätzen zu können. Aus diesem Grund ist es auch bereit, eine Kontrollprämie für das Unternehmen zu zahlen.[86]
Voraussetzung für die Hybris-Hypothese ist Kapitalmarkteffizienz in ihrer strengen Form, bei der die Aktienkurse alle Informationen widerspiegeln. Ferner nimmt Roll an, dass der Bieter nicht von seinen Fehlern in der Vergangenheit lernt und überzeugt ist, dass seine Bewertung und nicht die des Marktes die Richtige ist. Aus seinem Stolz heraus ist er dann bereit, zu viel für das Zielunternehmen zu zahlen. Die einzigen, die von der Hybris des Bieters profitieren, sind die Aktionäre der Zielgesellschaft, die auf Kosten der Aktionäre der Bietergesellschaft profitieren.[87]
Die Hybris-Hypothese setzt keine bewusste Fehleinschätzung des Zielunternehmens voraus. Der Bieter kann sehr wohl der Ansicht sein, dass er mit der Übernahme Aktionärswert schafft. Die Überbewertung ist nur ein Fehler des Bieters

---

[84] Vgl. Caytas, I. G. / Mahari, J. I., Investment Banking, 1988, S. 40; Romano, R., Takeover, 1992, S. 11; Weston, J. F. / Chung, K. S. / Hoag, S. E., Restructuring, 1990, S. 206 f.

[85] Vgl. Roll, R., Hybris Hypothesis, 1986, S. 197-216.

[86] Vgl. Högholm, K., Corporate Control, 1994, S. 5 f.; Röhrich, M., Feindlich, 1992, S. 57; Roll, R., Hybris Hypothesis, 1986, S. 197-216; Romano, R., Takeover, 1992, S. 25; Weston, J. F. / Chung, K. S. / Hoag, S. E., Restructuring, 1990, S. 203.

[87] Vgl. Högholm, K., Corporate Control, 1994, S. 5 f.; Röhrich, M., Feindlich, 1992, S. 57; Roll, R., Hybris Hypothesis, 1986, S. 197-216; Romano, R., Takeover, 1992, S. 25; Weston, J. F. / Chung, K. S. / Hoag, S. E., Restructuring, 1990, S. 203.

aufgrund seiner eigenen Selbstüberschätzung. Es gibt allerdings auch Fälle, in denen der Bieter bewusst zu viel für ein Zielunternehmen zahlt, um persönliche Bedürfnisse zu befriedigen. Dies soll nachfolgend besprochen werden.[88]

2.1.3.3.2 Ehrgeiz und Prestigedenken des Managements

Neben rationalen Beweggründen können auch irrationale Beweggründe wie Ehrgeiz oder Prestigedenken den Bieter zu einem Übernahmeangebot veranlassen. Dabei versucht der Bieter, seinen eigenen Nutzen auf Kosten des Nutzens der Aktionäre zu maximieren. Dieses Eigeninteresse kann einerseits den bereits erwähnten fehlenden Diversifikationsmöglichkeiten der Manager entspringen, andererseits kann der Bieter aber auch versuchen, die Grösse seines Unternehmens zu steigern, um beispielsweise seine Salärforderungen erhöhen zu können oder sich selbst ein „Empire" zu erschaffen.[89]
Mit einer Übernahme von Konkurrenzunternehmen können Manager den Wert ihres Spezialwissens z.B. in bezug auf eine Branche erhöhen und damit das zusammengeschlossene Unternehmen noch stärker von ihren Fähigkeiten abhängig machen. Ein grösseres Unternehmen hat zudem eine sinkende Übernahmewahrscheinlichkeit und damit eine erhöhte Arbeitsplatzsicherheit zur Folge. Ferner kann der Einfluss eines Grossaktionärs sinken, wenn als Folge der Akquisition die Aktien breiter gestreut sind.[90]
Alle diese Erklärungen laufen darauf hinaus, dass der Bieter das Zielunternehmen als das Unternehmen, das seinen Eigeninteressen am förderlichsten ist und seinen eigenen Nutzen am meisten steigert, erkannt hat. Damit sind solche Übernahmen für die Aktionäre der Bietergesellschaft eindeutig als negativ zu beurteilen. Hingegen können die Aktionäre der Zielgesellschaft von solchen Übernahmen profitieren, insbesondere wenn der Bieter eine hohe Kontrollprämie zu zahlen bereit ist.[91]
Das positive Abbild zum Wachstum aus Prestige- oder Machtgründen ist Wachstum durch Akquisition. Solche Übernahmen liegen - im Gegensatz zu Übernahmen aus Ehrgeiz oder Prestigedenken - im Interesse sowohl der Bieter- als auch der Zielgesellschaft.

---

88 Vgl. Högholm, K., Corporate Control, 1994, S. 5 f.; Romano, R., Takeover, 1992, S. 22.
89 Vgl. Caytas, I. G. / Mahari, J. I., Investment Banking, 1988, S. 39; Högholm, K., Corporate Control, 1994, S. 5; Romano, R., Takeover, 1992, S. 24; Watter, R., Unternehmensübernahmen, 1990, S. 40.
90 Vgl. Röhrich, M., Feindlich, 1992, S. 60.
91 Vgl. Högholm, K., Corporate Control, 1994, S. 5.

2.1.3.4 Wachstum durch Akquisition

Beabsichtigt ein Unternehmen, in einen neuen Geschäftsbereich oder einen neuen Markt vorzudringen, so kann es das Wachstum in der Regel schneller durch Kauf als durch Aufbau eigener Strukturen erreichen, da häufig die Markt- und Produktkenntnisse und die für den Aufbau benötigte Zeit und Kapital fehlen. Insbesondere in den Fällen, in denen die Q-ratio, die das Verhältnis zwischen dem Marktwert der Aktien und den Wiederbeschaffungskosten der Aktiven wiedergibt, sehr viel kleiner als eins ist, ist es billiger, ein Unternehmen an der Börse zu kaufen als ein eigenes aufzubauen.[92]

Bei Wachstum durch Akquisition können neue Produkte, Güter, immaterielle Werte oder Managementpotential gekauft werden. Bei produktbezogenen Kaufmotiven kann es um die Erweiterung und Vervollständigung einer Produktlinie oder die Verbesserung des Produktportefeuilles gehen; güterbezogene Käufe können auf den Erwerb von Immobilien, Ressourcen oder Produktionsanlagen abzielen und bei einem Erwerb von Immaterialgütern kann es sich um den Erwerb von Marken oder Firmennamen handeln. Ferner kann der Bieter durch den Kauf auch versuchen, besonders gut ausgebildete Mitarbeiter wie Forschungs-, Entwicklungs- oder Marketingsteams oder auch ein fähiges Management in sein Unternehmen zu integrieren.[93]

Durch die Akquisition eines anderen Unternehmens können neue Märkte erschlossen werden. So ist es „gerade im internationalen Bereich heute oft unabdingbar.., eine bestehende Organisation übernehmen zu können, falls man in einen neuen Markt eindringen will.“[94] Es kann aber auch lediglich ein Wachstum in der angestammten Branche angestrebt werden, indem der Marktanteil vergrössert wird. Der Zugang zu neuen Absatzkanälen kann den Marktanteil und die Marktmacht steigern. Partizipiert der Aktionär der Zielgesellschaft durch hohe Kontrollprämien an der zu erwartenden Vergrösserung des Marktanteils, so sind wachstumsmotivierte Akquisitionen aus seiner Sicht als eindeutig positiv zu beurteilen.[95]

Wächst ein Unternehmen durch eine Akquisition, so kann häufig als weitere Folge eine Steigerung der Marktmacht beobachtet werden.

---

[92] Vgl. Caytas, I. G. / Mahari, J. I., Investment Banking, 1988, S. 33; Högholm, K., Corporate Control, 1994, S. 3; Weston, J. F. / Chung, K. S. / Hoag, S. E., Restructuring, 1990, S. 199.

[93] Vgl. Watter, R., Unternehmensübernahmen, 1990, S. 33-35; Zoern, A., Motive, 1994, S. 46 f.

[94] Watter, R., Unternehmensübernahmen, 1990, S. 36.

[95] Vgl. Werner, W., Probleme, 1989, S. 8; Zoern, A., Motive, 1994, S. 24 und 27.

2.1.3.5 Steigerung der Marktmacht

Häufig werden Übernahmen damit erklärt, dass sie die Marktmacht des Bieters steigern. Übernimmt er beispielsweise einen Konkurrenten (sog. horizontale Akquisition), so kann er in einem gesättigten Markt weitere Marktanteile hinzugewinnen, den Wettbewerb entschärfen und in eine Monopolposition gelangen, die es ihm erlaubt, Monopolrenten zu erzielen. Damit könnte ein Wohlstandstransfer von den Konsumenten zu den Aktionären der Bietergesellschaft erfolgen. Steigt mit der Marktmacht auch die Verhandlungsmacht des Bieters gegenüber den Lieferanten, so erfolgt ein Wohlstandstransfer von den Lieferanten zu den Aktionären der Bietergesellschaft. Da solche Akquisitionen ungleich grössere Auswirkungen auf Lieferanten, Abnehmer und Konsumenten haben als vertikale Akquisitionen (d.h. Akquisitionen, in denen der Lieferant oder Abnehmer übernommen wird), werden sie von den Wettbewerbsbehörden besonders kritisch geprüft (s. auch 4.4.2.2).[96]
Auch wenn die Aktionäre der Bietergesellschaft in der Regel von der gesteigerten Marktmacht ihres Unternehmens profitieren, so ist dies nicht vollkommen sicher, da mit der Grösse eines Unternehmens auch dessen Behäbigkeit zunimmt, so dass Investitionen und der technische Fortschritt gehemmt werden können. Damit hätte der Kontrollmechanismus des Marktes für Unternehmenskontrolle, der eigentlich die Ablösung eines ineffizienten Managements gewährleisten sollte, versagt. Aus Sicht der Aktionäre der Zielgesellschaft ist dieses Problem allerdings wohl eher nebensächlich.[97]
Ein letzter Grund für Übernahmen und Kontrollprämien sind Übernahmen aus steuerlichen Überlegungen. Es wird sich allerdings zeigen, dass dieser Punkt die schwächsten Argumente für eine Übernahme liefern kann.

2.1.3.6 Steuerliche Überlegungen

Durch eine Übernahme können verschiedene steuerliche Vorteile entstehen. So kann das zusammengeschlossene Unternehmen aufgrund einer gesteigerten Schuldenkapazität mehr Fremdkapital aufnehmen. Dies führt zu steuerlich abzugsfähigem Zinsaufwand, der besonders bei Übernahmen, die in einem hohen Masse fremdfinanziert sind (Leveraged Buyout), den zu versteuernden Gewinn senken können.[98]

---

[96] Vgl. Bohrer, A., Takeover, 1993, S. 506; Caytas, I. G. / Mahari, J. I., Investment Banking, 1988, S. 33; Huemer, F., Acquisitions, 1991, S. 17 f.; Romano, R., Takeover, 1992, S. 19; Watter, R., Unternehmensübernahmen, 1990, S. 35. Die Gesetze zum Wettbewerbsrecht werden für England unter 2.2.1.2.3 und für die Schweiz unter 2.2.2.2.3 besprochen.

[97] Vgl. Röhrich, M., Feindlich, 1992, S. 61.

[98] Vgl. Huemer, F., Acquisitions, 1991, S. 19 f.; Weston, J. F. / Chung, K. S. / Hoag, S. E., Restructuring, 1990, S. 198.

Desweiteren kann eine Verrechnung eines Verlustvortrages des Zielunternehmens mit dem Gewinn des Bieterunternehmens auch steuerliche Erleichterungen bringen, wenn im Bieterunternehmen sehr hohe ausserordentliche oder unverhergesehene Gewinne entstanden sind, für die keine rechtzeitige Steuerplanung getroffen wurde oder wenn das Zielunternehmen über besondere Abschreibungsmöglichkeiten verfügt, die es aufgrund eines Verlustes nicht ausnutzen kann. Diese Steuerersparnisse sind allerdings mangels eines Konzernsteuerrechtes in der Schweiz meist nur durch eine Fusion zu erreichen. In England ist es hingegen ab einer Beteiligung von 75 Prozent möglich, einen sogenannten „Group Relief" zu erlangen. Danach können Verluste des einen Unternehmens, die nicht Kapitalverluste sind, mit Gewinnen des anderen Unternehmens verrechnet werden.[99]
Nach Weston/Chung/Hoag[100] kann zudem ein Unternehmen, das nur noch wenige interne Investitionsmöglichkeiten sieht, ein Unternehmen in einer Wachstumsbranche erwerben, um die Ertragsteuer und die Steuer auf Dividendenausschüttungen zu umgehen. Dies kann es dadurch erreichen, dass es das Kapital, das nicht sinnvoll investiert werden kann und als Dividende ausgeschüttet werden müsste, dem Unternehmen in der Wachstumsbranche, das in der Regel keine Dividende ausschüttet, aber regelmässigen Kapitalzufluss benötigt, zur Verfügung stellt. Später kann sie dann die übernommene Unternehmung verkaufen und einen Kapitalgewinn realisieren. Dann unterliegt das Unternehmen allerdings in der Schweiz und in England der Besteuerung. Damit ist fraglich, ob eine Übernahme allein aus diesem Motiv sinnvoll ist.[101]
Gegen Übernahmen aus rein steuerlichen Motiven spricht die Tatsache, dass viele der genannten Vorteile in der Schweiz und auch in England nicht ausgenutzt werden können. Zudem können Übernahmewellen beobachtet werden, die nur bestimmte Branchen betreffen und die auch dann auftreten, wenn die Steuerstruktur nicht geändert wurde. Übernahmen aus steuerlichen Gründen können somit nicht als ein wichtiges Motiv bei Unternehmensübernahmen angesehen werden. Sie werden auch häufig kritisiert, da sie eine Wohlstandsverlagerung von den Steuerzahlern zu den Aktionären darstellen.[102]

Die verschiedenen Gründe für Übernahmen und Kontrollprämien haben gezeigt, dass bei Übernahmen eine Vielzahl von Interessen betroffen sind. So kann es der

---

99 Vgl. Caytas, I. G. / Mahari, J. I., Investment Banking, 1988, S. 41; Freshwater, T. / Boardman, N., Restrictions, 1995, S. 69; Huemer, F., Acquisitions, 1991, S. 19; o.V., Steuern, 1996, S. 45; Romano, R., Takeover, 1992, S. 13; Stedman, G., Takeovers, S. 646; Watter, R., Unternehmensübernahmen, 1990, S. 39.

100 Vgl. Weston, J. F. / Chung, K. S. / Hoag, S. E., Restructuring, 1990, S. 120.

101 Vgl. o.V., Steuern, 1996, S. 27; Sudarsanam, S., Essence, 1995, S. 179; Weston, J. F. / Chung, K. S. / Hoag, S. E., Restructuring, 1990, S. 120.

102 Vgl. Högholm, K., Corporate Control, 1994, S. 39; Huemer, F., Acquisitions, 1991, S. 20; Weston, J. F. / Chung, K. S. / Hoag, S. E., Restructuring, 1990, S. 217.

Fall sein, dass die Übernahme allein das Eigeninteresse des Managements auf Kosten der Aktionäre befriedigt oder die Übernahme einen Wohlstandstransfer von den Aktionären der Bietergesellschaft zu den Aktionären der Zielgesellschaft darstellt. Auch andere Anspruchsgruppen, wie Arbeitnehmer oder Steuerzahler, können betroffen sein. Aus diesem Grund sollen im folgenden die betroffenen Interessengruppen beschrieben werden.

2.1.4 Die von Übernahmen betroffenen Interessengruppen

2.1.4.1 Die Aktionäre der Zielgesellschaft

Den Aktionären der Zielgesellschaft kommt bei Übernahmen eine Schlüsselposition zu, da es von ihrer Entscheidung abhängt, ob das Angebot letztendlich angenommen oder abgelehnt wird. Dabei profitieren sie in der Regel von einem Übernahmeangebot, da zum einen die Börsenkurse der Zielgesellschaft bei Bekanntgabe eines Übernahmeangebotes regelmässig steigen und zum anderen der Angebotspreis über den Börsenkursen liegt.[103]

In der Realität können allerdings zahlreiche Konflikte verhindern, dass die Aktionäre der Zielgesellschaft ihre Rechte wahrnehmen können. So kann zum einen ein Konflikt zwischen einem Mehrheitsaktionär und den Minderheitsaktionären auftreten. Da die Aktiengesellschaft auf dem Mehrheitsprinzip beruht, besitzt ein Mehrheitsaktionär eine sehr viel grössere Macht als ein Minderheitsaktionär. Aus diesem Grund kann es für den Bieter attraktiv sein, dem Mehrheitsaktionär für die Kontrolle, die ihm sein Aktienpaket verleiht, einen Paketzuschlag zu zahlen. Dies zeigt, dass die Ausgestaltung der Minderheitsrechte, ohne das Mehrheitsprinzip aus den Angeln zu heben, entscheidend für einen fairen Ablauf von Übernahmen ist und dass die Pflicht zur Gleichbehandlung der Aktionäre der Zielgesellschaft eine besonders wichtige Rolle bei Übernahmen spielt.[104]

Ein weiterer Konflikt besteht zwischen den Aktionären der Zielgesellschaft und dem Management der Zielgesellschaft, der bereits erwähnt wurde und unter 2.1.4.2 noch einmal kurz dargestellt wird. Aus der Sicht der Aktionäre der Zielgesellschaft ist dabei entscheidend, welche Rechte sie erhalten, um ihren Willen durchzusetzen. Besonders wichtig sind in diesem Zusammenhang die Möglichkeiten der Aktionäre, unerwünschte Abwehrmassnahmen seitens des Managements zu verhindern.

Schliesslich ist noch auf den Konflikt zwischen den Aktionären der Zielgesellschaft und dem Management der Bietergesellschaft hinzuweisen, der unter 2.1.4.3 weiter besprochen wird. Aus der Sicht des Aktionärs der Zielgesellschaft muss

---

[103] Vgl. Burkart, M., Kaufangebote, 1994, S. 27; Högholm, K., Corporate Control, 1994, S. 6; Röhrich, M., Feindlich, 1992, S. 109; Romano, R., Takeover, 1992, S. 4 f.

[104] Vgl. Hollington, R., Rights, 1994, S. 3; Knoll, H.-C., Übernahmen, 1992, S. 287 f.; Röhrich, M., Feindlich, 1992, S. 63 f., 109 und 245.

dabei insbesondere darauf hingewiesen werden, dass die Entscheidung der Aktionäre über Annahme oder Ablehnung des Angebotes für die Aktionäre der Zielgesellschaft zahlreiche Risiken bergen kann. Zum einen stellt sich für sie das Risiko, bei Annahme des Angebotes keinen angemessenen Preis für ihre Anteile zu erhalten, und zum anderen riskieren sie bei Ablehnung eines dennoch erfolgreichen Angebotes, in die Rolle von unerwünschten Minderheitsaktionären, deren Anteile an Wert verloren haben, zu geraten. Andererseits können sie bei Verbleib in der Gesellschaft beispielsweise an Synergiegewinnen, einer besseren Auswahl und Überwachung des Managements oder einer Verbesserung der industriellen Führung partizipieren. Zentraler Punkt bei Übernahmen sind demnach die Informationsrechte der Aktionäre der Zielgesellschaft, die einen sachgerechten Entscheid über Annahme oder Ablehnung erst ermöglichen können.[105]

2.1.4.2 Das Management der Zielgesellschaft

Auch wenn das Management der Zielgesellschaft nicht der direkte Adressat der Übernahmeofferte ist, kann es einen sehr grossen Einfluss ausüben. Dies resultiert aus der Tatsache, dass die Aktionäre der Zielgesellschaft in der Regel nicht über eigenständige Verhandlungsmöglichkeiten verfügen und sie aufgrund von fehlenden Informationen über die Erfolgsaussichten und die künftige Unternehmens- und Dividendenpolitik bei der Beurteilung des Angebotes auf das Management der Zielgesellschaft angewiesen sind. Ist beispielsweise der Preis des Übernahmeangebotes nicht angemessen oder befürchtet das Management der Zielgesellschaft einen unangemessen hohen Stellenabbau oder eine Verletzung des Gesamtinteresses des Unternehmens, so ist das Management der Zielgesellschaft aufgrund seines höheren Organisationsgrades sehr viel geeigneter als die Aktionäre, gegen das Übernahmeangebot zu intervenieren.[106]
Diese Machtstellung kann das Management allerdings auch dazu ausnutzen, ein vorteilhaftes Übernahmeangebot zu verhindern. „Gerade die Gestaltung der Drittinformation im Jahresabschluss eignet sich - unter Berufung auf das Unternehmensinteresse - vorzüglich zur Wahrung egoistischer Interessen von Mehrheitsaktionären, Verwaltungsrat und Geschäftsleitung."[107] Gründe für ein Eigeninteresse des Managements sind persönliche Einbussen beim Lohn, bei Sozialleistungen, bei Privilegien, bei der Macht oder ein Prestigeverlust. Zudem kommt es insbesondere bei unfreundlichen Übernahmen sehr häufig vor, dass das

---

[105] Vgl. Assmann et al., H.-D., Übernahmeangebote, 1990, S. 14 f; Berger, K. P., Unternehmensübernahmen, 1991, S. 1646; Lüttmann, R., Kontrollwechsel, 1992, S. 24 f.; Röhrich, M., Feindlich, 1992, S. 34 f. und 109 f.

[106] Vgl. Röhrich, M., Feindlich, 1992, S. 35; Tschäni, R., Übernahmeangebote, 1994, S. 309.

[107] Boemle, M., Jahresabschluss, 1996, S. 3.

Management der Zielgesellschaft seinen Arbeitsplatz verliert.[108] „Die Übernahmeofferte kann damit am Widerstand des amtierenden Managements scheitern, sei es weil es die Angebotskonditionen für verbesserungsfähig hält, sei es aus Eigeninteresse wegen des drohenden Verlustes der eigenen Stellung oder Privilegien."[109]
Das Problem bei Übernahmen besteht nun darin, dem Management der Zielgesellschaft zwar die Möglichkeit zu geben, im Interesse der Gesellschaft und ihrer Aktionäre den Erfolg eines diesen Interessen zuwiderlaufendes Übernahmeangebot zu verhindern, ihm aber auf der anderen Seite nicht die Möglichkeit zu geben, mit seiner Macht seine Eigeninteressen durchzusetzen. Letztendlich soll die Entscheidung über Annahme oder Ablehnung des Angebotes bei den Aktionären der Zielgesellschaft liegen.[110]

2.1.4.3 Das Management der Bietergesellschaft

Das Management der Bietergesellschaft ist an einer möglichst schnellen Abwicklung interessiert, da eine kurze Angebotsfrist den Eintritt von Konkurrenten und den Aufbau von Verteidigungsmassnahmen erschwert. Zudem werden die Aktionäre der Zielgesellschaft unter Zugzwang gesetzt. Da ausserdem das Management der Bietergesellschaft die Übernahmebedingungen und den Preis, die für die zumeist nicht-organisierten Aktionäre der Zielgesellschaft gegeben sind, einseitig festsetzt und den Aktionären der Zielgesellschaft häufig die Informationen für einen sachgerechten Entscheid über Annahme oder Ablehnung des Übernahmeangebotes fehlen, erscheint es sinnvoll, den Druck, den das Management der Bietergesellschaft aufgrund von kurzen Laufzeiten und mangelnder Information auf die Aktionäre der Zielgesellschaft ausüben kann, durch Informationspflichten, festgelegte Mindestlaufzeiten von Übernahmeangeboten, Untergrenzen für den Angebotspreis und die Förderung von Konkurrenzangeboten zu vermindern.[111]
Meldepflichten für Beteiligungen erscheinen in diesem Rahmen ebenfalls angemessen, da ein potentieller Übernehmer daran interessiert ist, durch einen Positionsaufbau vor dem Übernahmeangebot etwaige Abwehrmassnahmen oder konkurrierende Angebote, die den Abfindungspreis für die Aktionäre in die Höhe treiben könnten, zu verhindern.[112]

---

108 Vgl. Auerbach, A., Takeovers, 1988, S. 102; Caytas, I. G. / Mahari, J. I., Investment Banking, 1988, S. 129 f.; Röhrich, M., Feindlich, 1992, S. 36.

109 Röhrich, M., Feindlich, 1992, S. 36.

110 Vgl. Berger, K. P., Unternehmensübernahmen, 1991, S. 1647.

111 Vgl. Röhrich, M., Feindlich, 1992, S. 38, 244; Strazzer, R., Übernahmeangebot, 1993, S. 122; Tschäni, R., Übernahmeangebote, 1994, S. 309.

112 Vgl. Röhrich, M., Feindlich, 1992, S. 38, 244; Strazzer, R., Übernahmeangebot, 1993, S. 122; Tschäni, R., Übernahmeangebote, 1994, S. 309.

Mit all diesen Massnahmen seitens des Gesetzgebers oder freiwilliger Institutionen soll das strukturelle Ungleichgewicht zwischen dem Management der Bietergesellschaft und den Aktionären, insbesondere den Minderheitsaktionären, der Zielgesellschaft ausgeglichen werden.[113]

2.1.4.4 Die Aktionäre der Bietergesellschaft

Die Aktionäre der Bietergesellschaft können nur einen sehr geringen Einfluss auf den Übernahmeprozess nehmen, da ihre Zustimmung nur im Falle einer Zweckänderung ihrer Gesellschaft oder bei einer unechten Fusion, bei der ein Umtauschangebot im Zuge einer Kapitalerhöhung erfolgt, notwendig ist. Das Übernahmeangebot selbst richtet sich vom Management ihrer Gesellschaft an die Aktionäre der Zielgesellschaft und schliesst sie damit aus. Allerdings können die Aktionäre der Bietergesellschaft wirtschaftlich betroffen sein, da Übernahmen immer mit hohen Kosten verbunden sind, die im Falle eines Scheiterns auf die Bietergesellschaft zurückfallen. Wie Kapitel 2.1.3 bereits gezeigt hat, gibt es allerdings viele Situationen, in denen sie gewinnen können. So können sie davon profitieren, dass die Aktienkurse und die Gewinne aufgrund von Synergieeffekten oder durch Ausschaltung eines ineffizienten Managements ein Steigerungspotential haben. Ist die Übernahme nur durch das Prestigedenken oder Fehleinschätzungen des Managements motiviert, verlieren sie.

2.1.4.5 Andere Anspruchsgruppen

Neben den bereits genannten Anspruchsgruppen gibt es noch eine Vielzahl von anderen Anspruchsgruppen, die von einer Übernahme nicht direkt betroffen sind, da eine Übernahme den rechtlichen Status des Zielunternehmens nicht verändert. Ihre Beziehung zum Unternehmen wird durch das Vertragsrecht oder das Arbeitsrecht geschützt.[114]

Wohl die wichtigste Anspruchsgruppe sind dabei die Arbeitnehmer, deren Arbeitsplätze aufgrund von Rationalisierungsmassnahmen gefährdet sein könnten. „Allerdings scheint ein Kontrollwechsel oft eher Anlass als Grund für die Entlassung zu sein, da der Markt als Ganzes Umstrukturierungen diktiert."[115] Insbesondere dann, wenn die einzige Alternative in der Stillegung des Unternehmens besteht, kann eine Übernahme für die Arbeitnehmer von Vorteil sein.[116]

Eine weitere Anspruchsgruppe sind die Fremdkapitalgeber, deren Haftungssubstrat durch die Übernahme verändert wird. Insbesondere wenn die Übernahme

---

[113] Vgl. Strazzer, R., Übernahmeangebot, 1993, S. 121 f.
[114] Vgl. Watter, R., Unternehmensübernahmen, 1990, S. 83.
[115] Watter, R., Unternehmensübernahmen, 1990, S. 100
[116] Vgl. Müller, R. / Lipp, L., Handbuch, 1994, S. 333 f.; Röhrich, M., Feindlich, 1992, S. 39.

durch Aufnahme von Fremdkapital erfolgt, könnte sich ihre Position verschlechtern. Allerdings können sich die Gläubiger in den Kreditvereinbarungen gegen eine solche Verschlechterung vertraglich absichern. Die Gläubiger können aber auch, falls der Bieter finanzkräftig ist, von einer Übernahme aufgrund des reduzierten Konkursrisikos profitieren.[117]
Auch Lieferanten, Abnehmer und Konsumenten werden von Übernahmen betroffen. So besteht die Gefahr, dass vertikale Akquisitionen zu einer Monopolstellung des Bieters führen, mit allen nachteiligen Folgen für die drei Gruppen. Beispielsweise könnte die Monopolstellung des Bieters zu einem hohen Preisdruck auf die Lieferanten oder zu überhöhten Endpreisen, die von den Konsumenten getragen werden müssten, führen.[118]
Schliesslich ist auch die Börse und der Finanzmarkt des betreffenden Landes zu erwähnen, deren Ruf durch ungeregelte Übernahmen zu Schaden kommen kann. Ungeregelte Übernahmen schrecken Investoren und Gesellschaften ab, vermindern die Marktliquidität und schaden so der Funktionsfähigkeit der Börse.[119]
Auch wenn die übrigen Anspruchsgruppen bei einer Übernahme eher Nebenrollen innehaben, so kann doch ihre Bedeutung je nach Land erheblich variieren. So erfahren sie in England, wo der Aktionär der Zielgesellschaft im Mittelpunkt steht, eine weitaus geringere Beachtung als in der Schweiz, wo die Aktionäre der Zielgesellschaft nur eine von vielen Anspruchsgruppen sind und es gerade von Grossunternehmen erwartet wird, dass sie die Ansprüche von anderen Gruppen erfüllen und insbesondere Arbeitsplätze erhalten.[120] Aus diesem Grund spielen auch in England unfreundliche Übernahmen bei der Festlegung des Managements auf das Gesamtinteresse des Unternehmens und die Ziele der Aktionäre eine wesentliche Rolle („the hostile bid is a key aspect of Anglo-American capitalism“ [121]). In der Schweiz ist das Management traditionellerweise nicht diesem Druck durch die Aktionäre und den Kapitalmarkt ausgesetzt, sondern kann die Kontrolle über das Unternehmen weitgehend allein ausüben. Dies hatte bei Übernahmen, wo das Management in der Regel Eigeninteressen hat, für die Aktionäre sehr nachteilige Folgen, wie sich bei der Untersuchung der Abwehrmassnahmen zeigen wird. Im Gegensatz zu England kann demnach gesagt werden, dass in der Schweiz eine diskrete Einigung auf der Ebene des Managements das herausragende Merkmal ist.

---

117 Vgl. Caytas, I. G. / Mahari, J. I., Investment Banking, 1988, S. 163; Watter, R., Unternehmensübernahmen, 1990, S. 84.

118 Vgl. Caytas, I. G. / Mahari, J. I., Investment Banking, 1988, S. 33.

119 Vgl. Tschäni, R., Übernahmeangebote, 1994, S. 309.

120 Vgl. Jenkinson, T. / Mayer, C., Takeovers, 1994, S. 18.

121 Brierly, D., Hostile, 1997, S. 3.

Abbildung 1: Zentrale Thesen zu England und der Schweiz

England:	**„The hostile bid is a key aspect of Anglo-American capitalism.“** [122]
Schweiz:	**„Die diskrete Einigung auf der Ebene des Managements ist Hauptkennzeichen des Übernahmeprozesses in der Schweiz.“**

Im folgenden soll nun untersucht werden, wie die Stellung des Aktionärs bei Übernahmen in der Schweiz und in England ausgebaut ist. Dabei sollen zuerst die Gesetze und Regelwerke, die in diesen beiden Ländern bei Übernahmen Gültigkeit haben, vorgestellt werden. Daran anschliessend soll die Entwicklung des Marktes für Unternehmenskontrolle in den beiden Ländern beschrieben werden, um die unterschiedliche Bedeutung von Übernahmen in den beiden Ländern zu verdeutlichen.

2.2. Der Markt für Unternehmenskontrolle in der Schweiz und in England

2.2.1 Der regulatorische Rahmen in England

England verfügt über einen weit entwickelten Markt für Unternehmenskontrolle, der nach den USA der aktivste Übernahmemarkt der Welt ist. In dieser Arbeit interessieren insbesondere Übernahmen von Public Companies, da nur diese an der Börse zugelassen werden. Die Private Company, die ebenfalls eine Kapitalgesellschaft ist, kann nach s. 143 (3) Financial Services Act 1986 (FSA) keine Börsenzulassung erlangen und wird somit in dieser Arbeit als Zielgesellschaft nicht weiter behandelt. Auch ist die Public Company wirtschaftlich gesehen[123] die wichtigste Gesellschaftsform in England.[124]

2.2.1.1 Die Public Company

2.2.1.1.1 Die Rechtsgrundlagen der Public Company

Die Rechtsgrundlagen der Public Company finden sich im Companies Act 1985 (CA), im Insolvency Act 1986, der die Abwicklung insolventer Companies regelt, im Criminal Justice Act 1993, der das Insiderhandelsverbot regelt, im Business Names

[122] Brierly, D., Hostile, 1997, S. 3.

[123] So gab es im Jahre 1996 in Grossbritannien 522'620 Companies und Public Corporations, während der Anteil der General Government und Non-Profit Making Bodies 28'725, derjenige der Sole Proprietors 598'170 und derjenige der Partnerships 388'130. Eine genaue Aufstellung mit Umsatzzahlen befindet sich in Anhang 1 (Zahlen des Office for National Statistics, 1996).

[124] Vgl. Güthoff, J, Gesellschaftsrecht, 1993, S. 4, 44 und 52; Keenan, D., Students, 1996, S. 16; Knoll, H.-C., Übernahmen, 1992, S. 45; Schade, M., Internationalisierung, 1990, S. 97.

Act 1985, im Companies Directors Disqualification Act 1986, im Common Law (Richterrecht) und in der Satzung der Gesellschaft (Memorandum of Association und Articles of Association). Im Zusammenhang mit Übernahmen kommen dem Companies Act, der die gesellschaftsrechtlichen Grundlagen festschreibt, und der Satzung der Gesellschaft die grösste Bedeutung zu.[125]

Die Satzung einer Company besteht aus dem Memorandum of Association (ss. 1-6 CA 1985) und den Articles of Association (ss. 7-9 CA 1985). Während das Memorandum die Grundlagen und das Aussenverhältnis der Company erfasst, regeln die Articles das Innenverhältnis. Dementsprechend ist das Memorandum in erster Linie für Dritte wichtig, die mit der Company handeln wollen, die Articles hingegen hauptsächlich für Aktionäre und Direktoren.[126]

Gemäss s. 2 CA 1985 muss das Memorandum einer Public Company Firma und Sitz der Gesellschaft, Gesellschaftsgegenstand (Objects Clause), die Höhe des Nominalkapitals, das bei einer Public Company mindestens £ 50.000 betragen muss, und die Aufteilung der einzelnen Gesellschaftsanteile in Höhe und Anzahl sowie die Erklärung beinhalten, dass die Haftung der Gesellschaft beschränkt ist und es sich um eine Public Company handeln soll. Das Memorandum kann gemäss s. 4 CA 1985 durch eine Special Resolution geändert werden. Eine solche Special Resolution verlangt nach s. 378 (1)(2) CA 1985 eine qualifizierte Mehrheit von mindestens 75 Prozent des bei der Generalversammlung vertretenen Kapitals.[127]

Die Articles of Association betreffen die interne Organisation der Company und legen damit die Art und Weise fest, wie die Company geführt werden soll. Da der Companies Act 1985 kaum zwingende Regeln über das Innenverhältnis einer Company beinhaltet, besteht ein relativ grosser Gestaltungsspielraum. Die Articles können beispielsweise die Stimmrechte der Aktionäre, die Übertragung der Anteile, die Dividenden, die Rechte der verschiedenen Arten von Anteilseigner, die Konstituierung und die Befugnisse des Board of Directors festlegen. Eine Company kann ihre eigenen Articles erstellen oder gemäss s. 8 CA 1985 eine Mustersatzung (Table A) verwenden, die in einer Rechtsverordnung, den Companies (Tables A-F) Regulations 1985, enthalten ist. Die Articles können nach s. 9 (1) CA 1985 von der Generalversammlung durch Special Resolution geändert werden, sofern es die Interessen der Gesellschaft erfordern.[128]

---

[125] Vgl. Bäumer, H., Börsenrecht, 1989, S. 37; Güthoff, J., Gesellschaftsrecht, 1993, S. 4 und 51.

[126] Vgl. Güthoff, J., Gesellschaftsrecht, 1993, S. 19; Keenan, D., Company Law, 1987, S. 35; Knoll, H.-C., Übernahmen, 1992, S. 336.

[127] Vgl. Güthoff, J., Gesellschaftsrecht, 1993, S. 19 f.; Keenan, D., Company Law, 1987, S. 35; Keenan, D., Students, 1996, S. 81 und 371; Knoll, H.-C., Übernahmen,1992, S. 337.

[128] Vgl. Güthoff, J., Gesellschaftsrecht, 1993, S. 20 f.; Keenan, D., Company Law, 1987, S. 70 f.; Keenan, D., Students, 1996, S. 56 und 86 f.

2.2.1.1.2 Die Organe der Public Company

In einer Public Company existieren nur zwei Organe: die Generalversammlung (General Meeting) und das Board of Directors. In diesem sog. "one tier system" ist die Generalversammlung das oberste Willensbildungsorgan der Company, während das Board of Directors das Leitungsorgan der Company darstellt. Da der Companies Act 1985 und 1989 kaum Regelungen hinsichtlich der Befugnisse und Aufgaben der Gesellschaftsorgane enthält, ergeben sich die konkreten Befugnisse des Board of Directors aus den Articles of Association. Das Board ist somit nicht mit originären Befugnissen ausgestattet, sondern leitet diese über die Satzung von der Generalversammlung ab. Diese Situation hat zur Entwicklung der Ultra-vires-Regel geführt.[129]
Die Ultra-vires-Regel besagt, dass die Generalversammlung solange nicht einschreiten kann, wie das Board die von der Generalversammlung und vom Memorandum eingeräumten Befugnisse nicht überschreitet und damit "intra vires" bleibt. Sind Geschäfte der Directors mit Dritten nicht mehr durch den Geschäftsgegenstand der Gesellschaft gedeckt (ultra vires), so entfalten sie erst dann Wirkung, wenn das Geschäft von der Generalversammlung durch eine Special Resolution ratifiziert worden ist (ss. 35 und 36 CA 1985). In den letzten Jahren ist die Ultra-vires-Regel allerdings erheblich aufgeweicht worden, da die meisten Unternehmen ein Vielzahl von Tätigkeiten in den Gesellschaftsgegenstand aufgenommen haben.[130]
Von den Ultra-vires-Handlungen, die durch eine Special Resolution ratifiziert werden können, sind die Treuepflichtverstösse abzugrenzen. Anders als Ultra-vires-Handlungen sind Treuepflichtverstösse intra vires und können somit nur von der Gesellschaft angefochten werden. Die wichtigsten Treuepflichten für einen Director sind dabei die Verpflichtung, nach Treu und Glauben im Interesse der Gesellschaft zu handeln, sich keinerlei Konflikten zwischen seinen eigenen Interessen und denen der Gesellschaft auszusetzen oder, falls dennoch ein Interessenkonflikt auftreten sollte, dem Interesse der Gesellschaft Vorrang vor eigenen Interessen zu geben. Desweiteren trifft einen Director die Pflicht, keine persönlichen Vorteile aus seinem Amt zu ziehen und innerhalb des Geschäftsgegenstandes der Gesellschaft und damit innerhalb der Grenzen der Vertretungsmacht und Geschäftsführungsbefugnis des Boards of Directors zu handeln. "Ausserdem muss [der Director] die im Verkehr erforderliche Sorgfalt bei der Ausübung seiner Befugnisse einhalten und solche Fähigkeiten aufbringen, welche vernünftigerweise von einer Person seiner Stellung und Erfahrung

---

129 Vgl. Güthoff, J., Gesellschaftsrecht, 1993, S. 31; Herrmann, M., Abwehrmassnahmen, 1993, S. 149; Knoll, H.-C., Übernahmen, 1992, S. 334.

130 Vgl. Güthoff, J., Gesellschaftrecht, 1993, S. 24 f. und 64; Herrmann, M., Abwehrmassnahmen, 1993, S. 150; Keenan, D., Company Law, 1987, S. 58-64; Keenan, D., Students, 1996, S. 72, 74 und 286; Knoll, H.-C., Übernahmen, 1992, S. 122 f., 264 und 335.

erwartet werden können."[131] Verletzt ein Director eine dieser Treuepflichten, so haftet er der Gesellschaft für den dabei entstandenen Schaden.[132]

2.2.1.2 Die Gesetze und Regelwerke bei Übernahmen

In Europa hat Grossbritannien als erstes Land Übernahmeangebote zum Gegenstand einer Regulierung gemacht. Die Vorschriften sind allerdings nicht einheitlich in einer Regelung zusammengefasst. Es besteht vielmehr ein Zusammenspiel zwischen gesetzlicher Normierung und freiwilliger Selbstkontrolle, bei dem die Bedeutung gesetzlicher Regelungen aber eher gering ist. Vor allem der CA 1985 enthält einige übernahmerelevante Vorschriften. Beispielsweise verhindern die Offenlegungsvorschriften der ss. 198-212 CA 1985 den heimlichen Aufbau eines Aktienpaketes.[133] Grosse Bedeutung haben die Regeln der freiwilligen Selbstkontrolle erhalten. Hier ist an erster Stelle der City Code on Takeovers and Mergers (Blue Book, the Code) zu nennen; desweiteren die Rules Governing Substantial Acquisition of Shares (SARs) und die Admissions of Securities to Listing (Yellow Book). Hingegen hat das Fallrecht nur eine sehr geringe Bedeutung erlangt. Dies resultiert zum einen aus der Tatsache, dass das Regelwerk bereits sehr dicht ist, und zum anderen daraus, dass Übernahmen über die Börse der freiwilligen Selbstkontrolle unterstehen und Streitigkeiten innerhalb des Börsenbereiches traditionell eher intern ohne Anrufung der Gerichte gelöst werden.[134]

2.2.1.2.1 Der City Code on Takeovers and Mergers

Der City Code on Takeovers and Mergers wurde am 27.3.1968 als Folge von erbitterten Übernahmekämpfen, die die Notwendigkeit des Vorgehens gegen unfaire Praktiken zeigten, von der City Working Party verabschiedet. Er liegt inzwischen in der achten Fassung vom 25.10.1990 (ergänzt am 28.11.1991) vor. Der Code ist ein freiwilliger Verhaltenskodex, der von der britischen Finanzwirtschaft getragen wird. Ihm kommt keine formelle Gesetzeskraft zu. Er erfasst alle öffentlichen Übernahmeangebote, die auf die Erlangung der Kontrolle über eine Zielgesellschaft abzielen. Dabei geht der City Code davon aus, dass die Kontrolle über eine Gesellschaft erreicht ist, wenn eine oder mehrere abgestimmt handelnden Personen eine Beteili-

---

131 Herrmann, M., Abwehrmassnahmen, 1993, S. 150.

132 Vgl. Güthoff, J., Gesellschaftsrecht, 1993, S. 39; Herrmann, M., Abwehrmassnahmen, 1993, S. 150; Spearing, N. et al., Hostile Takeovers, 1990, S. 72.

133 Vgl. Cooke, T. E., M&A, 1989, S. 384-391; Freshwater, T. / Boardman, N., Restrictions, 1995, S. 36; Knoll, H.-C., Übernahmen, 1992, S. 36 und 116; Spearing, N. et al., Hostile Takeovers, 1990, S. 71.

134 Vgl. Knoll, H.-C., Abwehrmassnahmen, 1992, S. 116; Spearing, N. et al., Hostile Takeovers, 1990, S. 71.

gung von 30 Prozent oder mehr erreichen. Der City Code erfasst sowohl kotierte als auch nicht-kotierte Public Companies.[135]

Der City Code enthält - neben einer Einleitung und einem Definitionsteil - zehn allgemeine Prinzipien (General Principles, GP), die die tragenden Grundsätze und Verhaltensweisen kodifizieren, und 38 Einzelvorschriften (Rules). Die Rules stellen Anwendungsfälle der General Principles dar, statuieren Verhaltenspflichten für besondere Takeover-Situationen und erfassen besondere Arten von Übernahmeangeboten sowie Verfahrensprobleme. Der Anwendungsbereich der wichtigsten Rules wird durch Anmerkungen (Notes) detailliert geregelt. Durch dieses Normengeflecht besitzt der Code eine hohe Flexibilität, die noch dadurch gesteigert wird, dass, anders als bei der Auslegung englischer Gesetzestexte, nicht nur der eigentliche Text des Code, sondern im gleichen Rang auch der Sinn und Zweck der Normen zu beachten ist. Folge dieser gegen Umgehungsgeschäfte gerichteten Konzeption ist unter anderem, dass die General Principles auch in einer Situation angewendet werden können, die nicht ausdrücklich durch die Rules erfasst ist.[136]

Der Kernpunkt der Normen ist gemäss GP 1 die Gleichbehandlung der Aktionäre der Zielgesellschaft. Dieses soll unter anderem dadurch erreicht werden, dass den Aktionären der Zielgesellschaft sämtliche Informationen im gleichen Umfang und zur gleichen Zeit zukommen (GP 2, 4 und 5). Ein weiterer Grundsatz besteht darin, jede Massnahme der Zielgesellschaft, die ein Übernahmeangebot verhindern soll, ohne dass die Aktionäre darüber abgestimmt hätten, zu verhindern. Desweiteren soll ein fairer und geordneter Markt in den Aktien der betroffenen Gesellschaften aufrechterhalten werden. Der City Code befasst sich nach eigenen Aussagen des Panels grundsätzlich nicht mit den wirtschaftlichen Vor- und Nachteilen von Übernahmen.[137]

Die wichtigste Neuerung des City Code von 1968 war die Einführung eines privaten Aufsichtsorgans, des Panels on Takeovers and Mergers, der die Einhaltung der Regeln des City Code überwacht. Der Panel, der von 1968 bis 1994 ungefähr 6000 Übernahmeangebote überwacht hat, ist eine Unterorganisation des den Aktienhandel beaufsichtigenden "Council for the Securities Industry" (C.S.I.). Die Mitglieder des Panels sind Repräsentanten aller wesentlichen Organisationen der britischen Fi-

---

[135] Vgl. City Code, Introduction A7; Herrmann, M., Abwehrmassnahmen, 1993, S. 146 f.; Lüttmann, R., Kontrollwechsel, 1992, S. 46; o.V., Report, 1995, S. 6; Strazzer, R., Übernahmeangebot, 1993, S. 63 und 69.

[136] Vgl. Bäumer, H., Börsenrecht, 1989, S. 50; Cardale, M., United Kingdom, 1991, S. 117; Herrmann, M., Abwehrmassnahmen, 1993, S. 146; Lüttmann, R., Kontrollwechsel, 1992, S. 46; Strazzer, R., Übernahmeangebot, 1993, S. 67 f.

[137] Vgl. Bäumer, H., Börsenrecht, 1989, S. 50; Calcutt, D., Panel, 1990, S. 3 f.; Staple, W., Panel, 1995, S. 4; Strazzer, R., Übernahmeangebot, 1993, S. 70; Werner, W., Probleme, 1989, S. 13.

nanzwirtschaft[138], die von Übernahmen in irgendeiner Weise betroffen sind. Der Präsident, zwei Vizepräsidenten und drei unabhängige Mitglieder, von denen zwei aus der Industrie kommen, werden vom Governor der Bank of England ernannt.[139] Dadurch, dass alle von Übernahmen betroffenen Parteien im Panel vertreten sind, ist er mitgliedschaftlich breit abgestützt, "was zu einer erheblichen Steigerung seiner Akzeptanz führt, urteilen doch Berufskollegen über das Verhalten der Beteiligten."[140] Wie der City Code so ist auch der Panel rein privater Natur. Dies hat zur Folge, dass ihm auch keine Sanktionsmöglichkeiten auf gesetzlicher Basis zur Verfügung stehen. Nichtsdestotrotz kann der Panel aber in der finanzwirtschaftlichen Praxis äusserst wirksame Disziplinierungsmechanismen anwenden: er kann Rügen aussprechen oder einen Verstoss bekanntmachen und damit der öffentlichen Kritik aussetzen. Zudem kann der Panel durch eine Geldstrafe eine Verletzung des City Code ahnden. So musste Guinness an einige der früheren Aktionäre von Distillers eine Geldstrafe in der Höhe von £ 75 Mio. zahlen. Grund für die Geldstrafe war eine Verletzung der Rule 11 City Code bei dem Übernahmeangebot von Guinness an die Aktionäre von Distillers im Jahre 1986. Guinness hatte dabei an einige Aktionäre einen höheren Preis gezahlt als an die anderen. Neben einer Geldstrafe oder im Falle, dass eine Geldstrafe nicht bezahlt wird, kann der Panel auch einen Antrag an die Börse stellen, die Kotierung der Aktien einer oder beider betroffenen Gesellschaften auszusetzen. Dies ist möglich, weil die Kotierungsbestimmungen der London Stock Exchange vorsehen, dass die Titel einer Gesellschaft nur dann zugelassen werden, wenn sich diese zur Einhaltung des City Code verpflichtet.[141]

Ein weiterer, effektiver Sanktionsmechanismus ist das sog. Cold-Shouldering durch das Securities and Investment Board (SIB), das zwar in keinem Regelungswerk festgeschrieben ist, von der SIB dennoch mit Erfolg eingesetzt wird. Das SIB ist eine selbstregulierende Organisation, die durch den FSA 1986 geschaffen wurde und von der jeder, der Investment Business in Grossbritannien tätigen will (einschliesslich der Finanzberater bei Übernahmen), eine Genehmigung einholen muss. Dabei umfasst der Begriff „Investment Business" auch das Tätigwerden im Rahmen eines Über-

---

138 The Association of British Insurers, The Association of Investment Trust Companies, The British Merchant Banking and Securities Houses Association, The Committee of London and Scottish Bankers, The Confederation of British Industry, The Financial Intermediaries, Managers and Brokers Regulatory Association, The Institute of Chartered Acoountants in England and Wales, The International Stock Exchange of the United Kingdom and The Republic of Ireland Limited, The Investment Management Regulatory Organisation, The National Association of Pension Funds, The Securities Association, The Unit Trust Association (vgl. Calcutt, D., Panel, 1990, S. 6).

139 Vgl. Calcutt, D., Panel, 1990, S. 6 f.; Lee, T. P., Regulation, 1992, S. 134 f.

140 Strazzer, R., Übernahmeangebot, 1993, S. 65.

141 Vgl. Cardale, M., United Kingdom, 1991, S. 117; Knoll, H.-C., Abwehrmassnahmen, 1992, S. 118; Maeijer, J. M. M. / Geens, K., Defensive Measures, 1990, S. 215 f.; o.V., Report, 1995, S. 6; Schade, M., Internationalisierung, 1990, S. 102; Staple, W., Panel, 1995, S. 11 f.; Strazzer, R., Übernahmeangebot, 1993, S. 64 f. und 75 f.

nahmeangebotes. In der Regel versucht ein Bieter, die Genehmigung zur Ausübung von Investment Business nicht direkt vom SIB zu erlangen, sondern bedient sich dabei der Vermittlung durch ein Mitglied einer Self-Regulating Organisation oder eines Recognised Professional Bodies. Diese müssen, um autorisiert zu werden, bestimmte Verhaltensnormen erfüllen.[142] So ist es den Mitgliedern dieser Organisationen verboten, im Zusammenhang mit Übernahmen für Personen tätig zu sein, von denen sie vermuten, dass sie nicht mit den Best Business Standards und damit mit dem Code in Einklang handeln. Wer gegen sie verstösst, kann die Bewilligung, Investment Business in Grossbritannien auszuüben, verlieren. "Da die Befugnis der Unternehmen 'investment business' zu tätigen, deren Existenzgrundlage bildet, ist der faktische Druck zur Befolgung der 'cold shoulder Rule' gross."[143] Insbesondere ausländische Bietergesellschaften, die sich den Sanktionen des Panels entziehen könnten, werden dadurch zur Einhaltung des Code gebracht, da sie in der Regel zur Durchführung des Übernahmeangebotes einen britischen Intermediär beiziehen müssen. Zum ersten Mal wurde das Cold-Shouldering 1992 im Zusammenhang mit den Geschäften des Dundee Football Club angewendet. Der Panel war der Ansicht gewesen, dass einige Aktionäre in Absprache gehandelt hatten, aber bei Erreichen der Schwelle von 30 Prozent kein öffentliches Kaufangebot gemacht hatten.[144]

Der Panel arbeitet bei Übernahmen, die das öffentliche Interesse betreffen, mit der Monopolies and Mergers Commission, dem Office of Fair Trading, dem Department on Trade and Industry oder der EU-Kommission zusammen. Gerichte greifen fast nie in ein laufendes Übernahmeverfahren ein, da ein Gerichtsverfahren eine unerwünschte Verzögerung bringen und das Prinzip der Selbstregulierung durchbrechen würde.[145]

Die beim Panel anfallenden Arbeiten werden von drei Organen ausgeführt: dem Panel Executive, dem Full Panel und dem Appeal Committee. Die Administrationstätigkeit wird vom Panel Executive, einer kleinen, von einem Directors General geleiteten Arbeitsgruppe, ausgeübt. Dieser überwacht Übernahmen auf die Einhaltung des City Code und berät bei seiner Auslegung und Anwendung und bezüglich der Auswirkungen geplanter Übernahmen. Ist ein Sachverhalt besonders komplex oder ist ein Betroffener mit einer Entscheidung des Panel Executive nicht einverstanden, so wird der Fall an den Full Panel weitergeleitet. Der Full Panel hat das Recht,

---

[142] Ss. 7-21 FSA 1986.

[143] Lüttmann, R., Kontrollwechsel, 1992, S. 49.

[144] Vgl. Calcutt, D., Panel, 1990, S. 8; Cardale, M., United Kingdom, 1991, S. 117; Cooke, T., M&A, 1989, S. 391; Lüttmann, R., Kontrollwechsel, 1992, S. 48 f.; o.V., M&A, 1993, S. 116; Staple, W., Panel, 1995, S. 10; Strazzer, R., Übernahmeangebot, 1993, S. 76 f.

[145] Vgl. Calcutt, D., Panel, 1990, S. 3; Keenan, D., Students, 1996, S. 437; Strazzer, R., Übernahmeangebot, 1993, S. 78.

Sanktionen zu verhängen. In Disziplinarfällen kann dann ferner das Appeal Committee angerufen werden.[146]
Obwohl der Code keine rechtliche Verbindlichkeit aufweist, hat er sich dennoch als wirksam erwiesen. "Dies liegt im wesentlichen an der persönlichen und institutionellen Autorität der Mitglieder des Panel, da in der weitgehend geschlossenen Gesellschaft mit einem allgemein akzeptierten, traditionellen Wertsystem ein Verstoss gegen dieses schwerwiegender ist als staatliche Strafandrohungen."[147]

2.2.1.2.2 Die Rules Governing Substantial Acquisitions of Shares (SARs)

Der Panel on Takeovers and Mergers veröffentlicht und überwacht auch die Rules Governing Substantial Acquisitions of Shares (SARs), die bei der Akquisition von Aktien vor einer Übernahme greifen. Ihr Hauptziel ist es, die Geschwindigkeit, mit der eine Beteiligung zwischen 15 und 30 Prozent an einer Public Company erworben werden kann, zu begrenzen und Marktverzerrungen zu verhindern. Dies führt zu einer Erschwerung der sog. Dawn Raids, bei denen „vor Ablauf der Meldefrist, unter Umständen auch ausserbörslich, ein grosser Aktienblock, ja vielleicht sogar die Kontrolle erworben [wird]."[148] Mit den SARs soll übermässiger Druck von der Zielgesellschaft genommen und ihr die Möglichkeit gegeben werden, ihre Aktionäre zu beraten. Nichtsdestotrotz erfreuen sich Dawn Raids als einleitender Angriff für ein unfreundliches Übernahmeangebot grosser Beliebtheit. So hatte etwa die amerikanische CalEnergy Ende 1996 durch einen Dawn Raid fast 13 Prozent der Aktien des britischen Elektrizitätsversorgers Northern Electric erworben, um sich eine komfortable Ausgangslage für ein Übernahmeangebot zu verschaffen, das nach langem Kampf erfolreich endete.[149]
Neben der Begrenzung von Dawn Raids und der Gleichbehandlung der Aktionäre bezwecken die im Dezember 1980 eingeführten SARs eine schnellere Offenlegung von erworbenen wesentlichen Beteiligungen. Damit soll auch eine Benachteiligung kleiner Aktionäre, die in der kurzen Zeit nicht das Angebot über dem Marktpreis annehmen können, verhindert werden. Nach Rule 1 SARs ist ein Erwerb von mehr als 10 Prozent der stimmberechtigten Wertpapiere einer Company durch eine Einzelperson oder mit ihr abgestimmt Handelnde grundsätzlich unzulässig, falls er innerhalb von sieben Tagen durchgeführt wird und dadurch ein Aktienpaket entsteht,

---

[146] Vgl. Calcutt, D., Panel, 1990, S. 6 f.; Cardale, M., United Kingdom, 1991, S. 117; Herrmann, M., Abwehrmassnahmen, 1993, S. 147; Lüttmann, R., Kontrollwechsel, 1992, S. 47; Strazzer, R., Übernahmeangebot, 1993, S. 65 f.
[147] Knoll, H.-C., Abwehrmassnahmen, 1992, S. 119.
[148] Caytas, I. G. / Mahari, J. I., Investment Banking, 1988, S. 169.
[149] Vgl. Calcutt, D., Panel, 1990, S. 11; Cardale, M., United Kingdom, 1991, S. 117 und 121; Freshwater, T. / Boardman, N., Restrictions, 1995, S. 35; Holberton, S., Hostile, 1996, S. 1; Lüttmann, R., Kontrollwechsel, 1992, S. 70; Todd, R. / Lynchehan, M., United Kingdom, 1992, S. 63.

welches zwischen 15 und 30 Prozent der Stimmrechte einer Gesellschaft enthält. Eine Ausnahme wird dann gemacht, wenn der Erwerb als Paketerwerb von einem einzelnen Aktionär, aufgrund eines öffentlichen Übernahmeangebotes oder unmittelbar vor Bekanntgabe der festen Absicht, ein freundliches Übernahmeangebot abzugeben, erfolgte. Zusätzlich dazu müssen Aktientransaktionen, deren Resultat ein Aktienpaket von über 15 Prozent ist oder die ein solches Paket vergrössern, am nächsten Geschäftstag der London Stock Exchange und der betreffenden Gesellschaft gemäss Rule 3 SARs angezeigt werden.[150]

2.2.1.2.3 Der Fair Trading Act 1973 (FTA)

"Die gesetzliche Kontrolle von Unternehmenszusammenschlüssen bzw. -übernahmen in England ist zurückhaltend."[151] Die Basis der kartellrechtlichen Bestimmungen bildet der Fair Trading Act (FTA) von 1973, der jegliche Form des Zusammengehens von zwei Unternehmen, von denen mindestens eines seinen Sitz in Grossbritannien hat oder von einem Unternehmen mit Sitz in Grossbritannien kontrolliert wird, erfasst. Diese Definition umfasst demnach auch Übernahmen. Die Ausführung und Überwachung der Vorschriften des FTA obliegt dem Office of Fair Trading (OFT). Das OFT, das dem Handels- und Industrieministerium untersteht, kann empfehlen, bestimmte Übernahmen an die Monopolies and Mergers Commission (MMC) zu überweisen, wenn der Marktanteil der beiden Unternehmen 25 Prozent oder das Bruttovermögen des Targets £ 70 Mio. überschreitet.[152] Das OFT prüft zudem periodisch alle grossen Firmen in besonders monopolgefährdeten Wirtschaftssektionen wie der Energieversorgung oder der Kommunikation und schreitet bei Klagen aus der Öffentlichkeit und der Wirtschaft ein. Übersteigt eine Beteiligung 15 Prozent der Stimmrechte, so muss das OFT ausserdem beurteilen, ob eine Beeinträchtigung des öffentlichen Interesses[153] besteht.[154]

---

[150] Vgl. Herrmann, M., Abwehrmassnahmen, 1993, S. 147 f.; Lee, P. T., Regulation, 1992, S. 138; Lüttmann, R., Kontrollwechsel, 1992, S. 71; Spearing, N. et al., Hostile Takeovers, 1990, S. 75.

[151] Zoern, A., Motive, 1994, S. 54.

[152] S. 64 FTA 1973.

[153] Auch wenn es keine Definition des „öffentlichen Interesses" im FTA 1973 gibt, so gibt der Gesetzgeber doch einige Anhaltspunkte, wie er den Begriff auslegt. So kann das MMC bei seiner Untersuchung, ob eine Übernahme gegen das „öffentliche Interesse" verstösst, nach s. 84 (1) FTA 1973 alles in Erwägung ziehen, was in dem vorliegenden Fall relevant erscheint. So untersucht das MMC vor allem, ob die Übernahme den Wettbewerb erheblich einschränken könnte, ob eine Effizienzsteigerung erfolgen wird und ob diese die Schäden für das öffentliche Interesse ausgleicht. Zudem werden die Auswirkungen auf den Arbeitsmarkt und auf die Zahlungsbilanz Grossbritanniens untersucht (s. auch 4.4.2.2).

[154] Vgl. Cooke, T., M&A, 1989, S. 384; o.V., M&A, 1993, S. 114; Schade, M., Internationalisierung, 1990. S. 110 f.; Paines, A. / Reynolds, M., Merger Control, 1988, S. 186; Zoern, A., Motive, 1994, S. 54.

In England besteht - mit Ausnahme von der Übernahme von Zeitungsverlagen[155] - vor der Übernahme eines Unternehmens keine Anmelde- oder Anzeigepflicht. Um festzustellen, ob eine Überweisung an die MMC erfolgen könnte, kann allerdings die Übernahme freiwillig dem OFT mitgeteilt werden. Erfolgt dabei innerhalb von vier Wochen kein Einspruch gegen die Akquisition oder werden keine weiteren Informationen verlangt, so entbindet dies die Unternehmen von allen weiteren Formalitäten. Diese Frist kann vom OFT auf sieben Wochen verlängert werden.[156]
Ist ein Übernahmeangebot veröffentlicht oder erlangt das OFT auf einem anderen Weg Kenntnis von einer geplanten oder vollzogenen Akquisition, so werden in der Regel zunächst die Vertreter der Unternehmen, betroffene Regierungsstellen und sonstige Interessengruppen angehört. Auf dieser Basis wird eine Prüfung durchgeführt, die maximal sechs Wochen dauern darf. Nach Abschluss der Prüfung legt der Director General of Fair Trading dem Secretary of State for Trade and Industry einen Bericht vor, der die Überweisung der Übernahme an die MMC empfehlen kann. Allerdings wird nur ein kleiner Teil der Übernahmen, die die Bedingungen für eine Prüfung erfüllen, an die MMC überwiesen. Eine Überweisung ist insbesondere dann wahrscheinlich, wenn der Wettbewerb oder öffentliche Interessen beeinträchtigen werden könnten.[157]
Die MMC muss innerhalb von sechs Monaten an den Secretary of State einen Bericht abgeben. Während dieser sechs Monate ist es den Parteien untersagt, Anteile des Targets zu handeln. Kommt der Bericht zu dem Schluss, dass die Übernahme gegen das öffentliche Interesse verstösst, so hat der Secretary of State drei Möglichkeiten: er kann, falls die Übernahme bereits vollzogen wurde, eine Desinvestition anordnen, er kann eine geplante Übernahme verbieten oder er kann eine geplante oder vollzogene Akquisition, eventuell unter bestimmten Auflagen, genehmigen.[158]
Neben den nationalen Bestimmungen existieren zudem noch die Bestimmungen des EU-Rechtes, insbesondere Art. 85 und 86 des EWG-Vertrages und die Europäische Fusionsverordnung,[159] die am 21.9.1990 in Kraft trat. Nach Art. 1 Fusionsverordnung fällt eine Übernahme in den Kompetenzbereich der EU, wenn der weltweite Umsatz beider Unternehmen 5 Mrd. ECU überschreitet, der Umsatz in der EU von mindestens zwei der beteiligten Unternehmen mehr als 250 Mio. ECU beträgt und wenn jedes Unternehmen weniger als zwei Drittel des EU-Umsatzes in demselben Land erzielt (Zwei-Drittel-Regel). Treffen diese Punkte auf eine Übernahme zu (erlangt sie damit die sog. „Community Dimension"), so muss sie, anders als unter dem Fair

[155] Ss. 57-61 FTA 1973.
[156] Vgl. Cooke, T., M&A, 1989, S. 385; Paines, A. / Reynolds, M., Merger Control, 1988, S. 187 und 197; Zoern, A., Motive, 1994, S. 54.
[157] Vgl. Paines, A. / Reynolds, M., Merger Control, 1988, S. 182 und 196; Zoern, A., Motive, 1994, S. 54.
[158] Vgl. Paines, A. / Reynolds, M., Merger Control, 1988, S. 188 und 209; Zoern, A., Motive, 1994, S. 54 f.
[159] Verordnung Nr. 4064/89 des Europäischen Rates vom 21.12.1989.

Trading Act 1973, gemeldet werden.[160] Dabei verhindert die Zwei-Drittel-Regel, dass bei einer Übernahme, die eine Konzentration in einem einzigen Land mit sich bringt, die Untersuchung von der EU durchgeführt wird. In einem solchen Fall sind die nationalen Behörden zuständig. Allerdings kann ein Mitgliedsland die EU unter Art. 22 (3) Fusionsverordnung um eine Untersuchung des Übernahme anrufen, auch wenn die Kriterien zur „Community Dimension“ nicht erfüllt sind.[161]
Die EU muss die Entscheidung, ob die Übernahme vollzogen werden kann, innerhalb von vier Monaten nach Beginn der Untersuchung treffen. Dabei kann sie nach Art. 8 (2) Fusionsverordnung die Zulassung der Übernahme unter bestimmte Bedingungen stellen und Änderungen, beispielsweise ein Divestment, vorschlagen. Werden die Anordnungen der EU nicht beachtet, so kann sie eine Strafe von bis zu 10 Prozent des Gesamtumsatzes der beteiligten Unternehmen anordnen. Ein Beispiel für ein von der EU angeordnetes Divestment ist die Übernahme von Perrier durch die Nestlé AG, bei der die Nestlé AG einige ihrer Wassermarken verkaufen musste.[162]

2.2.1.2.4 Die Listing Rules der London Stock Exchange

Weitere für Übernahmen bedeutende Normen sind die von der London Stock Exchange (LSE) herausgegebenen Listing Rules (Yellow Book). Ihr Anwendungsbereich bezieht sich nur auf an der LSE kotierte Kapitalgesellschaften. Dabei werden die Übernahmen in Chapter 10 der Listing Rules je nach Grösse der Zielgesellschaft und der Bietergesellschaft in drei verschiedene Klassen eingeteilt. Die Klassifizierung erfolgt aufgrund der Transaktionsgrösse im Vergleich zu der Grösse des Bieters. Messgrössen sind das prozentuale Verhältnis der Aktiven, der Gewinne, der Marktkapitalisierung und des Kapitals der beiden Gesellschaften. Bei einer Super Class 1 Transaktion, mit der die grössten Übernahmen erfasst werden, liegt mindestens eine der Messgrössen über 25 Prozent, bei einer Class 2 Transaktion liegen alle Messgrössen unter 25 Prozent, aber mindestens eine über 5, und bei einer Class 3 Transaktion liegen alle Messgrössen unter 5 Prozent.[163]
An die Super Class 1 Transaktionen werden die höchsten Anforderungen gestellt. So müssen unter anderem den Aktionären die Einzelheiten der Übernahme offengelegt werden, die Zustimmung der Generalversammlung eingeholt werden, die Zustimmung der Stock Exchange vor Veröffentlichung der Offerte eingeholt werden und

---

160 Es gibt allerdings gerade bei Zusammenschlüssen, an denen britische Unternehmen beteiligt sind, immer wieder Streitigkeiten, ob der Zusammenschluss auch auf EU-Ebene geprüft werden darf. Die jüngsten Beispiele hierfür sind die Zusammenschlüsse von MCI Communications Corp. mit British Telecom und von British Airways mit American Airways (vgl. Margolis, A., Merger, 1997, S. 2).

161 Vgl. Freshwater, T. / Boardman, N., Restrictions, 1995, S. 65; Stedman, G., Takeovers, 1993, S. 475 f.

162 Vgl. Stedman, G., Takeovers, 1993, S. 486 f.

163 Vgl. O'Brien, B., Advice, 1995, S. 32; Herrmann, M., Abwehrmassnahmen, 1993, S. 148; Spearing, N. et al., Hostile Takeovers, 1990, S. 73.

das Company Announcement Office ohne Verzögerung über die Festlegung der Übernahmebedingungen informiert werden. Eine Zustimmung der Generalversammlung ist nur bei Super Class 1 Transaktionen obligatorisch. Bei einem Verstoss gegen Chapter 10 kann die LSE einen öffentlichen Tadel aussprechen, die Absetzung eines Directors fordern oder die Dekotierung der Gesellschaft verlangen.[164]

2.2.2 Der regulatorische Rahmen in der Schweiz

2.2.2.1 Die Aktiengesellschaft

Die einzige Gesellschaftsform, die in der Schweiz ihre Anteile an einer Börse kotieren lassen kann, ist die Aktiengesellschaft, deren gesellschaftsrechtliche Grundlagen in Art. 620-761 des schweizerischen Obligationenrechtes (OR) statuiert werden. Aus diesem Grund wird im folgenden nur die Aktiengesellschaft als Zielgesellschaft betrachtet.

2.2.2.1.1 Die Rechtsgrundlagen der Aktiengesellschaft

Die Grundlagen einer Aktiengesellschaft werden durch die Statuten gelegt, deren Mindestinhalt in Art. 626 OR festgehalten wird. Danach müssen die Statuten Firma, Sitz und Zweck der Gesellschaft, Höhe des Aktienkapitals und den Betrag der darauf geleisteten Einlagen, Anzahl, Nennwert und Art der Aktien, die Einberufung der Generalversammlung und das Stimmrecht der Aktionäre, die Organe für die Verwaltung und die Revision und die Form der von der Gesellschaft ausgehenden Bekanntmachungen enthalten. Die Bestimmungen der Statuten werden nach Art. 703 OR durch die absolute Mehrheit der vertretenen Aktienstimmen geändert, solange Gesetz oder Statuten keine anderslautenden Bestimmungen enthalten. Die Generalversammlungsbeschlüsse, die der Zustimmung von mindestens zwei Dritteln der vertretenen Stimmen und die absolute Mehrheit der vertretenen Aktiennennwerte bedürfen, sind in Art. 704 OR aufgeführt. Beispiele hierfür sind die Änderung des Gesellschaftszweckes oder die Einführung von Stimmrechtsaktien.

2.2.2.1.2 Die Organe der Aktiengesellschaft

Im Gegensatz zu England, wo nur zwei Organe gesetzlich gefordert werden, existieren in der Schweiz drei Organe: die Generalversammlung, der Verwaltungsrat und die Revisionsstelle. Dabei ist die Generalversammlung, in der alle Aktionäre vertreten sind, gemäss Art. 698 Abs. 1 OR das oberste Organ der Aktiengesellschaft. Die Generalversammlung hat das Recht, die Statuten aufzustellen und zu ändern, den

---

[164] Vgl. O'Brien, B., Advice, 1995, S. 32; Herrmann, M., Abwehrmassnahmen, 1993, S. 148; Spearing, N. et al., Hostile Takeovers, 1990, S. 73; Stedman, G., Takeovers, 1993, S. 379.

Verwaltungsrat und die Revisionsstelle zu wählen und abzuberufen, den Jahresbericht, die Jahres- und die Konzernrechnung zu genehmigen, über die Verwendung des Reingewinnes zu bestimmen, den Verwaltungsrat zu entlasten und über Gegenstände, die der Generalversammlung durch das Gesetz oder die Statuten vorbehalten sind, zu beschliessen (Art. 698 OR).[165]
Der Verwaltungsrat ist, ähnlich dem Board of Directors in England, das höchste Leitungsorgan. Er kann nach Art. 716 Abs. 1 OR in allen Angelegenheiten Beschluss fassen, die nicht nach Gesetz oder Statuten der Generalversammlung zugeteilt sind. Konkret nennt das Obligationenrecht als unübertragbare und unentziehbare Aufgaben des Verwaltungsrates unter anderem die Oberleitung der Gesellschaft und Erteilung der nötigen Weisungen, die Festlegung der Organisation, die finanzielle Führung, die Ernennung und Abberufung der mit der Geschäftsführung und der Vertretung betrauten Personen, die Erstellung des Geschäftsberichtes, die Vorbereitung der Generalversammlung und die Benachrichtigung des Richters im Fall der Überschuldung (Art. 716a OR).[166]
Sowohl der Verwaltungsrat als auch die Geschäftsleitung unterliegen den Treue- und Sorgfaltspflichten des Art. 717 OR, aus dem sich insbesondere die Pflicht zur Wahrung des Gesellschaftsinteresses, das Konkurrenzverbot, die Pflicht zur Gleichbehandlung der Aktionäre und die Schweigepflicht ableiten lassen. Verstösst ein Mitglied des Verwaltungsrates oder der Geschäftsleitung gegen eine dieser Pflichten, kann er nach Art. 754-761 OR durch eine Verantwortlichkeitsklage von den Aktionären zur Rechenschaft gezogen werden.[167]
Das dritte Organ ist die Revisionsstelle, die als internes Kontrollorgan fungiert. Sie prüft vor allem, ob die Buchführung und die Jahresrechnung sowie die Anträge des Verwaltungsrates über die Verwendung des Bilanzgewinnes den Gesetzen und Statuten entsprechen.[168]

2.2.2.2 Die Gesetze und Regelwerke bei Übernahmen

2.2.1.2.1 Der Übernahmekodex

Der Übernahmekodex der Vereinigung der Schweizer Börsen (VSB) war das erste, wenn auch nicht gesetzliche, Regelwerk in der Schweiz, das öffentliche Übernahmeangebote einer einheitlichen Normierung zuführte. Er trat am 1.9.1989 gemäss seiner Ziff. 11 in Kraft. Der Übernahmekodex lehnte sich in vielen Punkten an den englischen City Code und die 13. EG-Richtlinie an, wobei seine Vorschriften allerdings an

---

[165] Vgl. Böckli, P., Aktienrecht, 1996, S. 609-614,745 und 935.
[166] Vgl. Kalss, S. / Wessely, K., Aktionärsrechte, 1994, S. 112; Müller, R., Verwaltungsrat, 1995, S. 807 f. und 818 f.
[167] Vgl. Meier, R. Aktiengesellschaft, 1994, S. 200; Müller, R. / Lipp, L., Handbuch, 1994, S. 156.
[168] Vgl. Böckli, P., Aktienrecht, 1996, S. 950-960.

die schweizerischen Verhältnisse angepasst wurden und damit auch sehr viel schwächer als die des City Code ausfielen. So waren die Verhaltensvorschriften für die beteiligten Gesellschaften, insbesondere für die Zielgesellschaft, weniger streng als die des City Code. Beispielsweise war die Zielgesellschaft in der Wahl der Abwehrmassnahmen vollkommen frei. Desweiteren musste ihr Verwaltungsrat auch keinen Bericht abgeben wie im City Code. Diese Vorschriften wurden häufig kritisiert, da durch sie das Management der Zielgesellschaft gegenüber der Bietergesellschaft einen enormen Vorteil erhielt und der Interessenkonflikt zwischen Management und Aktionären der Zielgesellschaft vernachlässigt wurde.[169]
In enger Anlehnung an den englischen Panel on Takeovers and Mergers wurde die Handhabung und Administration des Kodexes einer Kommission für Regulierungsfragen übertragen. Sie überwachte die Einhaltung des Kodexes, legte ihn aus und ergriff Sanktionen, falls er verletzt wurde; zudem wurden durch die Kommission Übernahmeangebote nach ihrer Veröffentlichung auf die Konformität mit dem Kodex überprüft.[170]
Die wichtigsten Grundsätze des Übernahmekodexes waren das Gleichbehandlungsgebot für Aktionäre in einer vergleichbaren Situation, Verfahrensregeln über die Angebots-Mindestdauer, eine Pro-rata-Abfindung bei Teilangeboten, eine Aufkaufpflicht, falls eine Beteiligung die Schwelle von 50 Prozent überschritten hatte, ein Börsenmanipulationsverbot sowie Publizitätsvorschriften (Ziff. 3 bis 5 Übernahmekodex). Allerdings beinhaltete der Übernahmekodex keine Offenlegungspflichten bei Erreichen bestimmter Schwellenwerte. Da sich der Kodex zudem nur auf öffentliche Übernahmeangebote, die sich auf börslich gehandelte Beteiligungswerte und andere Titel mit einem Erwerbsrecht auf solche Beteiligungswerte bezogen, beschränkte, wurde das heimliche Aufkaufen von Beteiligungen an der Börse (Sneak Attacks) zu der häufigsten Form von feindlichen Übernahmeversuchen.[171]
Im Gegensatz zum City Code war das Bezahlen eines Paketzuschlages möglich, sofern der Bieter aufgrund eines ausserbörslichen Erwerbes in den Besitz der Stimmenmehrheit gelangte. Dies zeigte sich bei der Übernahme von Jacobs Suchard durch die Kraft General Foods Inc. im Jahre 1990. Dabei wurde an Klaus Jacobs für seine Aktien an der Colima Holding, die der kontrollierende Aktionär der Jacobs Suchard war, ein sehr viel höherer Preis gezahlt als später bei dem öffentlichen Übernahmeangebot.[172]

---

[169] Vgl. Bohrer, A., Takeover, 1993, S. 508; Burkart, M., Kaufangebote, 1994, S. 11 f.; Kurer, P. / Schärer, H., Switzerland, 1991, S. 112; Strazzer, R., Übernahmeangebot, 1993, S. 95, 97 und 194; Vogt, N. P. / Watter, R., M&A, 1993, S. 40.

[170] Vgl. Strazzer, R., Übernahmeangebot, 1993, S. 99 f.; Ziff. 9.1 und 9.2 des Übernahmekodexes.

[171] Vgl. Bohrer, A., Takeover, 1993, S. 508; Schade, M., Internationalisierung, 1990, S. 193; Tschäni, R., Übernahmeangebote, 1994, S. 310.

[172] Vgl. o.V., M&A, 1993, S. 110; Strazzer, R., Übernahmeangebot, 1993, S. 112 und 136; Vogt, N. P. / Watter, R., M&A, 1993, S. 41.

Da der Übernahmekodex ein Instrument der freiwilligen Selbstregulierung war, konnte er gegenüber dem Anbieter und der Zielgesellschaft rechtlich nicht durchgesetzt werden. Die einzigen Sanktionsmöglichkeiten bestanden in der Veröffentlichung der Bemerkungen, Empfehlungen und Entscheidungen seiner Kommission.[173] Allerdings waren die einzelnen Börsen sowie die Börsenmitglieder, insbesondere die Banken, durch ein Zirkular der Schweizerischen Bankiervereinigung vom 19.10.1989 an den Kodex gebunden. Dieses beinhaltete das Verbot für die Banken, an einem dem Kodex widersprechenden Angebot mitzuwirken. Zudem konnte die Kommission, gestützt auf Ziff. 9.3 Übernahmekodex, den einzelnen Börsen nahelegen, Massnahmen gegenüber einem sich nicht kodexkonform verhaltenden Börsenmitglied zu ergreifen. Trotz dieser möglichen Sanktionsmechanismen konnte der Übernahmekodex bisher in der Praxis aber in einigen Fällen nicht durchgesetzt werden.[174]
"Die bisherigen Erfahrungen mit dem Kodex haben gezeigt, dass dieser in den Grenzen seines Anwendungsbereiches zwar in den meisten Übernahmetransaktionen eingehalten worden ist, indessen kodexwidrige Übernahmeangebote bis in die jüngste Vergangenheit abgegeben worden sind."[175] So war das feindliche Übernahmeangebot gegen die Allgemeine Plakatgesellschaft, Genf, das am 29.7.1992 von der Loreta Gestion AG lanciert wurde, gleich in mehrfacher Hinsicht kodexwidrig. Es war weder eine qualifizierte Treuhandgesellschaft oder Bank beigezogen worden noch waren genaue Angaben hinsichtlich der Identität des Bieters sowie seiner bisherigen Beteiligung noch eine Beschreibung der Finanzierung des Angebotes vorgenommen worden. "Solche Angebote untergraben zum einen das Vertrauen der Anleger in den Kodex. Wichtiger noch muss aber die präventive Wirkung seiner Sanktionen ernstlich in Frage gestellt werden, wenn sich Bieter nach wie vor über den Kodex hinwegsetzen."[176] Die Schwächen des Übernahmekodexes zeigten sich insbesondere im Jahre 1995 bei dem in der Schweiz bisher einmaligen Übernahmekampf zwischen dem britischen Mischkonzern BBA Group Plc. und dem amerikanischen Konzern International Papier (IP) um die Holvis AG. Da die Holvis auf jegliche Vinkulierung ihrer Aktien verzichtet hatte, kann man diesen Übernahmekampf als den ersten wirklichen Übernahmekampf um ein schweizerisches Unternehmen bezeichnen. Die einzelnen Abwehrmassnahmen, die von der Holvis ergriffen wurden, werden im 4. Teil eingehender diskutiert.[177]

---

173 Ziff. 9.2 und 9.3 Übernahmekodex.

174 Vgl. Strazzer, R., Übernahmeangebot, 1993, S. 102-105; Tschäni, R., Übernahmeangebote, 1994, S. 310.

175 Strazzer, R., Übernahmeangebot, 1993, S. 191.

176 Strazzer, R., Übernahmeangebot, 1993, S. 191.

177 Vgl. Shearlock, P., Holvis, 1995, S. 20; Strazzer, R., Übernahmeangebot, 1993, S. 191.

2.2.1.2.2 Das Bundesgesetz über die Börsen und den Effektenhandel (BEHG)

Im Jahre 1988 erfolgten einige unfreundliche Übernahmeversuche, von denen der Übernahmekampf um die La Suisse-Lebensversicherung besonderes Aufsehen erregte. Dabei wurde Tito Tettamanti als nicht genehmem Bieter die Eintragung in das Aktionärsregister aufgrund eines Verwaltungsratsentscheides der Gesellschaft verweigert. Da es dadurch den Aktionären der La Suisse nicht möglich war, auf das Angebot Tettamantis überhaupt einzugehen, mussten sie sich mit dem sehr viel niedrigeren Angebot der Rentenanstalt begnügen. Im Zuge dieses Übernahmekampfes erhob sich zahlreiche Kritik gegen den Übernahmekodex, zumal sich die kantonalen Börsengesetzen den steigenden Anforderungen infolge der internationalen Vernetzung der Kapitalmärkte immer weniger gewachsen zeigten.[178]

Aus diesen und den unter 2.2.1.2.1 genannten Gründen wurde im September 1988 eine Studiengruppe zur "Prüfung der Struktur und der Regulierung des Schweizer Effektenmarktes" eingesetzt, die Ende 1989 die Schaffung eines eidgenössischen Börsengesetzes empfahl. Daraufhin setzte im Juni 1990 das Eidgenössische Finanzdepartment eine Expertengruppe zur Ausarbeitung eines Bundesgesetzes ein, das von Juni bis September 1991 in die Vernehmlassung gegeben wurde. Mit Botschaft vom 24. Februar 1993 beantragte schliesslich der Bundesrat beim Parlament die Schaffung eines Bundesgesetzes über die Börsen und den Effektenhandel (BEHG). Dieses wurde am 24.3.1995 von den eidgenössischen Räten definitiv verabschiedet. In seinem fünften Abschnitt werden unter dem Titel "Öffentliche Kaufangebote" die Übernahmetransaktionen auf dem schweizerischen Finanz- und Börsenplatz erstmals einer gesetzlichen Regelung unterworfen.[179]

Das BEHG ist ein Rahmengesetz, das nur die Grundzüge festhält und vieles der Selbstregulierung überlässt; die weitere Konkretisierung seiner Vorschriften erfolgt in der Börsenverordnung des Bundesrates (V-BR), der Verordnung der Eidgenössischen Bankenkommission (V-EBK) und der Verordnung der Übernahmekommission über die öffentlichen Kaufangebote (V-UEK). Diese Verordnungen wurden in zwei Vernehmlassungspakete aufgeteilt, von denen das erste Paket, das all jene Bestimmungen enthält, die sich nicht auf die Offenlegung von Beteiligungen und die öffentlichen Kaufangebote beziehen, am 1.2.1997 in Kraft trat, während das zweite am 1.1.1998 in Kraft trat. Der grosse Zeitraum zwischen der Inkraftsetzung des 1. und des 2. Paketes, aber auch zwischen Verabschiedung in den eidgenössischen Räten und letztendlicher Inkraftsetzung ist auf verschiedene Ursachen zurückzuführen. So bestanden bis zuletzt Streitigkeiten um einige wichtige Punkte wie die Definition des Handelns in gemeinsamer Absprache, die dafür ausschlaggebend

---

[178] Vgl. Strazzer, R., Übernahmeangebot, 1993, S. 96; Vogt, N. P. / Watter, R., M&A, 1993, S. 42.

[179] Vgl. Botschaft des Bundesrates vom 24. Februar 1993 I, BBl. 1993 I, Übersicht und Ziff. 111; Burkart, M., Kaufangebote, 1994, S. 2 f.; Strazzer, R., Börsengesetz, 1995, S. 721; Strazzer, R., Übernahmeangebot, 1993, S. 203-204.

sein kann, ab wann die Meldepflichten oder die Pflichten zur Abgabe eines Übernahmeangebotes greifen. Doch auch das Verfahren für den Erlass der Verordnungen erwies sich als sehr zeitaufwendig. So wurde die Verordnung der Übernahmekommision zwar von der Übernahmekommission selbst erstellt, musste aber der Eidgenössischen Bankenkommission zur Genehmigung unterbreitet werden.[180]

Nach seinem Art. 1 regelt das BEHG "die Voraussetzungen für die Errichtung und den Betrieb von Börsen sowie für den gewerbsmässigen Handel mit Effekten, um für den Anleger Transparenz und Gleichbehandlung sicherzustellen. Es schafft den Rahmen, um die Funktionsfähigkeit der Effektenmärkte zu gewährleisten." In bezug auf Übernahmen soll nach Art. 1 V-UEK insbesondere die Lauterkeit und Transparenz von öffentlichen Kaufangeboten sowie die Gleichbehandlung der Anleger sichergestellt werden. Dabei sind insbesondere folgende Artikel relevant, die Vischer[181] als die "4 Pfeiler der Übernahmeordnung" bezeichnet: die Meldepflicht (Art. 20 und 31 BEHG), das Gleichbehandlungsgebot des Anbieters (Art. 24 Abs. 2 BEHG), die Angebotspflicht (Art. 32 BEHG) und die Pflichten der Zielgesellschaft (Art. 29 BEHG).[182]

Das BEHG bezieht sich sowohl in seinem Abschnitt 4 (Offenlegung von Beteiligungen) als auch in seinem Abschnitt 5 (Öffentliche Kaufangebote) nur auf Gesellschaften mit Sitz in der Schweiz, deren Beteiligungspapiere mindestens teilweise in der Schweiz kotiert sind. Damit werden beispielsweise auch Genossenschaften oder GmbHs erfasst, solange ihre Beteiligungspapiere in der Schweiz kotiert sind. Das Börsengesetz ist unabhängig davon anwendbar, ob mit dem Angebot die Kontrolle der Zielgesellschaft angestrebt wird oder nicht.[183]

Das BEHG lehnt sich eng an internationale Normen, insbesondere an den englischen City Code und die 13. EG-Richtlinie an. Dies zeigt sich in den umfassenden Informations- und Meldepflichten, in der Einengung des Verteidigungsspielraums des Managements und insbesondere in der Aufkaufpflicht.[184]

Aufsicht und Kontrolle über das neue Übernahmerecht werden durch die Eidgenössische Bankenkommission (EBK, Art. 34 BEHG), eine Kommission für öffentliche Kaufangebote (Übernahmekommission, Art. 23 BEHG) und eine Prüfstelle (Art. 25 BEHG) ausgeübt. Dabei kontrolliert die EBK die Selbstregulierung der Börsen, überwacht die Einhaltung der gesetzlichen und reglementarischen Vorschriften, trifft die zum Vollzug des Gesetzes und seiner Ausführungsbestimmungen notwendigen Verfügungen und ist für die internationale Zusammenarbeit zwischen Börsenauf-

---

180 Vgl. Aellen, M. L., Effektenhändler, 1997, S. 23; Frei, S. N., Meldepflicht, 1996, S. 723; o.V., Börsengesetz, 1997, S. 2.

181 Vgl. Vischer, F., Börsengesetz, 1994, S. 27.

182 Vgl. Brügger, U., Börsenrecht, 1993, S. 50; Pletscher, T., Börsengesetz, 1994, S. 170; Vischer, F., Börsengesetz, 1994, S. 27-31; Weber, R., Offenlegungspflichten, 1994, S. 305.

183 Vgl. Tschäni, R., Übernahmeangebote, 1994, S. 311.

184 Vgl. o.V., M&A, 1993, S. 102; Pulver, U., Kaufangebote, 1993, S. 241.

sichtsbehörden zuständig. Der Eidgenössischen Bankenkommission steht dabei das zur "Erfüllung ihrer Aufgaben ... als staatlicher Ausichtsbehörde .. übliche Instrumentarium des Verwaltungszwanges zur Verfügung (Art. 35)."[185] „Erhält [sie] Kenntnis von Verletzungen des Gesetzes oder von sonstigen Missständen, so sorgt sie für die Wiederherstellung des ordnungsgemässen Zustandes und für die Beseitigung der Missstände. Sie trifft die dazu notwendigen Verfügungen."[186] Beispielsweise kann sie bei Widersetzlichkeit gegen vollstreckbare Verfügungen diese im Schweizerischen Handelsamtsblatt veröffentlichen, ein mit dem BEHG oder den Verordnungen nicht übereinstimmendes Angebot verbieten, einer Börse oder einem Effektenhändler die Bewilligung entziehen oder eine Busse verhängen, die nach Art. 41 BEHG bei einer Verletzung der Meldepflichten das Doppelte des Kauf- oder Verkaufpreises betragen kann.[187]

Die Übernahmekommission, durch die das in Art. 4 BEHG verankerte Prinzip der Selbstregulierung in die Tat umgesetzt wird, setzt sich gemäss Art. 23 Abs. 1 BEHG aus sachverständigen Vertretern der Effektenhändler, der kotierten Gesellschaften und der Anleger zusammen. Während die EBK die übergeordnete Aufsichtsbehörde ist, überprüft die Übernahmekommission nach Art. 23 Abs. 2 BEHG die Einhaltung der Bestimmungen über öffentliche Kaufangebote im Einzelfall. Da sie aber ein rein privates Organ darstellt, kommt ihr keine Hoheitsgewalt zu. Sie kann lediglich von Anbietern und Ziegesellschaften Auskünfte und Unterlagen anfordern und gegenüber den Beteiligten Empfehlungen erlassen und diese veröffentlichen.[188] Werden Empfehlungen abgelehnt oder missachtet, so meldet die Übernahmekommission dies nach Art. 23 Abs. 4 BEHG der Aufsichtsbehörde, die dann ein Verwaltungsverfahren eröffnen und beispielsweise eine Verfügung erlassen kann.[189]

Mit dem Einsatz der Übernahmekommission sollte, sofern sie wirklich alle von Übernahmen betroffenen Parteien erfasst, dem Erfordernis der Praxisnähe und Selbstregulierung genügend Rechnung getragen sein. Es bleibt allerdings abzuwarten, ob eine schnelle Reaktionszeit im gesamten Übernahmeprozess gewährleistet ist und ob die Übernahmekommission die bei Übernahmen gefragte Durchsetzungskraft besitzt. Im Gegensatz zu der unter dem Übernahmekodex bestehenden Kommission für Regulierungsfragen hat sie allerdings einen erheblichen Kompetenzzuwachs.[190]

Ferner soll Aufsicht und Kontrolle über das Übernahmerecht durch den für den Bieter obligatorischen Beizug einer Prüfstelle, die entweder eine anerkannte Revisionsstelle oder ein Effektenhändler sein kann, gewährleistet werden.[191] Diese prüft vor der

---

[185] Strazzer, R., Börsengesetz, 1995, S. 726 f.
[186] Art. 35. Abs. 3 BEHG.
[187] Vgl. Botschaft des Bundesrates vom 24. Februar 1993, BBl. 1993 I, Ziff. 165 und 262; Strazzer, R., Börsengesetz, 1995, S. 726 f.; Tschäni, R., Übernahmeangebote, 1994, S. 315.
[188] Art. 23 Abs. 3 BEHG.
[189] Vgl. Böckli, P., Aktienrecht, 1996, S. 875; Strazzer, R., Börsengesetz, 1995, S. 727.
[190] Vgl. Böckli, P., Aktienrecht, 1996, S. 875.
[191] Art. 25 BEHG.

Publikation des Übernahmeangebotes, ob das Angebot dem Gesetz und den Ausführungsbestimmungen entspricht, insbesondere prüft sie den Angebotsprospekt und die Zusammenfassung des Angebotsprospektes auf ihre Vollständigkeit und Wahrheit, ob die Empfänger des Angebotes gleich behandelt werden, und überprüft die Finanzierung des Angebotes und deren Verfügbarkeit.[192] Sie prüft hingegen nicht die Angemessenheit des Angebotes. Das Angebot muss - im Gegensatz zu der englischen Regelung - nicht vorgängig der EBK vorgelegt werden. Während der Dauer des Angebotes wacht dann die Prüfstelle darüber, dass sich der Bieter gesetzes- und verordnungsgemäss verhält. Nach Art. 27 V-UEK bezieht sich dies insbesondere auf eine Überprüfung der Meldungen der Transaktionen nach Art. 31 BEHG (s. auch 3.2.3.4), der Veröffentlichungen der vorläufigen und endgültigen Ergebnisse und ob das zustandegekommene Angebot ordnungsgemäss abgewickelt wurde..[193]

2.2.2.2.3 Das Kartellgesetz (KG)

Das Kartellrecht, das vom 20.12.1985 bis zum 1.7.1996 in Kraft war, enthielt keine nennenswerten wettbewerbsrechtlichen Schranken gegen Unternehmensübernahmen. Es war weder eine Fusionskontrolle vorgesehen noch mussten geplante Fusionen oder Akquisitionen angemeldet werden. Zudem war es Aufgabe der Kartellkommission, bei kartellistischen Absprachen und Massnahmen die Wettbewerbsbehinderung und soziale Schädlichkeit nachzuweisen. Auch richtete sich das alte Kartellgesetz allein gegen unzulässige Behinderungen eines wettbewerbswilligen Dritten durch das Kartell. Dies brachte der schweizerischen Wettbewerbspolitik scharfe Kritik ein ("Aber immer noch scheint die Schweiz das kartellreichste Land der Welt zu sein, ein Land, das sich gegen den frischen Wind des Wettbewerbs nach Möglichkeit abzuschotten versucht."[194]). Dadurch mehrten sich auch die Sorgen um eine Konkurrenzfähigkeit der Schweiz in einem Umfeld, in dem eine beschleunigte Internationalisierung der Güter- und Kapitalmärkte stattfand.[195]
Das revidierte Bundesgesetz über Kartelle und andere Wettbewerbsbeschränkungen, das am 1.7.1996 in Kraft trat, brachte eine Wende in der schweizerischen Wettbewerbspolitik. Das revidierte Kartellgesetz (revKG) definiert in Art. 5 revKG die Tatbestände, die als grundsätzlich schädlich und unzulässig gelten. Dies sind Preis-, Mengen- und Gebietsabsprachen. "Der Schlüsselbegriff zur Abgrenzung der Schädlichkeit von Wettbewerbsabsprachen ist generell 'die Beseitigung des wirksamen

---

[192] Art. 26 V-UEK.
[193] Vgl. Botschaft des Bundesrates vom 24. Februar 1993, BBl. 1993 I, Ziff. 25.3; Burkart, M., Kaufangebote, 1994, S. 17; Strazzer, R., Börsengesetz, 1995, S. 727; Tschäni, R., Übernahmeangebote, 1994, S. 313.
[194] Böckli, H. R., Missbräuche, 1994, S. 21.
[195] Vgl. Böckli, H. R., Missbräuche, 1994, S. 21; Braschler, C., Abwehrmassnahmen, 1992, S. 176; Kurer, P. / Schärer, H., Switzerland, 1991, S. 110 f.; Stoffel, W. A., Kartellpolitik, 1996, S. 23.

Wettbewerbs', wobei deren Rechtfertigung aus Gründen wirtschaftlicher Effizienz und ausnahmeweise nach wie vor aus übergeordneten politischen Gründen gelingen kann."[196] Neu ist auch, dass die Kartelle und nicht die Wettbewerbskommission (die im alten Kartellgesetz "Kartellkommission" hiess) die Beweislast zu tragen haben. Die Wettbewerbskommission kann ausserdem nicht nur Empfehlungen, sondern auch - anders als unter dem alten Kartellrecht - Verfügungen erlassen. Verstösse gegen ihre Anordnungen ziehen dabei empfindliche Verwaltungssanktionen nach sich, die von einer Busse bis zum Dreifachen des unzulässig erzielten Gewinnes oder bis zu 10 Prozent des zuletzt erzielten Jahresumsatzes reichen können (Art. 50 revKG).[197]
Eine weitere Neuerung ist die präventive Kontrolle von Unternehmenszusammenschlüssen der Art. 9-11 revKG. Dabei werden die betroffenen Unternehmen darauf untersucht, ob durch ihren Zusammenschluss eine marktbeherrschende Stellung entsteht, die den Wettbewerb ausschliesst. Dies wäre nach Art. 7 revKG verboten. Allerdings sind die Eingriffsschwellen für eine kleine Volkswirtschaft wie die Schweiz sehr hoch angesetzt. Die Wettbewerbskommission darf erst dann eingreifen, wenn der Jahresumsatz der beteiligten Unternehmen 2 Mrd. Fr. weltweit oder 500 Mio. Fr. in der Schweiz sowie der inländische Umsatz von zwei der beteiligten Unternehmen je 100 Mio. Fr. beträgt. Eine Überprüfung durch die Wettbewerbskommission erfolgte beispielsweise im Jahre 1997 bei der Übernahme des Globus durch die Migros und ebenso im Jahre 1998 bei der für dasselbe Jahr geplanten Fusion zwischen der Schweizerischen Bankgesellschaft und dem Schweizerischen Bankverein.[198]
Auch in der Schweiz kann eine Übernahme, an der zwei schweizerische Unternehmen beteiligt sind, durch die EU geprüft werden. Dazu müssen lediglich die Kriterien der Fusionsrichtlinie, wie sie unter 2.2.1.2.3 beschrieben wurden, erfüllt sein. Eine Untersuchung durch die EU-Kommission erfolgte beispielsweise bei der Fusion zwischen Ciba-Geigy und Sandoz zur Novartis im Jahre 1996 aufgrund der dominierenden Stellung der beiden Unternehmen in der EU. Die Fusion wurde im Dezember 1996 gutgeheissen.[199]

2.2.2.2.4 Das Kotierungsreglement der Schweizer Börse

Das neue Kotierungsreglement der Schweizer Börse trat am 1.10.1996 in Kraft. Es war im Hinblick auf die Einführung der Elektronischen Börse Schweiz und die Einführung des Eidgenössischen Börsengesetzes vollständig überarbeitet worden. Sein wichtigstes Anliegen ist die "Verbesserung der Transparenz mit dem Ziel des Anlegerschutzes, wofür detaillierte Offenlegungspflichten vor und während der

---

[196] o.V., Wettbewerbsprinzip, 1995, S. 22.
[197] Vgl. Morf, P., Kartellgesetz, 1996, S. 21; Stoffel, W. A., Kartellpolitik, 1996, S. 23.
[198] Vgl. Morf, P., Kartellgesetz, 1996, S. 21; Stoffel, W. A., Kartellpolitik, 1996, S. 23.
[199] Vgl. o.V., Prüfung, 1996, S. 25.

Kotierung festgelegt worden sind."[200] Eine der wichtigsten Neuerungen ist dabei sicherlich die in Art. 66 festgelegte Pflicht für die Rechnungslegung eines kotierten Unternehmens, ein den tatsächlichen Verhältnissen entsprechendes Bild der Vermögens-, Finanz- und Ertragslage wiederzugeben (True and Fair View). Im Minimum müssen dabei die Anforderungen der Fachempfehlungen zur Rechnungslegung (FER) eingehalten sein. Auch eine Zwischenberichtserstattung ist gemäss Art. 65 Kotierungsreglement für kotierte Gesellschaften obligatorisch. Ferner muss ein Emittent kursrelevante Tatsachen, die in seinem Tätigkeitsbereich eingetreten sind und nicht öffentlich bekannt sind, veröffentlichen.[201] Unter diese Definition fallen auch Übernahmen.[202] Damit verbessert sich die Informationsposition insbesondere der Aktionäre - wie in den Abschnitten 3.2.3.3 und 3.2.3.4 gezeigt wird - erheblich. Diese Verbesserung gilt allerdings nur für Unternehmen, die an der Hauptbörse kotiert sind, da das Kotierungsreglement für Unternehmen, die an der Nebenbörse kotiert sind, keine Gültigkeit hat.[203]

2.2.3 Der Vorschlag der EU zu Übernahmen

Die Bemühungen zur Regelung von Übernahmeangeboten auf EU-Ebene gehen auf das Jahr 1974 zurück, in dem ein "Report on Takeover and other General Bids" und ein damit verbundener Vorentwurf für eine Richtlinie vorgelegt wurden. Nachdem das Thema in den nachfolgenden Jahren aufgrund der geringen Übernahmeaktivitäten geruht hatte, wurde es 1985 im Weissbuch der Kommission "Über die Vollendung des Einheitlichen Binnenmarktes" wieder aufgegriffen. Insbesondere als Folge der von Carlo Benedetti 1988 geführten Übernahmeschlacht um die grösste belgische Holdinggesellschaft "Société Générale de Belgique" legte die EU-Kommission im Januar 1989, gestützt auf Art. 54 Abs. III g des EWG-Vertrages, einen ersten „Entwurf für eine dreizehnte Richtlinie des Rates auf dem Gebiete des Gesellschaftsrechts über Übernahmeangebote"[204] vor, der am 14.9.1990 nach den Stellungnahmen des Wirtschafts- und Sozialausschusses und des Europäischen Parlamentes geändert wurde.[205] Dieser Entwurf lehnte sich sehr stark an den englischen City Code an. Er enthielt die Pflicht zur Gleichbehandlung der Aktionäre, eine Aufkaufpflicht bei Erreichen einer bestimmten Kontrollschwelle, umfassende Informationspflichten und die Beschränkung der Verwaltung, Abwehrmassnahmen zu ergreifen.[206]

---

[200] O.V., Kotierungsreglement, 1996, S. 33.

[201] Art. 72 Kotierungsreglement.

[202] Vgl. Teil III Art. A Ziff. 2.1 der Erläuterungen zur Bekanntgabepflicht bei kursrelevanten Tatsachen gemäss Art. 72 des revidierten Kotierungsreglementes (Ad-hoc-Publizität).

[203] Vgl. Horber, F., Börsenrecht, 1997, S. 23; Kotierungsreglement der Schweizer Börse, S. 1; o.V., Rules, 1996, S. 23; Schultz, G., Börsenzulassung, 1994, S. 363.

[204] ABl. EG Nr. C 64 vom 14.3.1989, S. 8 ff.

[205] ABl. EG Nr. C 240 vom 26.9.1990, S. 7 ff.

[206] Vgl. Berger, K. P., Unternehmensübernahmen, 1991, S. 1650 f.; Lüttmann, R., Kontrollwechsel, 1992, S. 200; Strazzer, R., Übernahmeangebot, 1993, S. 81.

Die 13. EG-Richtlinie war von Anfang an heftig umstritten. So wurde bemängelt, dass der Frage des heimlichen Kontrollerwerbs an der Börse, der Verteilung von Paketzuschlägen und der Verwässerung bei Aktienemissionen nicht genügend Rechnung getragen worden sei. Auch die Einrichtung einer Aufsichtsbehörde wurde insbesondere von Grossbritannien, das um sein erfolgreiches System der Selbstregulierung fürchtete, heftig kritisiert. Der umstrittenste Artikel der 13. EG-Richtlinie war allerdings ihr Art. 4, der die Aufkaufpflicht bei Überschreiten einer Beteiligungsschwelle von 33 $^1/_3$ Prozent der Stimmrechte statuierte. Gegen eine Einführung einer solchen Aufkaufpflicht wurde von deutscher Seite argumentiert, dass der Minderheitenschutz bereits im Konzernrecht gewährleistet sei.[207]
Aufgrund des heftigen Widerstandes der Mitgliedsländer gab die Europäische Kommission den Vorschlag für eine 13. EG-Richtlinie im Januar 1996 auf und veröffentlichte stattdessen einen neuen Vorschlag, der ausdrücklich von der Beibehaltung nationaler Unterschiede ausgeht und lediglich allgemeine Grundsätze für die Ausgestaltung der jeweiligen Übernahmeregelungen der Mitgliedsländer enthält. Nach diesem neuen Entwurf müssen die Mitgliedstaaten in ihren Regeln keine Aufkaufpflicht festlegen, falls sie nachweisen können, dass Minderheitsaktionäre durch andere Methoden geschützt sind. Damit wird den deutschen Bedenken Rechnung getragen. Ferner können die Mitgliedstaaten ein öffentlich anerkanntes Selbstregulierungsorgan als Überwachungsbehörde einsetzen. Diese auf Betreiben von England eingefügte Regel ermöglicht die Beibehaltung des Takeover Panel als Aufsichtsbehörde. Auch der Begriff des Kontrollwechsels, der im alten Vorschlag auf ein Drittel der Aktien beziffert war, wird nicht mehr definiert. Da die Prinzipien des neuen Entwurfes sehr viel schwächer als die Vorschriften des City Code sind, sind kaum Auswirkungen dieses Vorschlages auf Übernahmen in England zu erwarten.[208]
Es ist auch anzumerken, dass nach neuesten Entwicklungen (Stand Dezember 1997) eine Überarbeitung der EG-Richtlinie doch wieder erfolgen soll und damit auch dieser Entwurf hinfällig wäre.[209]

2.2.4 Die Entwicklung des Marktes für Unternehmenskontrolle

2.2.4.1 Der Markt für Unternehmenskontrolle in England

In England haben öffentliche Übernahmeangebote traditionell eine hohe Bedeutung. Die Entwicklung des britischen Marktes für Unternehmenskontrolle wird in der untenstehenden Tabelle gezeigt. Dabei umfassen die Zahlen Übernahmen börsenko-

---

[207] Vgl. Jenkinson, T. / Mayer, C., Takeovers, 1994, S. 26; Lüttmann, R., Kontrollwechsel, 1992, S. 201 und 207; o.V., Harmonisierung, 1996, S. 33; Strazzer, R., Übernahmeangebot, 1993, S. 83.

[208] Vgl. o.V., Harmonisierung, 1996, S. 33; Peter, C., Vorschlag, 1996, S. 177-179; Rice, R., Takeover, 1995, S. 24.

[209] Vgl. o.V., Schutz, 1997, S. 1.

tierter Unternehmen, nicht-börsenkotierter Unternehmen und Divestments. Akquisitionen britischer Unternehmen im Ausland sind in den Zahlen nicht enthalten.[210]

Tabelle 3: Fusionen und Übernahmen in Grossbritannien

Jahr	Anzahl der Akquisitionen	Wert aller Akquisitionen in Mio. Pfund	Durchschnittlicher Wert je Akquisition in Mio. Pfund
1969	846	1'069	1.26
1970	793	1'122	1.41
1971	884	911	1.03
....	....	....	....
1988	2'241	37'623	16.79
1989	2'078	47'232	22.73
1990	1'524	27'678	18.16
1991	1'189	18'181	15.29
1992	1'152	19'747	17.14
1993	1'248	17'360	13.91
1994	1'555	25'272	16.25
1995	1'694	67'747	39.99
1996	1'689	55'898	33.095

Quelle: Blackman, A., Review, 1995, S. 16; Cooke, T., M&A, 1989, S. 382; o.V., Übernahmewelle, 1997, S. 11; Ward, A., M&A, 1994, S. 16; Zoern, A., Motive, 1994, S. 10

Obenstehende Tabelle zeigt die rasante Entwicklung des M&A-Marktes in Grossbritannien. War 1969 die Anzahl der Transaktionen noch bei 846, so belief sie sich im Jahre 1995, das ein Rekordjahr der M&A-Tätigkeit darstellte, auf 1'694 und war damit doppelt so hoch wie 1969. Der grösste Unterschied besteht allerdings im durchschnittlich bezahlten Kaufpreis. Betrug er 1969 noch £ 1,26 Mio. pro Akquisition, so war er 1995 bei £ 39,99 Mio und war somit mehr als 31 Mal höher. Das Jahr 1996 zeigte dann wieder eine leichte Minderung des durchschnittlichen Kaufpreises.[211]

Die enorme Steigerung des durchschnittlichen Kaufpreises zeigt sich bereits im Vergleich der Jahre 1994 und 1995. So ist die Anzahl der Transaktionen im Jahre 1995 nur um weniges höher als die im Jahre 1994, der durchschnittliche Wert einer Transaktion aber mehr als doppelt so hoch. Dies ist auf die gestiegene Bedeutung von Mega-Deals börsenkotierter Unternehmen zurückzuführen. Dabei betrug der Anteil börsenkotierter Unternehmen am Gesamtwert aller Übernahmen im Jahre

---

[210] Vgl. Knoll, H.-C., Übernahmen, 1992, S. 36; o.V., M&A, 1993, S. 113; Zoern, A., Motive, 1994, S. 9.

[211] Vgl. Blackman, A., Review, 1995, S. 16; Zoern, A., Motive, 1994, S. 9 f.

1994 lediglich 20 Prozent, während er im Jahre 1995 50 Prozent des Gesamtwertes ausmachte. Spitzenreiter waren dabei unter anderem die Übernahmen von SG Warburg Group durch den Schweizerischen Bankverein in einem Wert von £ 1,992 Mrd. und die Übernahme von Fisons durch Rhône-Poulenc im Wert von £ 1,832 Mrd.[212]

Der Grund für das Rekordjahr 1995 sind "kostenbedingte, brancheninterne Konzentrationsbewegungen in bestimmten Industriesektoren. Sieht man einmal von einer Ausnahme ab, der £ 3,2 Mrd. schweren feindlichen Übernahmeofferte des Medien-, Catering- und Raststätten-Konglomerates Granada für den Hotelkonzern Forte, betrafen die zwölf gewichtigsten Übernahmeangebote für börsennotierte Unternehmen nur drei Branchen, nämlich Pharma, Banken und Stromversorgung."[213] Zudem waren die Rahmenbedingungen für Übernahmen recht gut, da die Unternehmen in der Regel über eine gute Liquidität verfügten und ein niedriges Zinsniveau die Refinanzierungsbedingungen begünstigte. Aus diesem Grund waren 1995 auch mehr als drei Viertel aller Übernahmeangebote reine Cash-Offerten. Die Gründe für das leichte Abflauen des M&A-Boomes im Jahre 1996 sind darin zu sehen, dass viele der Übernahmekandidaten der letzten Jahre inzwischen übernommen worden sind und die Unternehmen, die in den letzten beiden Jahren ein anderes Unternehmen übernommen haben (so zahlte allein Glaxo £ 9 Mrd. für die Übernahme von Wellcome), zur Zeit keine weiteren Übernahmen mehr planen.[214]

Ein Grund für die grosse Bedeutung öffentlicher Übernahmeangebote in England besteht darin, dass es auch für kleinere Gesellschaften durchaus üblich ist, zur Kapitalbeschaffung an die Börse zu gehen. Zudem ermöglicht die Struktur des englischen Börsenmarktes einen sehr weitgehenden Börsenzugang für Unternehmen. Dieser ist seit 1987 in drei verschiedene Marktsegmente unterteilt: neben dem offiziellen Handel und dem Freiverkehrshandel (Unlisted Securities Market) für Wertpapiere, die nicht den strengen Zulassungsbedingungen des offiziellen Handels entsprechen, existiert - im Gegensatz zur Schweiz - ein sog. Drittmarkt (Third Market), an dem Wertpapiere von börsenmässig jungen Unternehmen gehandelt werden.[215]

Auch die Zurückhaltung des englischen Gesetzgebers, der in der Regel nur interveniert, wenn die Interessen der Aktionäre vom öffentlichen Interesse[216] abweichen, hat sich im Falle von England positiv ausgewirkt. Die bestehenden freiwilligen Regelungen sind die in Europa am weitesten entwickelten Regelungen für Übernahmeangebote und haben unter anderem die europäische Empfehlung zu Übernahmen und das schweizerische Börsengesetz massgeblich beeinflusst. Sie sind dabei sehr stark auf

---

[212] Vgl. Blackman, A., Review, 1995, S. 16; Zoern, A., Motive, 1994, S. 9 f.

[213] Vgl. o.V., Übernahmerekord, 1996, S. 23.

[214] Vgl. o.V., Übernahmerekord, 1996, S. 23; o.V., UK, 1996, S. 24.

[215] Vgl. Knoll, H.-C., Übernahmen, 1992, S. 112.

[216] Zum Begriff des „öffentlichen Interesses" siehe 2.2.1.2.3.

den Schutz des Aktionärs und auf die Transparenz des Börsenmarktes ausgerichtet.[217]
Desweiteren werden öffentliche Übernahmeangebote durch die Beteiligungsstruktur englischer Gesellschaften gefördert. Institutionelle Investoren, zu denen Pensionskassen, Anlagefonds, Banken, Versicherungen, Stiftungen und Finanzgesellschaften zu zählen sind, kontrollieren inzwischen mehr als 60 Prozent des gesamten Aktienkapitals britischer Unternehmen. Da ihre Vergütung in der Regel vom Gewinn abhängig ist, sind sie an den im Zusammenhang mit Übernahmeversuchen auftretenden schnellen Kursgewinnen interessiert. Deswegen bekämpfen gerade die institutionellen Investoren den Aufbau von Übernahmehindernissen durch die Gesellschaft. Da die Aktionäre gemäss GP 7 und Rule 21 City Code während eines Übernahmeangebotes Verteidigungsmassnahmen der Gesellschaft zustimmen müssen, kann meist eine relativ kleine Gruppe von institutionellen Investoren einen grossen Einfluss ausüben.[218]
Die institutionellen Investoren besitzen in England einen ausgesprochen grossen Einfluss. Insbesondere ihre grossen Vereinigungen - wie das Institutional Shareholders' Committee[219] - üben durch ihre Richtlinien und Statements of Best Practice auf Unternehmen, in die sie investieren, einen grossen Einfluss aus. Der Einfluss institutioneller Investoren wird noch dadurch gestärkt, dass in England der Aktienbesitz üblicherweise breit gestreut ist und somit für die Ausübung der Kontrolle bereits eine geringe Beteiligung ausreicht. Zudem ist es in England ausgesprochen üblich, Aktien zu halten. Die grosse Anzahl von Aktionären wiederum fördert die öffentlichen Übernahmeangebote, da sich der Abschluss von Verträgen mit den einzelnen Aktionären als zu aufwendig erweisen würde.[220]
Auch unfreundliche Übernahmen sind in England keine Seltenheit. So schätzt Lee[221], dass 15-20 Prozent aller Übernahmen unfreundliche Übernahmen sind. Dies resultiert zum einen aus den geringen Abwehrmassnahmen, die im 4. Teil eingehender beschrieben werden, und zum anderen aus der sehr offenen Informationspolitik englischer Unternehmen. Damit steht das Management schlecht operierender Unternehmen unter einem ständigen Übernahmedruck.[222]

---

[217] Vgl. o.V., M&A, 1993, S. 113; Schade, M., Internationalisierung, 1990, S. 100.
[218] Vgl. Lüttmann, R., Kontrollwechsel, 1992, S. 51; o.V., Aktionärsrechte, 1996, S. 33; Spearing, N. et al., Hostile Takeovers, 1990, S. 72.
[219] Das Institutional Shareholders' Committee ist die Interessenvertretung der mächtigsten institutionellen Investoren, namentlich der Association of British Insurers (ABI), die Association of Investment Trust Companies, die British Merchant Banking and Securities Houses Association, The National Association of Pension Funds Ltd (NAPF) und der Unit Trust Association. Es erlässt Statements of Best Practice, in denen die Anforderungen institutioneller Investoren an die Unternehmen dargelegt werden.
[220] Vgl. Todd, R. / Lynchehan, M., United Kingdom, 1992, S. 63; Zoern, A., Motive, 1994, S. 9 und 65.
[221] Vgl. Lee, P. T., Takeover, 1990, S. 292; Lee, P. T., Regulation, 1992, S. 141.
[222] Vgl. Palit, O., Approach, 1994, S. 738.

2.2.4.2 Der Markt für Unternehmenskontrolle in der Schweiz

"Die schweizerische Übernahmeszene ist ausgesprochen farblos."[223] Es existiert in der Schweiz keine Übernahmetradition und keine Wachstumskultur auf der Basis von Unternehmenszusammenschlüssen wie in England. Aus diesem Grund ist auch der Markt für Unternehmenskontrolle nicht so ausgeprägt wie in England. Allerdings ist die Zahl der Unternehmensübernahmen auch in der Schweiz seit den 80er Jahren stark angestiegen. Dies soll durch nachfolgende Tabelle verdeutlicht werden.[224]

Tabelle 4: Publizierte Fusionen und Übernahmen in der Schweiz

Jahr	Fusionen und Beteiligungen	Kooperationen	Total
1977	82	14	96
1978	69	14	83
1979	83	10	93
....	....	....	.....
1988	274	37	311
1989	422	100	522
1990	410	120	530
1991	349	90	439
1992	342	102	444
1993	249	79	328
1994	266	85	351
1995	220	74	294
1996	345	64	409

Quelle: Bahnmüller, K., Horizont, 1997, S. 45; o.V., HandelsZeitung, 1996, S. 14; o.V., Fusionsfieber, 1997, S. 1

In den Zahlen der obenstehenden Tabelle sind sowohl kotierte als auch nicht-kotierte Unternehmen erfasst. Die Tabelle kann keinen Anspruch auf Vollständigkeit erheben, da viele Fusionen, Beteiligungen und Kooperationen nicht veröffentlicht werden. Dies resultiert vor allem aus den mangelnden gesetzlichen Publizitätsvorschriften im Zusammenhang mit Unternehmenszusammenschlüssen. Beispielsweise existierte in der Schweiz bis zum Juli 1996 keine präventive Kontrolle von Unternehmenszusammenschlüssen durch die Wettbewerbsbehörden, wobei auch unter dem neuen Kartellrecht eine zahlenmässige Erfassung nur bedingt möglich ist. Ferner existieren

---

[223] Boemle, M., Zusammenschlüsse, 1990, S. 354.

[224] Vgl. Braschler, C., Abwehrmassnahmen, 1992, S. 157; Tschäni, R., Übernahmeangebote, 1994, S. 308.

Meldepflichten für Beteiligungen, die eine genauere Erfassung ermöglicht hätten, erst seit Einführung des BEHG. Unter anderem aus diesen Gründen lassen sich auch keine Aussagen über den bezahlten Kaufpreis, der in der Regel nicht veröffentlicht wird, machen. Damit kann die Tabelle 4 sicher nicht als Vergleichsmassstab zu der sehr viel aussagekräftigeren Tabelle 3 über publizierte Fusionen und Übernahmen in England dienen, sie kann aber wohl eine Ahnung davon geben, welche Tendenzen dem Markt für Unternehmenskontrolle in der Schweiz zugrunde liegen.[225]
Die Tabelle zeigt, dass das Jahr 1995 in der Schweiz volumenmässig hinter den Vorjahren zurückblieb. Insbesondere gegenüber dem Spitzenjahr 1990 ist ein deutlicher Abstieg festzustellen. Im Jahre 1996 ist dann wieder eine deutliche Zunahme festzustellen, die das Niveau des Jahres 1991 fast wieder erreicht. Dabei kam der Megafusion zwischen Ciba-Geigy und Sandoz zur Novartis die herausragendste Rolle zu. Die Gründe für den Anstieg waren zum einen in der damals für 1997 erwarteten Einführung des BEHG zu sehen, das mit seinen Vorschriften zu öffentlichen Kaufangeboten und zur Offenlegung von Beteiligungen die Unternehmen bei Übernahmen grösseren Einschränkungen als je zuvor unterwirft. Zum anderen zwang die anhaltende konjunkturelle Flaute in der Schweiz viele Unternehmen zur Zusammenarbeit mit anderen Unternehmen, wobei die tiefen Kapitalmarktzinsen Übernahmen in finanzieller Sicht erleichterten. In vielen Fällen konnte dabei eine weitere Auflösung von Konglomeraten und eine Konzentration auf das Stammgeschäft beobachtet werden.[226]
Wie die Tabelle nur andeuten kann, haben in der Schweiz Übernahmen aufgrund eines öffentlichen Übernahmeangebotes eine im Vergleich zu England sehr geringe Bedeutung. Ein Grund besteht sicherlich darin, dass der geheime Aufkauf von Aktien an der Börse (Sneak Attacks) immer noch einem öffentlichen Übernahmeangebot vorgezogen wird. Beispiele hierfür sind die Sneak-Attacks auf Unternehmen wie die Genfer Versicherung, Rinsoz & Ormond, Hero, La Suisse und Sulzer. Die bekanntesten Sneak-Attacks der letzten Jahre sind der Versuch von Karl Schweri, dem Alleinaktionär der Denner AG, die Aktien der Usego-Trimerco aufzukaufen, und der Versuch von Tito Tettamanti im Jahre 1988, durch systematisches Aufkaufen der Sulzer-Aktien die Kontrolle über das Unternehmen zu erlangen.[227]
Immer scheiterten die Sneak Attacks daran, dass sie vom Management der Zielgesellschaft mit allen Mitteln bekämpft wurden. Als wirksamstes Mittel zur Bekämpfung von unfreundlichen Übernahmeversuchen erwies sich dabei die Vinkulierung von Namenaktien, die unter 4.3.1.1 eingehender betrachtet wird. Die weit verbreitete Vinkulierung von Namenaktien ist auch ein Grund dafür, dass unfreundliche Über-

---

[225] Vgl. Boemle, M., Zusammenschlüsse, 1990, S. 347; Bahnmüller, K., Einkaufstour, 1995, S. 7.

[226] Vgl. Bahnmüller, K., Horizont, 1997, S. 45; Bahnmüller, K., Fusionen, 1996, S. 7; o.V., Rekord, 1997, S. 21; Speck, K., Reichtum, 1997, S. 2.

[227] Vgl. Schade, M., Internationalisierung, 1990, S. 193; Strazzer, R., Übernahmeangebot, 1993, S. 46.

nahmen in der Schweiz fast nicht auftreten. Es dominieren freundliche Übernahmen.[228]
Auch wenn sich schweizerische Unternehmen in ihrem Heimatland hinter massiven Verteidigungsvorkehrungen verbarrikadierten, so zeigten sie sich doch im Ausland, wenn es um die Übernahme anderer Unternehmen ging, als ausgesprochen aktiv: bei Käufen von Drittländern in der Europäischen Union nahm die Schweiz nach den USA den zweiten Platz ein.[229] Dieser Widerspruch trug schweizerischen Unternehmen bereits viel Kritik ein. Eines der bekanntesten Beispiele für eine solche Akquisition war der Übernahmekampf zwischen der Nestlé AG und Jacobs-Suchard um den britischen Süsswarenhersteller Rowntree im Jahre 1988, den schliesslich Nestlé gewann. Diese Übernahme wurde in Grossbritannien durch heftige Kritik begleitet, da Nestlé selbst aufgrund von Vinkulierungsmassnahmen nicht übernommen werden konnte.[230]
Ein weiterer Grund für die geringe Bedeutung von Übernahmeangeboten in der Schweiz ist die Tatsache, dass viele der börsenkotierten Unternehmen durch einen Aktionär oder eine Familie kontrolliert werden (z.B. Ems Chemie, Holderbank, Schindler). So waren nach einer Studie von Kaufmann/Kunz[231] im Jahre 1991 ein Drittel aller analysierten, kotierten Aktiengesellschaften Familiengesellschaften, also Gesellschaften, die von einer oder mehreren natürlichen Personen beherrscht werden. Nach einer Studie der Bank Vontobel im Jahre 1997 waren von 167 untersuchten, börsenkotierten Gesellschaften 85 oder 51 Prozent von einem Aktionäre bzw. einem Aktionärspool mit über 50 Prozent Stimmenanteil dominiert.[232]
Die fehlende Streuung des Aktienbesitzes in der Schweiz fördert Übernahmen, die mittels privaten Aktienkaufs anstatt über ein Übernahmeangebot erfolgen. Allerdings hat die Bedeutung institutioneller Anleger wie in England auch in der Schweiz stark zugenommen. Sie sind die grössten Aktienbesitzer der Schweiz und gebieten über 30-50 Prozent des im Inland gehaltenen Kapitals schweizerischer Gesellschaften.[233] Jedoch verzichten in der Schweiz die meisten instutionellen Anleger - im Gegensatz zu denen in England - darauf, Einfluss auf das Unternehmen, an dem sie beteiligt sind, zu nehmen.[234]
Gründe für die Passivität institutioneller Anleger sind zum einen in der sehr engen personellen Verflechtung in den Führungsgremien schweizerischer Unternehmen zu

---

[228] Vgl. Boemle, M., Zusammenschlüsse, 1990, S. 354-356; Vogt, N. P. / Watter, R., M&A, 1993, S. 9.
[229] Vgl. o.V., Fusionsaktivitäten, 1995, S. 22.
[230] Vgl. Schade, M., Internationalisierung, 1990, S. 108; Strazzer, R., Übernahmeangebot, 1993, S. 48.
[231] Kaufmann, H. / Kunz, B., Besitzverhältnisse, 1991, S. 19.
[232] Vgl. o.V., Ratio Screening, 1997, S. 15.
[233] Vgl. o.V., Rolle, 1996, S. 21.
[234] Vgl. Pulver, Kaufangebote, 1993, S. 251; Schade, M., Internationalisierung, 1990, S. 179; Vogt, N. P. / Watter, R., M&A, 1993, S. 9.

sehen und zum anderen darin, dass ein auf die Disziplinierung des Managements ausgerichtetes Auftreten eines institutionellen Anlegers "unangenehme Rückkoppelungen auf den Auftragseingang oder auf die Kreditlimiten des eigenen Unternehmens"[235] haben kann. Die Einflussnahme wird auch durch Stimmrechtsbeschränkungen stark eingeschränkt, wie Martin Ebner als Aktionär der Schweizerischen Bankgesellschaft erfahren durfte.[236]
Auch wenn zur Zeit Übernahmeangebote eine geringe Bedeutung in der Schweiz haben, so wird doch erwartet, dass ihre Bedeutung in Zukunft zunehmen wird. Dies wird auch durch das neue Börsengesetz gefördert, in dem der Anlegerschutz beispielsweise durch Verhaltenspflichten der Zielgesellschaft oder durch umfassende Informationspflichten verbessert wird. Die neuen Vorschriften fördern ein selbstbewussteres Auftreten der Aktionäre.[237]

2.3 Zusammenfassung

Mit einer Übernahme versucht ein Bieter, die Kontrolle über eine Zielgesellschaft zu erlangen. Dabei hängt es unter anderem von der Aktionärsstruktur, der Generalversammlungspräsenz und von personellen Verflechtungen ab, welche Beteiligungsschwelle der Bieter erreichen muss, um die Zielgesellschaft kontrollieren zu können. Dies ist bei feindlichen Übernahmen von besonderer Bedeutung, da dort das Management der Zielgesellschaft das Übernahmeangebot bekämpfen wird.
Für Übernahmen gibt es die unterschiedlichsten Motive, von denen in der Regel mehrere für den Entschluss des Bieters, ein Übernahmeangebot abzugeben, ausschlaggebend sind. So können Übernahmen aufgrund einer Unterbewertung der Zielgesellschaft, aufgrund von zu erwartenden Synergieeffekten zwischen den beiden Unternehmen, zur Lösung eines Agency-Problems oder allein aufgrund des Machtstrebens des Bieters durchgeführt werden. Mit diesen Theorien und Hypothesen wird insbesondere auch die Bereitschaft des Managements erklärt, für die Kontrolle eine Kontrollprämie zu entrichten.
Die Kontrollprämie ist ein wesentliches Merkmal des Marktes für Unternehmenskontrolle, auf dem die Kontrolle über Unternehmen als eigenes wirtschaftliches Gut gehandelt wird. Damit aber Übernahmen auf diesem Markt effizient und unverzerrt ablaufen, bedarf es einiger Voraussetzungen. So sollten die Teilnehmer an öffentlichen Übernahmeangeboten gleiche Voraussetzungen haben. Dies bezieht sich vor allem auf Informationsrechte und die Gleichbehandlung der Aktionäre der Zielgesellschaft, die bei Übernahmen aufgrund ihrer Entscheidung

---

[235] Vgl. o.V., Rolle, 1996, S. 21.
[236] Vgl. Boemle, M., La Suisse, 1988, S. 1; Braschler, C., Abwehrmassnahmen, 1992, S. 155 f.; o.V., Rolle, 1996, S. 21; Strazzer, R., Übernahmeangebot, 1993, S. 48.
[237] Vgl. Vogt, N. P. / Watter, R., M&A, 1993, S. 14.

über Annahme oder Ablehnung eines Angebotes eine besondere Stellung einnehmen.[238]

Die Gleichbehandlung der Aktionäre ist eines der zentralen Regelungsziele sowohl des englischen City Code als auch des schweizerischen BEHG. Beide Regelwerke zielen auf eine Regelung von öffentlichen Übernahmeangeboten ab, wobei sich das schweizerische BEHG, das dreissig Jahre nach Einführung des City Code in Kraft trat, sehr stark an den englischen City Code anlehnt. Diese Zeitspanne von dreissig Jahren zeigt auch die unterschiedliche Bedeutung von Übernahmen in den beiden Ländern: während Übernahmen in England eine traditionell hohe Bedeutung zukommt, sind sie in der Schweiz, insbesondere in der Form eines öffentlichen Kaufangebotes, vergleichsweise selten. Die geringe Bedeutung von Übernahmen in der Schweiz lässt sich auf viele Gründe zurückführen, von denen die weitverbreitete Familiengesellschaft und die - als Abwehrmassnahme ausgesprochen effiziente - Vinkulierung von Namenaktien zusammen mit Höchststimmlimiten die wohl wichtigsten sind. Dieser besonderen Struktur des Marktes für Unternehmenskontrolle muss natürlich auch in den Übernahmeregeln Rechnung getragen werden. Dabei sind insbesondere auch die Bedürfnisse der Aktionäre des jeweiligen Landes zu beachten.

Im folgenden sollen nun die Rechte und Pflichten des Aktionärs bei Übernahmen analysiert werden. Dabei liegt der Schwerpunkt auf den Informationsrechten des Aktionärs, da diese bei einem Übernahmeangebot die Grundlage für eine ausgewogene Entscheidung des Aktionärs über Annahme oder Ablehnung des Angebotes bilden.

[238] Vgl. Tschäni, R., Übernahmeangebote, 1994, S. 309.

3. Die Rechte und Pflichten des Aktionärs bei Übernahmen

In diesem Teil sollen die Rechte und Pflichten des Aktionärs bei Übernahmen beschrieben werden, die ausschlaggebend für die Stellung des Aktionärs bei Übernahmen sind. Im allgemeinen hat ein Aktionär umso mehr Rechte, je grösser sein Aktienbesitz ist. Dabei spielt allerdings auch das Verhalten des Aktionärs eine wichtige Rolle: so kann ein Aktionär, der ein grosses Aktienpaket hält, beispielsweise Einsitz in den Verwaltungsrat des Unternehmens nehmen und dadurch seine Stellung weiter ausbauen. Er kann allerdings auch - wie dies häufig bei institutionellen Investoren der Fall ist - auf eine Einflussnahme verzichten und lediglich eine gewinnbringende Anlage anstreben. Dies könnte seine Stellung im Falle einer Übernahme schwächen.

Bei einer Übernahme befindet sich der Aktionär der Zielgesellschaft in einer besonders prekären Situation, da der Erfolg der Übernahme zwar in erster Linie von seiner Entscheidung über den Verkauf seiner Aktien abhängt, durch die Übernahme aber auch in einem hohen Masse die Interessen des Bieters und des Managements der Zielgesellschaft betroffen sind. Letztere könnten versucht sein, den Aktionär in eine ihnen genehme Richtung zu beeinflussen. Ist zudem der Zeitplan des Übernahmeangebotes straff gestaltet, so kann der Aktionär unter einen hohen Entscheidungsdruck geraten, der durch unwahre oder fehlende Informationen weiter verschärft wird. Folge davon könnte sein, dass der Aktionär entweder seine Aktien zu schnell zu billig verkauft oder sich bei Ablehnung des Angebotes in der unerwünschten Position eines Minderheitsaktionärs wiederfindet. In einer solchen Situation wird dann in der Regel der Ruf nach besonderen Rechten des Aktionärs bei Übernahmen laut. Zu beachten ist dabei allerdings, dass eine solche Verstärkung der Aktionärsrechte in der Regel auch Pflichten, insbesondere Meldepflichten, für den Aktionär mit sich bringt.

Die allgemeinen Aktionärsrechte und -pflichten werden im Aktienrecht festgelegt, wobei die Aktionäre in der Schweiz lediglich dazu verpflichtet werden können, den von ihnen übernommenen Teil des Aktienkapitals einzuzahlen.[239] Andere Pflichten können im Verhältnis zur Gesellschaft nicht festgelegt werden. Allerdings können den Aktionären durch öffentlich-rechtliche Vorschriften, insbesondere durch das BEHG, weitergehende Pflichten auferlegt werden. In England hingegen wird im Companies Act - neben der Einzahlungspflicht[240] - auch eine Meldepflicht von Beteiligungen und das Aufkaufrecht des Bieters bei Überschreiten einer bestimmten Beteiligungsschwelle festgelegt. Im Zusammenhang mit Übernahmen werden dann noch zahlreiche andere spezielle Rechte und Pflichten des Aktionärs durch den City Code eingeführt.[241]

---

[239] Art. 652c OR.

[240] S. 99 CA 1985.

[241] Vgl. Kalss, S. / Wessely, K., Aktionärsrechte, 1994, S. 118; Meier, R., Aktiengesellschaft, 1994, S. 135.

Bei den aktienrechtlichen Rechten können Vermögens-, Mitwirkungs- und Schutzrechte der Aktionäre unterschieden werden. Dabei umfassen die Vermögensrechte vor allem das Recht auf Dividende, das Bezugsrecht bei Kapitalerhöhungen und das Recht auf Anteil am Liquidationsgewinn. Die Mitwirkungsrechte beinhalten das Stimmrecht, das Recht auf Teilnahme an der Generalversammlung, das Antragsrecht und das Äusserungsrecht. Schliesslich werden als Schutzrechte unter anderem die Kontrollrechte (Einsicht- und Auskunftsrechte) und die Klagerechte erfasst.[242]
In diesem Kapitel werden die Rechte und Pflichten dargestellt, denen im Zusammenhang mit Übernahmen eine besondere Bedeutung zukommt. Schwerpunkt des Kapitels bilden die Informationsrechte und -pflichten des Aktionärs. Da die übernahmespezifischen Rechte und Pflichten auf dem Gleichbehandlungsprinzip beruhen, dieses aber im Zusammenhang mit Übernahmen vielfältige Diskussionen, beispielsweise in bezug auf die Aufkaufpflicht oder die Zulassung von Paketzuschlägen, ausgelöst hat, wird das Gleichbehandlungsprinzip an erster Stelle behandelt.

3.1 Das Gleichbehandlungsprinzip

Das Gleichbehandlungsprinzip, dem sowohl in England als auch in der Schweiz eine grundlegende Bedeutung zukommt, „soll verhindern, dass einzelne Aktionäre Partikularinteresse zu verfolgen oder Sondervorteile zu realisieren vermögen."[243] Es soll einen Ausgleich zu dem in einer Kapitalgesellschaft herrschenden Mehrheitsprinzip mit sich bringen und ist damit auch ein Element des Minderheitenschutzes. Das Gleichbehandlungsprinzip spielt bei Übernahmen eine besondere Rolle, da hier häufig die Gefahr besteht, daß der Kaufinteressent Mehr- und Minderheitsaktionäre, beispielsweise in bezug auf den Angebotspreis ungleich behandelt. Das Gleichbehandlungsprinzip findet auch Ausdruck in den Informationsrechten der Aktionäre, die allen Aktionären den gleichen Zugang, den gleichen Inhalt und den gleichen Umfang an Informationen sichern sollen. Auch die Pflicht zur Abgabe eines Übernahmeangebotes bei Überschreiten eines bestimmten Schwellenwertes ist ein Ausfluss des Gleichbehandlungsprinzipes.[244]
In **England** ist die Gleichbehandlung der Aktionäre der Zielgesellschaft eine zentrale Maxime des City Code, nach dessen General Principle 1 alle Gattungen von Zielgesellschaftsaktien gleichbehandelt werden sollen. Das Gleichbehandlungsprinzip wird in weiteren General Principles und Rules wiederaufgenommen und konkretisiert. So

---

[242] Vgl. Braschler, C., Abwehrmassnahmen, 1992, S. 166; Kalss, S. / Wessely, K., Aktionärsrechte, 1994, S. 118; Meier, R., Aktiengesellschaft, 1994, S. 135-137; Weiss, K. A., Aktiengesellschaft, 1993, S. 36-42.

[243] Huguenin Jacobs, C., Gleichbehandlung, 1994, S. 45.

[244] Vgl. Huguenin Jacobs, C., Gleichbehandlung, 1994, S. 45; Knoll, H.-C., Übernahmen, 1992, S. 133; Pulver, U., Kaufangebote, 1993, S. 245; Strazzer, R., Übernahmeangebot, 1993, S. 124.

fordern Rule 9.1 und 9.5 City Code, dass nach dem Erwerb von 30 Prozent der stimmberechtigten Wertpapiere einer Gesellschaft ein Angebot an sämtliche Aktionäre zu dem höchsten, in den letzten zwölf Monaten durch den Bieter gezahlten Preis zu erfolgen hat. Damit soll die Zahlung eines Paketzuschlages an einen Grossaktionär verhindert werden. Kauft der Bieter während der Laufzeit des Angebotes Aktien der Zielgesellschaft (Parallelgeschäfte) und zahlt er dafür einen Preis, der über dem Angebotspreis liegt, so muss der Angebotspreis entsprechend erhöht werden.[245] Ebenso muss jede Veränderung des Angebotes auch den Aktionären, die bereits akzeptiert haben, angeboten werden. Dabei verlängert sich nach Rule 32.1 City Code die Laufzeit um jeweils 14 Tage.[246]

Das Gleichbehandlungsprinzip liegt auch den Rules 14, 15 und 16 des City Code zugrunde. Dabei verbietet Rule 16, bestimmten Aktionären bevorzugte Konditionen bei Verkauf ihrer Aktien zu bieten, die nicht auch allen anderen Aktionären zugestanden werden. Rule 15 verlangt, dass ein angemessenes Angebot für Wertpapiere, die in Eigenkapital, Warrants oder andere Rechte umgewandelt werden können, gemacht wird. Schliesslich fordert Rule 14, dass bei Vorhandensein mehrerer Aktiengattungen ein Bieter auch den anderen Aktiengattungen ein vergleichbares Angebot machen muss. Dabei richtet sich der Panel bei der Beurteilung, ob ein Angebot vergleichbar ist, an den durchschnittlichen Börsenwerten der jeweiligen Aktiengattungen über die letzten sechs Monate aus.[247] Der Nachteil dieser Berechnung besteht allerdings darin, dass die Börsenkurse der Aktiengattung mit dem höheren Stimmrecht durch Übernahmegerüchte beeinflusst werden können. Dies zeigte sich bei dem Übernahmeangebot von Clayform Properties für Stead and Simpson im Jahre 1988, als das Verhältnis zwischen den beiden Aktiengattungen 9.6 betrug, während es im folgenden Jahr, bei dem zweiten und schliesslich erfolgreichen Übernahmeversuch, 14.2 betrug.[248]

Desweiteren versucht der City Code, auch bei den Informationsrechten die Gleichbehandlung der Aktionäre zu gewährleisten. So sind Transaktionen in Titeln der Ziel- und der Bietergesellschaft durch Personen, die eine Beteiligung an der einen oder anderen Gesellschaft von mindestens 1 Prozent halten, unverzüglich offenzulegen. Zudem dürfen nach GP 2 keine Informationen an einzelne Aktionäre gegeben werden, die nicht allen Aktionären zugänglich gemacht werden. Die Vorschriften zu den Informationspflichten werden unter 3.2 eingehender besprochen.[249]

---

245 Rule 6.2 City Code.

246 Vgl. Herrmann, M., Abwehrmassnahmen, 1993, S. 120; Knoll, H.-C., Übernahmen, 1992, S. 127; Lüttmann, R., Kontrollwechsel, 1992, S. 71; Todd, R. / Lynchehan, M., United Kingdom, 1992, S. 63-65.

247 Diese Berechnung wurde beispielsweise bei dem Übernahmeangebot von Rodamco für Hammersons Property im Jahre 1988 verwendet.

248 Vgl. Cardale, M., United Kingdom, 1991, S. 118; Herrmann, M., Abwehrmassnahmen, 1993, S. 185; Holland, P., Provisions, 1995, S. 100-105; Maeijer, J. M. M. / Geens, K., Defensive Measures, 1990, S. 222.

249 Vgl. Strazzer, R., Übernahmeangebot, 1993, S. 74.

In der **Schweiz** ist das Gleichbehandlungsprinzip aktienrechtlich in Art. 717 Abs. 2 OR und börsenrechtlich in Art. 24 BEHG und Art. 10 V-UEK festgelegt. Art. 717 Abs. 2 OR statuiert dabei eine allgemeine Pflicht des Verwaltungsrates, Aktionäre unter gleichen Voraussetzungen gleich zu behandeln. Die aktienrechtliche Gleichbehandlungspflicht erfasst allerdings nur das Verhältnis von der Gesellschaft zum Aktionär und nicht das bei Übernahmen wichtige Verhältnis vom Bieter zum Aktionär. Aus diesem Grund ist auch eine Gleichbehandlungspflicht, die speziell die Aktionäre bei Übernahmen erfasst, notwendig. Eine solche Gleichbehandlungspflicht ist in Art. 24 Abs. 2 BEHG festgehalten, der einem Bieter explizit vorschreibt, die Besitzer von Beteiligungspapieren derselben Art gleich zu behandeln. Dieser Grundsatz entspricht dem Gleichbehandlungsgrundsatz des City Code insofern, als in beiden Regelungswerken die Aktionäre von Beteiligungswerten derselben Art gleich zu behandeln sind. Ein wesentlicher Unterschied besteht aber darin, dass in der Schweiz ein relatives Gleichbehandlungsprinzip, bei dem Grossaktionäre bevorzugt werden können, und in England ein absolutes Gleichbehandlungsprinzip, nach dem alle Aktionäre einer Aktienkategorie ungeachtet ihrer Beteiligung gleich behandelt werden, gilt. Dies hat beispielsweise die Auswirkung, dass in der Schweiz Paketzuschläge - und damit eine relative Bevorzugung von Grossaktionären - möglich, während sie in England strikt verboten sind. Paketzuschläge werden unter 3.4 eingehender besprochen.[250]
Wie in England muss ein Bieter nach Art. 10 Abs. 6 V-UEK sein Angebot automatisch erhöhen, wenn er während der Angebotsfrist Beteiligungspapiere zu einem höheren Preis als dem angebotenen erwirbt. Dies wird von der Botschaft[251] als Ausfluss des Gleichbehandlungsprinzips angesehen. Falls die Änderung weniger als zehn Börsentage vor Ablauf des Angebotes veröffentlicht wird, muss die Angebotsfrist um 10 Börsentage verlängert werden.[252] Beide Fristen werden auf fünf Börsentage verkürzt, wenn der Bericht der Zielgesellschaft zusammen mit der Änderung veröffentlicht wird.[253] Ansonsten erfolgt - im Gegensatz zu den Vorschriften des City Code - keine Verlängerung.[254]
Damit die Ermittlung des Angebotspreises transparent ist, müssen der Bieter und alle mit ihm abgestimmt handelnden Personen während der Angebotsfrist jeden Erwerb und Verkauf von Beteiligungspapieren der Zielgesellschaft melden. Dies zeigt auch den Stellenwert von Informationspflichten bei der Unterstützung des Gleichbehandlungsprinzips. Die Informationsrechte und -pflichten werden nachfolgend behandelt.[255]

---

[250] Vgl. Böckli, P., Aktienrecht, 1996, S. 871; Burkart, M., Kaufangebote, 1994, S. 41; Strazzer, R., Übernahmeangebot, 1993, S. 125.

[251] Botschaft des Bundesrates vom 24. Februar 1993, BBL. 1993 I, Ziff. 25.2.

[252] Art. 15 Abs. 4 Satz 1 V-UEK.

[253] Art. 15 Abs. 4 Satz 2 V-UEK.

[254] Vgl. Strazzer, R., Börsengesetz, 1995, S. 723 f.

[255] Vgl. Böckli, P., Aktienrecht, 1996, S. 871; Burkart, M., Kaufangebote, 1994, S. 41; Strazzer, R., Übernahmeangebot, 1993, S. 125.

3.2 Informationsrechte und -pflichten des Aktionärs

Der Begriff der Informationsrechte wird weder im englischen noch im schweizerischen Recht konkretisiert. Er wird auch in der Literatur[256] unterschiedlich interpretiert. In dieser Arbeit sollen unter den Informationsrechten alle in einem Gesetz oder Regelwerk verankerten Rechte des Aktionärs verstanden werden, die ihm Aufschluss über seine Beteiligung, seine Position in der Gesellschaft und bei einem Übernahmeangebot geben sollen. Konkret werden in dieser Arbeit die Auskunfts- und Einsichtsrechte, das Recht auf Informationen über die Aktionärsstruktur, das Recht auf einen wahren und vollständigen Angebotsprospekt, das Recht auf eine Stellungnahme des Verwaltungsrates, das Recht auf Information über kursbeeinflussende Tatsachen und das Recht auf Auskunft über die wirtschaftliche Situation des Unternehmens und damit auch über den Wert der Beteiligung behandelt.

Im Gegensatz zu den Informationsrechten sind die Informationspflichten des Aktionärs sehr viel weniger umfassend. Sie beinhalten lediglich Meldepflichten bei Erreichen von bestimmten Beteiligungsschwellen, die bei Übernahmen verschärft werden. Dabei haben die Aktionäre auch ein Recht, über die Meldungen anderer Aktionäre informiert zu werden.

Eine umfassende Information des Aktionärs über den Wert seiner Anteile, die Zukunftsaussichten des Unternehmens unter dem jetzigen Management und unter dem Management des Bieters ermöglicht ihm eine ausgewogene Entscheidung über den Kauf und Verkauf seiner Beteiligung und verhindert, dass er seine Anteile unter dem tatsächlichen Wert an den Bieter verkauft. Dazu ist es aber auch notwendig, dass alle Aktionäre die gleichen Informationen erhalten. Die aus einer umfassenden Information resultierende Transparenz reduziert zudem die Möglichkeit, Informationsvorsprünge missbräuchlich zu nutzen, insbesondere die Möglichkeit zu Insidergeschäften. Dies unter anderem auch deshalb, weil die Börsenkurse bei erhöhter Transparenz den tatsächlichen Wert der Beteiligungspapiere in der Regel besser widerspiegeln. Ausserdem fördert die erhöhte Transparenz das Vertrauen der Anleger in die Lauterkeit des Kapitalmarktes, verhindert durch eine obligatorische Offenlegung von Beteiligungen einen heimlichen Aufkauf über die Börse und zwingt damit einen Bieter, sein Angebot öffentlich zu unterbreiten, falls er kein Aktienpaket von einem Mehrheitsaktionär erwerben kann.[257] „Von einer erhöhten Transparenz profitieren Anleger wie Gesellschaften."[258]

Im folgenden werden zuerst die Informationsrechte im Rahmen der Generalversammlung beschrieben. Mit ihnen soll den Aktionären ein Mindestmass an Kontrolle über den Verwaltungsrat bzw. das Board of Directors gegeben werden.[259]

---

256 Vgl. Horber, F., Informationsrechte, 1995, S. 18.

257 Vgl. Bachmann, R.-P., Übernahmen, 1992, S. 145; Botschaft des Bundesrates vom 24. Februar 1993, BBL. 1993 I, Ziff. 163; Strazzer, R., Übernahmeangebot, 1993, S. 74; Weber, R., Offenlegungspflichten, 1994, S. 304.

258 Botschaft des Bundesrates vom 24. Februar 1993, BBl 1993 I, Ziff. 163.

259 Vgl. Meier-Schatz, C. J., Verwaltungsrat, 1995, S. 828.

3.2.1 Die Informationsrechte an der Generalversammlung

Die Informationsrechte an der Generalversammlung umfassen den Jahresbericht und die Auskunfts- und Einsichtsrechte. Sie haben allerdings den Nachteil, dass sie sich auf einen sehr kurzen Zeitraum, der mit der Generalversammlung endet, beziehen und dass die in diesem Zeitraum vermittelten Informationen in erster Linie retrospektiv und damit nicht aktualitätsbezogen sind. Aus diesem Grund nehmen sie bei Übernahmen einen geringen Stellenwert ein, es sei denn, dass eine ausserordentliche Generalversammlung von den Aktionären einberufen wird.[260] Dort können die Aktionäre dann zwar ihre Auskunfts- und Einsichtsrechte ausüben, ein Geschäftsbericht kann aber an einer solchen ausserordentlichen Generalversammlung nicht angefordert werden. Für kotierte Unternehmen ist es allerdings in der Schweiz[261] und in England[262] Pflicht, halbjährlich einen Zwischenbericht zu erstellen.[263]

In **England** müssen nach s. 238 CA 1985 die Jahresrechnung, der Bericht der Directors für das betreffende Jahr und der Revisionsbericht spätestens 21 Tage vor der Generalversammlung den Aktionären und den Gläubigern zugesendet werden. Dabei umfasst die Jahresrechnung nach s. 226 CA 1985 Bilanz, Erfolgsrechnung, Anhang und eine allfällige Konzernrechnung.[264] An der Generalversammlung können die Aktionäre dann von der Revisionsstelle Auskunft über den Revisionsbericht verlangen.[265]

Im Gegensatz zur Schweiz ist das Auskunftsrecht des Aktionärs an der Generalversammlung nicht explizit vorgeschrieben, auch wenn es dort regelmässig ausgeübt wird. Ebenso existiert in England kein Einsichtsrecht für Aktionäre in Geschäftsbücher und Korrespondenzen. Ist ein Aktionär allerdings der Meinung, dass er nicht genug Informationen erhalten hat, so kann er nach ss. 431-447 CA 1985 eine Untersuchung durch den Secretary of State for Trade and Industry beantragen.[266] Bei einer solchen Untersuchung können die vom Department of Trade and Industry (DTI) beauftragten Inspektoren alle notwendigen Dokumente anfordern und die betroffenen Parteien befragen. Allerdings interveniert das DTI in der Regel erst dann, wenn öffentliche Interessen betroffen sind (siehe auch 3.5).[267]

---

[260] Eine solche ausserordentliche Generalversammlung können sowohl in England (s. 368 CA 1985) als auch in der Schweiz (Art. 699 Abs. 3 OR) Aktionäre, die zusammen mindestens 10 Prozent des Aktienkapitals vertreten, verlangen.

[261] Art. 65 Kotierungsreglement der Schweizer Börse.

[262] Chapter 12.46 Listing Rules der London Stock Exchange.

[263] Vgl. Horber, F., Informationsrechte, 1995, S. 66; Kalss, S. / Wessely, K., Aktionärsrechte, 1994, S. 117.

[264] Schedule 4 CA 1985.

[265] Vgl. Keenan, D., Students, 1996, S. 410 und 414 f.

[266] Voraussetzung dafür ist der Antrag von 200 Aktionären oder von Aktionären, die 10 Prozent der ausgegebenen Aktien halten (s. 431 CA 1985).

[267] Vgl. Keenan, D., Students, 1996, S. 266 f., 350 und 407; Xuereb, P. G., Rights, 1989, S. 117.

In der **Schweiz** schreibt Art. 696 OR vor, dass der Geschäftsbericht und der Revisionsbericht 20 Tage vor der ordentlichen Generalversammlung am Gesellschaftssitz zur Einsicht aufzuliegen haben. Der Geschäftsbericht umfasst dabei nach Art. 662 OR die Jahresrechnung (bestehend aus der Erfolgsrechnung, der Bilanz und dem Anhang), den Jahresbericht und eine allfällige Konzernrechnung. An der Generalversammlung selbst können die Aktionäre dann nach Art. 697 Abs. 1 OR vom Verwaltungsrat Auskunft über die Angelegenheiten der Gesellschaft und von der Revisionsstelle über die Durchführung und das Ergebnis ihrer Prüfung verlangen. Dabei hat ein Aktionär dann ein Recht auf Auskunft, wenn dies für die Ausübung seiner Aktionärsrechte notwendig ist. Aufgrund der fehlenden Treue- und Schweigepflicht des Aktionärs gegenüber der Gesellschaft kann das Auskunftsrecht aber eingeschränkt werden, wenn es mit dem Geschäftsgeheimnis oder anderen schutzwürdigen Interessen der Gesellschaft kollidiert. Da bisher keine allgemeingültigen Richtlinien zur Abwägung zwischen dem Informationsrecht des Aktionärs und dem Geheimhaltungsinteresse der Gesellschaft bestehen, wird der Umfang des Informationsanspruches wohl erst im Einzelfall - und in letzter Instanz durch einen Richter - bestimmt werden können.[268]

Neben dem Aufkunftsrecht des Aktionärs wird in Art. 697 OR auch das Einsichtsrecht geregelt. Nach Art. 697 Abs. 3 OR können Geschäftsbücher und Korrespondenzen mit ausdrücklicher Genehmigung der Generalversammlung oder durch Beschluss des Verwaltungsrates eingesehen werden. Voraussetzung ist auch hier wieder die Wahrung des Geschäftsgeheimnisses. Das Einsichtsrecht kann wie das Auskunftsrecht nur für die Dauer der Generalversammlung geltend gemacht werden. Einige Autoren[269] halten die Ausübung des Einsichtsrechts aber auch schon während der zwanzigtägigen Auflagefrist für zulässig.[270]

Bei einer ungerechtfertigten Verweigerung der Auskunft oder der Einsicht kann nach Art. 697 Abs. 4 OR das Gericht angerufen werden. Doch selbst dann wird das Informationsrecht durch das Geschäftsgeheimnis eingeschränkt. Ist das Recht auf Auskunft und Einsicht bereits ausgeschöpft, so könnte desweiteren die Einleitung einer Sonderprüfung beantragt werden. Insgesamt ist es allerdings für einen Aktionär schwierig, seine Auskunfts- und Einsichtsrechte auf dem rechtlichen Wege durchzusetzen, da sie durch die Gerichtspraxis[271] noch zulasten der Aktionäre eingeschränkt wurden. Danach muss dem Aktionär keine Auskunft oder Einsicht gewährt werden,

---

[268] Vgl. Bachmann, R.-P., Übernahmen, 1992, S. 145; Böckli, P., Aktienrecht, 1996, S. 871 f.; Cereghetti, L., Offenlegung, 1995, S. 122 f. und 136; Huguenin Jacobs, C., Gleichbehandlung, 1994, S. 189 f.; Horber, F., Informationsrechte, 1995, S. 33 und 36; Kalss, S. / Wessely, K., Aktionärsrechte, 1994, S. 111.

[269] Vgl. Horber, F., Informationsrechte, 1995, S. 186.

[270] Vgl. Bachmann, R.-P., Übernahmen, 1992, S. 146; Müller, R. / Lipp, L., Handbuch, 1994, S. 321.

[271] BGE 109 II 47 ff.

sobald der Verwaltungsrat ein Geschäftsgeheimnis geltend machen kann.[272] Auch zeigt die Praxis, „dass das Auskunftsrecht trotz eines eigenen informationsrechtlichen Sanktionsrechts prozessual nur schwer durchgesetzt werden kann und dass es weitgehend illusorisch ist, von einem wirksamen Rechtsschutz zu sprechen."[273]
Abgesehen davon, dass sich die Informationsrechte an der Generalversammlung nur auf einen sehr engen Zeitraum von ungefähr 20 Tagen beziehen, Übernahmen aber das ganze Jahr über abgegeben werden können, ist auch der Umfang der so erlangten Informationen eher gering. Ebenso muss beim Inhalt Vorsicht geübt werden, da gerade die Jahresrechnungen - wie nachfolgend gezeigt wird - eine unterschiedliche Qualität aufweisen können.

3.2.2 Die Qualität der Informationen aus der Jahresrechnung

Die Informationen, die der Aktionär aus der Jahresrechnung erhält, sind insbesondere bei der Festsetzung des Angebotspreises im Rahmen einer Unternehmensbewertung relevant. Dabei gibt es verschiedene Methoden der Unternehmensbewertung, von denen die Discounted-Cash-Flow-Methode sowohl in der Schweiz als auch in England für große Publikumsgesellschaften die üblichste ist. Nach einer Untersuchung, die Coopers & Lybrand im Jahre 1994 bei den grössten europäischen und amerikanischen Firmen durchgeführt hatte, setzen 80 Prozent der Firmen in der Schweiz und 84 Prozent der Firmen in Grossbritannien die DCF-Methode ein.[274]
Im Rahmen dieser Arbeit soll nicht auf die Methoden der Unternehmensbewertung eingegangen werden, da sie in anderen Arbeiten[275] bereits ausführlich behandelt wurden. Es soll lediglich festgehalten werden, dass alle Methoden versuchen, die Vermögens- und Ertragslage eines Unternehmens zu quantifizieren.[276] Basis der Bewertung bilden zumeist die Jahresrechnungen der letzten fünf Jahre und - insbesondere bei der DCF-Methode - Prognosen für die kommenden fünf bis zehn Jahren. Allerdings kann der errechnete Wert des Unternehmens von dem endgültigen Angebotspreis abweichen, da der Angebotspreis in der Regel eine Kontrollprämie enthält (siehe 2.1) oder durch einen Bieterstreit in Höhen getrieben wird, die durch die tatsächliche Ertragskraft nicht mehr gerechtfertigt werden können.
Trotz dieser Einschränkungen basiert die Ermittlung des Angebotspreises zu einem sehr grossen Teil auf den Zahlen der Jahresrechnung. Diese Zahlen können jedoch je nach Rechnungslegungsstandard erhebliche Abweichungen aufweisen.

---

[272] Vgl. Braschler, C., Abwehrmassnahmen, 1992, S. 172 f.; Horber, F., Informationsrechte, 1995, S. 219 und 345; Huguenin Jacobs, C., Gleichbehandlung, 1994, S. 190; Kalss, S. / Wessely, K., Aktionärsrechte, 1994, S. 111 und 115;
[273] Horber, F., Informationsrechte, 1994, S. 177.
[274] Vgl. o.V., Survey, 1994, S. 13.
[275] Vgl. Copeland, T. et al., Valuation, 1996; Knüsel, D., Unternehmensbewertung, 1994.
[276] Vgl. Schade, M., Internationalisierung, 1990, S. 264.

Beispielsweise betrug der ausgewiesene Konzerngewinn von Daimler-Benz im Jahre 1993 nach dem deutschen HGB DM 602 Mio. Dies entsprach nach US-GAAP einem Verlust von DM 1839 Mio.[277]
Das Beispiel von Daimler-Benz zeigt die Probleme, denen ein Aktionär ausgesetzt ist, wenn er die Angemessenheit des Angebotspreises anhand der Jahresrechnung überprüfen will. Allerdings ist seit einigen Jahren infolge der wachsenden Inanspruchnahme der internationalen Kapitalmärkte durch global tätige Konzerne eine Tendenz zur Harmonisierung der Rechnungslegungsvorschriften zu beobachten. Dabei gewinnt der angelsächsische Ansatz - wie am Beispiel der Schweiz gezeigt wird - mehr und mehr an Gewicht. Bei diesem Ansatz kommt dem „True and Fair View"-Prinzip, nach dem die Jahresrechnung ein den tatsächlichen Verhältnissen entsprechendes Bild zeigen soll, eine besonders hohe Bedeutung zu. Bei einer konsequenten Anwendung des „True and Fair View"-Prinzips erhält der Aktionär sehr viel verlässlichere Informationen als bei einer Jahresrechnung, die nach einer kontinentaleuropäischen Rechnungslegungsnorm, in der üblicherweise nach dem Vorsichtsprinzip bewertet wird, erstellt wurde.[278]
Im folgenden sollen die für kotierte Unternehmen geltenden Vorschriften zum „True and Fair View"-Prinzip im Rahmen der Rechnungslegungsstandards, die in England und in der Schweiz gültig sind, dargestellt werden. Mit der Behandlung des „True and Fair View"-Prinzips wird eines der wichtigsten Probleme, die im Zusammenhang mit den Informationen der Jahresrechnung entstehen, behandelt. Vor allem kann gezeigt werden, welche drastischen Entwicklungen gerade in der Schweiz in den letzten Jahren auf dem Gebiet der Rechnungslegung erfolgt sind. Insbesondere kann am Beispiel des „True and Fair View"-Prinzips gezeigt werden, welche Ansprüche der Aktionär in bezug auf die Qualität der Informationen aus der Jahresrechnung erheben darf. Es wird auf eine umfassende Behandlung und auf einen umfassenden Vergleich der verschiedenen Rechnungslegungssysteme verzichtet, da dies den Rahmen dieser Arbeit sprengen würde.

3.2.2.1 Das „True and Fair View"-Prinzip in England

In England ist das „True and Fair View"-Prinzip für Bilanz und Erfolgsrechung in s. 226 CA 1985 und für die Konzernrechnung in s. 227 CA 1985 festgelegt. Es stellt ein „Overriding Principle" dar, das heisst, dass zu seiner Einhaltung von Einzelvorschriften abgewichen werden darf. Dies ist in s. 226 (5) und 227 (6) CA 1985 ausdrücklich festgehalten. Bei einem Verstoss gegen die vom Companies Act gestellten Anforderungen kann nach s. 221 CA 1985 neben einer Busse auch eine Gefängnisstrafe von bis zu zwei Jahren drohen.[279]

---

277 Vgl. Boemle, M., Rechenschaft, 1996, S. 50; Nobes, C., Study, 1994, S. 2.
278 Vgl. Boemle, M., Rechenschaft, 1996, S. 23 und 44; Nobes, C., Study, 1994, S. 8.
279 Vgl. Goebel, A., Konzernrechnungslegung, 1994, S. 2459; Keenan, D., Students, 1996, S. 408; o.V., Accounting Standards, 1994, S. 22.

Die Frage, ob die Anforderungen des Companies Act erfüllt wurden, wird in letzter Instanz durch ein Gericht geklärt.[280] Allerdings dürfen nur der Secretary of State des Department of Trade and Industry (DTI) oder eine von diesem ermächtigte Person einen Antrag auf Überprüfung einreichen. Aktionäre können lediglich eine Beschwerde beim DTI oder beim Financial Reporting Review Panel[281] einreichen.[282]
Der Financial Reporting Review Panel ist eine Unterorganisation des Financial Reporting Council[283], der seit 1990 besteht. Eine weitere Unterorganisation ist das Accounting Standards Board (ASB), das - ebenfalls im Jahre 1990 - das Accounting Standards Committee (ASC) abgelöst hat. Das ASB ist nach s. 256 (1) CA 1985 dazu ermächtigt, Rechnungslegungsstandards (FRS - Financial Reporting Standards) zu entwickeln, zu erlassen und wieder zurückzuziehen. Daneben sind noch die von dem ASC erlassenen Rechnungslegungsstandards, die SSAP (Statements of Standards Accounting Practice) zu beachten, die vom ASB übernommen wurden.[284]
Durch dieses System sind die Rechnungslegungsstandards, die englische Unternehmen anwenden müssen, vor allem in den Accounting Standards des ASB zu finden. Die FRS und SSAPs können seit der Änderung des Companies Act im Jahre 1989 auch rechtliche Wirkung entfalten. Dem ASB obliegt auch die Interpretation des „True and Fair View"-Prinzips, das im Gesetz nicht näher qualifiziert wird.[285]
Bei der Ausarbeitung der FRS berücksichtigt das ASB auch die Harmonisierungsversuche auf EU-Ebene, die in den EU-Richtlinien ausgestaltet sind, und vor allem auch die Harmonisierungsversuche des International Accounting Standards Committee (IASC) auf internationaler Ebene. Das IASC ist eine 1973 gegründete freiwillige, private Vereinigung der Wirtschaftsprüfer und anderer Fachleute des Rechnungswesens aus rund 100 Nationen. Es erlässt die als International Accounting Standards (IAS) bekannten Rechnungslegungsstandards, die den Status eines Soft Laws besitzen.[286]

---

280 S. 245B CA 1985.

281 Der Financial Reporting Review Panel wurde nach s. 245B CA 1985 vom DTI dazu ermächtigt, bei einem Gericht Klage einzureichen, falls ein Jahresabschluss gegen die Vorschriften des Companies Act, insbesondere gegen das „True and Fair View"- Prinzip, verstösst.

282 Vgl. o.V., Accounting Standards, 1994, S. 5, 18 und 22-24.

283 Der Financial Reporting Council ist die übergeordnete Organisation des Financial Reporting Review Panel und des Accounting Standards Board (ASB). Er leitet den ASB bei der Erstellung seiner Programme und bei Themen, die das öffentliche Interesse berühren. Zudem kümmert er sich um die Finanzierung des ASB.

284 Vgl. Nobes, C., Comparisons, 1994, S. 3; o.V., Accounting Standards, 1994, S. 15.

285 Vgl. Nobes, C., Comparisons, 1994, S. 3; o.V., Accounting Standards, 1994, S. 4 f. und 22.

286 Vgl. Boemle, M., Rechenschaft, 1996, S. 42; Goebel, A., Konzernrechnungslegung, 1994, S. 2457; o.V., Accounting Standards, 1994, S. 21.

Auch anhand der IAS, die in IAS 1 ebenfalls das „True and Fair View"-Prinzip vorschreiben, kann die Tendenz zur angelsächsischen und insbesondere zur amerikanischen Rechnungslegung gesehen werden: waren in den achtziger Jahren noch zahlreiche Wahlrechte vorgesehen, damit sowohl in den Ländern mit angloamerikanischer als auch in denen mit kontinentaleuropäischer Rechnungslegung eine möglichst breite Akzeptanz erreicht werden konnte, so wurden viele dieser Wahlrechte im Zuge des Comparability-Projektes, mit dem eine bessere Akzeptanz der IAS in den USA angestrebt wurde, gestrichen oder eingeschränkt. Bestehen weiterhin Wahlrechte, so sind bei Anwendung der Alternative die Folgen auf Ergebnis und Eigenkapital zu quantifizieren. Durch die revidierten IAS, die 1995 in Kraft traten, nähern sich die IAS den in den USA entwickelten, strengen Regeln des Financial Accounting Standards Board (FASB) an.[287]
Da die revidierten IAS weniger Wahlrechte enthalten, ist für ein Unternehmen, das UK-GAAP genügt, die Übereinstimmung mit IAS nicht mehr gewährt. Damit zeigt sich, dass trotz der Verankerung des „True and Fair View"-Prinzips zugleich in den IAS und in den UK-GAAP, immer noch unterschiedliche Resultate bei der Unternehmensbewertung auftreten können. Beispielsweise kann der Goodwill nach SSAP 22 optional mit den Reserven verrechnet werden oder über einen unbestimmten Zeitraum abgeschrieben werden. In IAS 22 ist nur noch eine Aktivierung und Amortisierung über maximal 20 Jahre möglich. Unterschiedliche Resultate treten bei einer Unternehmensbewertung aber auch aufgrund einer unterschiedlichen Bereinigung der Zahlen auf, zumal die Zahlen, auf denen die DCF-Methode basiert, Zukunftszahlen und damit unsichere Zahlen sind.[288]

3.2.2.2 Das „True and Fair View"-Prinzip in der Schweiz

Im Gegensatz zum angelsächsischen Raum ist in der Schweiz das „True-and Fair View"-Prinzip traditionellerweise nicht in der Rechnungslegung verankert. Dies zeigt sich insbesondere darin, dass die Bildung stiller Reserven in Art. 669 OR ausdrücklich erlaubt wird. Dabei berechnet sich der Bestand an stillen Reserven als Differenz „zwischen dem aktienrechtlichen Höchstwert für Aktiven bzw. dem niedrigsten Wert für Passiven und dem Buchwert."[289] Stille Reserven entstehen durch übermässige Abschreibungen, Wertberichtigungen oder Rückstellungen sowie durch bewussten Verzicht auf die Auflösung von überflüssig gewordenen Rückstellungen. Darüber hinausgehende stille Reserven sind nach Art. 669 Abs. 3 OR zulässig, „soweit die Rücksicht auf das dauernde Gedeihen des Unternehmens oder auf die Ausrichtung einer möglichst gleichmässigen Dividende es unter

---

[287] Vgl. Boemle, M., Rechenschaft, 1996, S. 19; Goebel, A., Konzernrechnungslegung, 1994, S. 2458 f.; Nobes, C., Comparisons, 1994, S. 5-7; Schultz, G., Börsenzulasung, 1994, S. 366.

[288] Vgl. Nobes, C., Comparisons, 1994, S. 6; Nobes, C., Study, 1994, S. 17; o.V., Accounting Standards, 1994, S. 263 f.; o.V., Financial Reporting, 1995, S. 10 und 55.

[289] Boemle, M., Jahresabschluss, 1992, S. 124.

Berücksichtigung der Interessen der Aktionäre rechtfertigt." Durch diese Definition entsteht ein erheblicher Spielraum für den Verwaltungsrat, den dieser beispielsweise zur Senkung eines im Jahresvergleich sehr hohen Gewinnes - mit dem Ziel der Ausrichtung einer möglichst gleichmässigen Dividende - nutzen kann. Die Möglichkeit zur Bildung stiller Reserven zeigt deutlich, dass die schweizerische Rechnungslegung vor allem den Unternehmens- und Gläubigerschutz und nicht, wie in England, den Anlegerschutz verfolgt.[290]

Der Unterschied zur anglo-amerikanischen Rechnungslegung resultiert daraus, dass in der Schweiz Kapitalbeschaffung in erster Linie über Bankkredite oder von einer kleinen Gruppe von Eigentümern, nicht aber über den Kapitalmarkt, erfolgt und damit Aktionäre traditionellerweise eine geringere Bedeutung haben. Dies fördert eine vorsichtige Bilanzierung. Zudem ist das Gesetzgebungsverfahren in der Schweiz ausgesprochen starr und langwierig, während in England viel über die flexiblere Selbstregulierung geregelt wird.[291] Schliesslich ist auch zu erwähnen, dass das Schweizer Aktienrecht ursprünglich auf dem Bild der kleinen und mittleren Unternehmen mit einem geschlossenen Aktionärskreis (sog. geschlossene Gesellschaften) basierte und diese Regeln auch für Grossunternehmen Gültigkeit hatten („Einheit des Aktienrechts").[292] Seit der Aktienrechtsreform im Jahre 1991 wurden allerdings Differenzierungen für Klein- und Grossunternehmen vorgenommen, so dass nach Böckli[293] nun eine Stammregelung mit Differenzierungen und damit eine relativierte „Einheit des Aktienrechts" gilt. Es ist zu erwarten, dass in der nächsten Etappe der Aktienrechtsreform spezifische Normen für Grossgesellschaften eingeführt werden.[294]

In den letzten Jahren hat der Trend zur Amerikanisierung der Rechnungslegung auch die Schweiz mit ihrer Vielzahl an international tätigen Unternehmen erfasst. Die wichtigste Neuerung ist dabei das Kotierungsreglement, das am 1.10.1996 in Kraft trat. Unternehmen, die an der Hauptbörse kotiert sind, sind seitdem zur Bilanzierung nach dem „True and Fair View"-Prinzip verpflichtet, wobei im Minimum die schweizerischen Standards der Rechnungslegung, die Fachempfehlungen zur Rechnungslegung (FER), eingehalten werden müssen. Abschlüsse nach internationalen Standards werden ebenfalls anerkannt, solange der Inhalt

---

[290] Vgl. Boemle, M., Rechenschaft, 1996, S. 10 und 23; Boemle, M., Jahresabschluss, 1992, S. 124; Müller, R. / Lipp, L., Handbuch, 1994, S. 129; Vogt, N. P. / Watter, R., M&A, 1993, S. 14.

[291] Vgl. Nobes, C., Study, 1994, S. 4 f.

[292] Nach Böckli sind in der Schweiz weniger als 250 Aktiengesellschaften an der Börse oder Nebenbörse notiert, und die Titel von 200 weiteren werden mehr oder weniger regelmässig ausserbörslich gehandelt. Dagegen müssten mehr als 170'000 Gesellschaften als „geschlossene Gesellschaften" betrachtet werden (vgl. Böckli, P., Aktienrecht, 1996, S. 5).

[293] Vgl. Böckli, P., Aktienrecht, 1996, S. 4 f.

[294] Vgl. Böckli, P., Aktienrecht, 1996, S. 4 f.

dieser Normen mit den Regeln der Schweizer Börse zur Rechnungslegung gleichwertig ist.[295]

Die FER werden von einer seit 1984 bestehenden Fachkommission für Empfehlungen zur Rechnungslegung herausgegeben. Ihr Ziel ist es nach FER Nr. 0 Abs. 4, die Gleichwertigkeit mit internationalen Rechnungslegungsgrundsätzen zu erreichen. Dazu wurden insbesondere die IAS und die EU-Richtlinien als Vorbild verwendet. FER 2 Abs. 1 verlangt für die Konzernrechnung ein den tatsächlichen Verhältnissen entsprechendes Bild der Vermögens-, Finanz- und Ertragslage (True and Fair View). Allerdings können nach FER erstellte Jahresrechnungen von IAS-Jahresrechnungen abweichen, da sie mehr Wahlrechte enthalten und viele Gebiete, die von IAS geregelt werden, nicht oder nicht so ausführlich wie die IAS regeln. So umfasst die Segmentinformation nach FER 8 Abs. 3 nur die Aufgliederung der Nettoerlöse nach geographischen Märkten und Geschäftsbereichen, während IAS 14 für jeden geographischen Markt und jeden Geschäftsbereich eine Umschreibung der Segmente, der Umsatzzahlen, des Betriebsergebnisses, der betrieblichen Aktiven und der Grundlagen für Transferpreise zwischen den Segmenten fordert.[296]

Schliesslich sind die FER mit der 4. und 7. EG-Richtlinie kompatibel, ja sie gehen sogar in einigen Punkten über diese hinaus, da sie beispielsweise die Mittelflussrechnung vorschreiben (FER 6). In anderen Punkten erfüllen sie allerdings nicht die EU-Standards. So ist in der Schweiz weiterhin die Bewertung der Wertschriften des Umlaufvermögens zu durchschnittlichen Börsenkursen statt zu den tieferen Anschaffungskosten möglich. Auch enthalten die FER keine Pflicht zur Veröffentlichung der Bezüge der Organe.[297]

Da FER nur für die Konzernrechnung das „True and Fair View“-Prinzip vorschreibt, wird in Art. 69 des Kotierungsreglementes auch für Einzelabschlüsse das „True and Fair View“-Prinzip vorgeschrieben. Dieser Artikel gilt allerdings nur für die Unternehmen, die keine Konzernrechnung erstellen. Einzelabschlüsse, die zusätzlich zur Konzernrechnung veröffentlicht werden, müssen lediglich den gesetzlichen Anforderungen entsprechen. Anzumerken ist hier auch, dass das Kotierungsreglement nur für an der Hauptbörse kotierte Unternehmen Gültigkeit besitzt. Ist das Unternehmen an der Nebenbörse kotiert, so muss seine Rechnungslegung lediglich den aktienrechtlichen Vorschriften genügen (es ist aber auf jeden Fall den Vorschriften des Börsengesetzes unterworfen).[298]

---

[295] Vgl. Kotierungsreglement der Schweizer Börse, 1996, S. 3; Schultz, G., Börsenzulassung, 1994, S. 363 und 365.

[296] Vgl. Boemle, M., Rechenschaft, 1996, S. 30 und 44; Brügger, U., Börsenrecht, 1993, S. 54; Schultz, G., Börsenzulassung, 1994, S. 366-368.

[297] Vgl. Brügger, U., Börsenrecht, 1993, S. 54; Schultz, G., Börsenzulassung, 1994, S. 365 und 368.

[298] Vgl. Horber, F., Börsenrecht, 1997, S. 23; Schultz, G., Börsenzulassung, 1994, S. 363.

Insgesamt erhält der Aktionär eines an der Hauptbörse kotierten Unternehmens durch das neue Kotierungsreglement im Falle einer Übernahme bessere Informationen als dies vorher der Fall war. Allerdings könnten fehlende Angaben beispielsweise zu den Segmenten oder - bei einem Konzern - das fehlende „True and Fair View"-Prinzip im Einzelabschluss die Bewertung des Unternehmens erschweren. Verletzt ein Unternehmen seine Informationspflichten, so kann die Zulassungsstelle nach Art. 82 Kotierungsreglement Sanktionen ergreifen, die bis zu einer Dekotierung führen können. Haftstrafen wie in England sind bei einer Verletzung des „True and Fair View"-Prinzips nicht möglich, da ihnen die gesetzliche Grundlage fehlt. Hierbei sticht besonders ins Auge, dass die Strafen in der Schweiz vor allem die Aktionäre treffen, während die Strafen in England das Management, dem auch letztendlich die Verantwortung zuzusprechen ist, treffen. Diese unterschiedliche Handhabung der Sanktionen ist ein weiteres, deutliches Beispiel für den Mentalitätsunterschied in den beiden Ländern.

Das neue Kotierungsreglement zeigt auch die Bemühungen des schweizerischen Gesetzgebers, mehr Selbstregulierung zuzulassen. So wird das Kotierungsreglement von den Börsen selbst erlassen. Auch die Stärkung der FER durch das Kotierungsreglement zeigt den Trend zur vermehrten Selbstregulierung. Künftige FER werden aber nicht automatisch in das Kotierungsreglement übernommen, sondern müssen vorher von der Zulassungsstelle geprüft werden. Zu bedauern ist, dass für Unternehmen, die an der Nebenbörse kotiert sind, das Kotierungsreglement keine Gültigkeit besitzt, während sie aber durch das BEHG erfasst werden.[299]

Insgesamt ist in der Schweiz eine spürbare Verbesserung in der Informationsqualität zu beobachten. Allerdings bedeutet dies noch lange keine Äquivalenz zu den strikten anglo-amerikanischen Standards. Insbesondere bedeutet die Testierung des „True and Fair View" durch die Revisionsstelle keine einheitliche Informationsqualität, da bei FER mehr Wahlrechte als bei IAS oder FAS zugelassen sind, einige Sachverhalte nicht oder nicht so ausführlich behandelt werden und keine Überleitungen zu US-GAAP erfolgen. Allerdings gilt die gleiche Beobachtung auch für englische Unternehmen, bei denen die Erfüllung der UK-GAAP die Konformität mit IAS nicht automatisch gewährleistet. Für einen Aktionär ist demnach in bezug auf die Informationsqualität aus der Jahresrechnung nach wie vor Vorsicht geboten.

3.2.3 Die Offenlegung von Beteiligungen

Die Angabe von bedeutenden Aktionären und ihrer Beteiligung stellt für einen Anleger eine wesentliche Information dar, anhand der er abschätzen kann, wieviele Aktien sich in festen Händen befinden und wieviele noch frei gehandelt werden. Mit

---

[299] Vgl. Botschaft des Bundesrates vom 24. Februar 1993, BBL. 1993 I, Ziff. 162; Horber, F., Börsenrecht, 1997, S. 23; Kotierungsregelement der Schweizer Börse, 1996, S. 1 und 3.

diesen Informationen kann er zudem den Marktwert seiner Aktien abschätzen. So hat in der Regel eine Beteiligungsquote von 5 Prozent bei Vorhandensein eines Mehrheitsaktionärs einen geringeren Wert als bei breit gestreutem Aktienbesitz. Darüberhinaus fördert die Offenlegung von Beteiligungen die Transparenz von Kapitalmarkttransaktionen und damit auch die Rationalität des Effektenhandels.[300]
In diesem Kapitel werden unter der Offenlegung von Beteiligungen das Recht auf Einsicht in das Aktionärsregister, die Offenlegung der Aktionärsstruktur in der Jahresrechnung, die Meldepflichten bei Erreichen bestimmter Schwellenwerte und die Meldepflichten bei Übernahmen behandelt.

3.2.3.1 Das Recht auf Einsicht in das Aktionärsregister

In einem Aktionärsregister werden die Aktionäre, die Eigentümer oder Nutzniesser von Namenaktien sind, aufgelistet. Nur diese können ihr Stimmrecht ausüben. Sofern es öffentlich oder wenigstens den Aktionären zugänglich ist, erlaubt es einen Überblick über die Beteiligungsverhältnisse in der Gesellschaft. Es ermöglicht dadurch auch einem potentiellen Bieter, die Identität der Aktionäre festzustellen und sie direkt zu kontaktieren. Diese Möglichkeit bietet sich dann selbstverständlich auch Aktionären, die sich beispielsweise mit anderen Aktionären zu einer Interessenvertretung zusammenschliessen wollen.
Da in **England** fast alle Aktien Namenspapiere sind, deren Übertragung grundsätzlich die Umschreibung im Aktionärsregister erfordert, damit der Erwerber Eigentümer wird, hat das Aktionärsregister dort einen besonders hohen Stellenwert. Es ist - ohne Gebühr - allen Aktionären und - mit Gebühr - allen Drittpersonen zugänglich.[301] Dabei können dem Aktionärsregister folgende Informationen entnommen werden: Name und Adresse des Aktionärs; das Datum, an dem er als Aktionär registriert wurde; das Datum, ab dem er nicht mehr Aktionär war; die vom Aktionär gehaltenen Aktien und der einbezahlte Betrag.[302] Aufgrund dieser Vorschriften ist es für einen Aktionär und einen interessierten Dritten leicht, die Aktionäre einer Company festzustellen. Dies setzt allerdings voraus, dass der Aktionär sich als Eigentümer hat eintragen lassen. Eine Pflicht zur Eintragung besteht in England im Zusammenhang mit dem Aktionärsregister von ss. 352-362 CA 1986 nicht, solange der Aktionär in Kauf nehmen will, dass er sein Stimmrecht nicht ausüben kann. Allerdings unterliegen Aktionäre, unabhängig von der Eintragung in das Aktionärsregister, den Meldepflichten der ss. 198-206 CA 1985. Die Meldepflichten des Companies Act sind so streng - unter anderem muss ein meldepflichtiger Aktionär jede Änderung der Prozentzahl vor dem Komma melden - , dass der Aktionär eine Offenlegung seiner Beteiligung sowieso nicht vermeiden kann und insofern auch kein Interesse daran

[300] Vgl. Cereghetti, L., Offenlegung, 1995, S. 275-277; Weber, R., Offenlegungspflichten, 1994, S. 301.
[301] S. 356 CA 1985.
[302] S. 352 CA 1985.

haben kann, sich nicht in das Aktionärsregister eintragen zu lassen. Die Meldepflichten des Companies Act werden unter 3.2.3.3 eingehender besprochen.[303]
In der **Schweiz** ist die Namenaktie nicht so verbreitet wie in England. Allerdings besteht auch hier eine Pflicht, ein Aktienbuch zu führen, in dem die Eigentümer und Nutzniesser von Namenaktien aufgeführt werden.[304] Im Gegensatz zu England ist es aber in der Schweiz nicht möglich, das Aktienbuch als Informationsmittel des Aktionärs einzusetzen. Dabei wird von der herrschenden Lehre ein Persönlichkeitsrecht des Aktionärs auf Geheimhaltung seiner Beteiligung angeführt und das Aktienbuch als ein privates Dokument der Gesellschaft betrachtet. Da es somit auch kein Geschäftsbuch ist, kann auch kein Aktionär auf Basis von Art. 697 Abs. 3 OR Einsicht verlangen.[305]
Ein Einsichtsrecht auf Basis von Art. 697 Abs. 2 OR wird von Cereghetti[306] vertreten, da nur bei Kenntnis der Identität der anderen Aktionäre die Ausübung von Aktionärsrechten, die auf einer qualifizierten Aktionärsminderheit beruhen, möglich sei. Beispiele hierfür sind die Einsetzung eines Sonderprüfers gegen den Willen der Generalversammlung oder das Recht auf Auflösung der Gesellschaft. Bei breit gestreutem Aktienbesitz wäre eine Ausübung dieser Aktionärsrechte ohne Einsichtsrecht in das Aktienbuch nicht möglich. Aus dieser Argumentation leitet Cereghetti ein Einsichtsrecht des Aktionärs in das Aktionärsregister ab. Trotz dieses möglichen, theoretischen Anspruches des Aktionärs auf Einsicht in das Aktienbuch ist es ihm in der Praxis jedoch kaum möglich, diesen durchzusetzen.[307]
Bei dem Recht auf Einsicht in das Aktionärsregister sind die Mentalitätsunterschiede in England und in der Schweiz noch deutlich sichtbar. Während das Aktionärsregister in England für jeden einsehbar ist, besteht in der Schweiz in der Realität kein Einsichtsrecht des Aktionärs. Es ist allerdings zu erwarten, dass im Zuge der Meldepflichten des Art. 20 BEHG das Aktienbuch für Beteiligungen über 5 Prozent der Stimmrechte an Bedeutung verlieren wird. Die Zusammenarbeit von Aktionären mit Beteiligungen unter 5 Prozent wird dadurch in der Schweiz jedoch nicht gestärkt.

3.2.3.2 Die Offenlegung der Aktionärsstruktur in der Jahresrechnung

Die Offenlegung der Aktionärsstruktur in der Jahresrechnung hatte nur in der Schweiz eine gewisse Bedeutung, da es dort bis zur Einführung des BEHG keine laufenden Meldepflichten gab. Im Zusammenhang mit Übernahmen kommt ihnen nur eine geringe Bedeutung zu, da sie lediglich die Beteiligungsverhältnisse zu einem bestimmten Zeitpunkt wiedergeben, Übernahmen aber zu jedem Zeitpunkt auftreten

---

303 Vgl. Bäumer, H., Börsenrecht, 1989, S. 39; Keenan, D., Students, 1996, S. 243 f.
304 Art. 686 OR.
305 Vgl. Cereghetti, L., Offenlegung, 1995, S. 125 f. und 196; Horber, F., Informationsrechte, 1995, S. 194.
306 Vgl. Cereghetti, L., Offenlegung, 1995, S. 198-200 und 232.
307 Vgl. Cereghetti, L., Offenlegung, 1995, S. 198-200 und 232.

können. Zudem trifft den Aktionär keine aktive Meldepflicht. Aus diesem Grund soll nur kurz auf die Situation in der Schweiz eingegangen werden.
In der Schweiz sind börsenkotierte Aktiengesellschaften nach Art. 663c OR verpflichtet, Aktionäre und stimmrechtsverbundene Aktionärsgruppen, deren Beteiligung 5 Prozent aller Stimmrechte übersteigt, im Anhang zur Bilanz offenzulegen, sofern sie der Gesellschaft bekannt sind oder bekannt sein müssten. Je nach der Ausgestaltung der Vinkulierung und des Höchststimmrechts kann die massgebende Beteiligungsschwelle tiefer liegen. Die Formulierung des Art. 663c OR zeigt bereits die Probleme, mit denen ein Aktionär, der Informationen über die Aktionärsstruktur erhalten will, konfrontiert ist. So kann die Gesellschaft bei Inhaberaktien keine Angaben zu deren Besitzern machen, da den Aktionär unter Art. 663c OR keine Meldepflicht trifft. Zudem müssen nur Aktien mit Stimmrecht offengelegt werden; bereits eingetragene Namenaktien ohne Stimmrecht unterliegen nicht der Offenlegungspflicht.[308]
Wird dem Wortlaut von Art. 663c OR strikt gefolgt, so müssen bei der Berechnung der Beteiligungsschwelle alle nicht eingetragenen Namenaktien, alle Aktien, die von der Gesellschaft selbst erworben wurden, und alle Wandel- und Optionsrechte abgezogen werden, da keines dieser Wertpapiere seinem Eigentümer das Stimmrecht verleiht. Als Konsequenz davon verlangt auch Cereghetti[309], dass alle am Bilanzstichtag ausübbaren Stimmrechte in die Berechnungsgrundlage einbezogen werden. Eine solche Berechnung wird von Horber[310] als unpraktikabel angesehen, da „die Summe der aktiven Stimmrechte und damit die Grundlage für die Prozentklausel variabel ist. Wird hingegen vom gesamten Kapital ausgegangen, besteht mit Sicherheit eine klarere und vor allem konstante Berechnungsgrundlage." Hinzuzufügen ist noch, dass sich bei der strikten Auslegung von Art. 663c OR massive Umgehungsmöglichkeiten, beispielsweise mit Derivaten, die einige Tage nach dem Bilanzstichtag ausgeübt werden können, bieten. Diese Probleme haben auch im Zusammenhang mit dem neuen Art. 20 BEHG zu heftigen Diskussionen geführt, da Umgehungsmöglichkeiten unterbunden werden sollten. Art. 20 BEHG und die äquivalenten Vorschriften des Companies Act werden nachfolgend beschrieben.[311]

3.2.3.3 Die Meldepflichten bei Erreichen bestimmter Schwellenwerte

Besonders wichtige Vorschriften betreffen die Meldepflichten von Aktionären bei Erreichen bestimmter Schwellenwerte, da dann der Aktionär unter Androhung einer Strafe zur Meldung verpflichtet ist. Eine solche Pflicht besteht im Falle des Aktionärsregisters weder in England noch in der Schweiz. Dies führte in der Schweiz

---

[308] Vgl. Cereghetti, L., Offenlegung, 1995, S. 213; Horber, F., Informationsrechte, 1995, S. 52 f.; Strazzer, R., Übernahmeangebot, 1993, S. 12.
[309] Vgl. Cereghetti, L., Offenlegung, 1995, S. 221.
[310] Horber, F., Informationsrechte, 1995, S. 53 f.
[311] Vgl. Cereghetti, L., Offenlegung, 1995, S. 221; Horber, F., Informationsrechte, 1995, S. 53.

dazu, dass im Vorfeld von Übernahmen der Bestand an Dispoaktien enorme Ausmasse annehmen konnte. Um dem zu begegnen, aber auch um die Transparenz der Beteiligungsstruktur einer Gesellschaft zu steigern, wurden in England im Jahre 1967 und in der Schweiz im Jahre 1998 Meldepflichten bei Erreichen bestimmter Schwellenwerte eingeführt. Ihre Durchsetzung ist allerdings, ohne eine detaillierte Regelung aller potentiellen Fälle, ausgesprochen schwierig. Insbesondere im Rahmen von Übernahmen wurden in England häufig Umgehungsversuche unternommen, die zu einer verschärften Regelung der Meldepflichten führten. Die besondere Problematik wurde auch in der Schweiz deutlich, da es - neben der Diskussion um die Aufkaufpflicht - die Streitigkeiten um die Meldepflichten waren, die die Einführung des BEHG erheblich verzögerten.[312]

In **England** werden die Meldepflichten des Aktionärs durch Part VI CA 1985 statuiert. Sie beziehen sich allein auf die Aktien, die ihrem Eigentümer das Stimmrecht an der Generalversammlung verleihen.[313] Dabei ist ein Aktionär nach s. 198 CA 1985 dann zur Meldung seiner Beteiligung verpflichtet, wenn er ein „material interest" an Aktien der Gesellschaft erwirbt oder das „material interest" an den Aktien verliert.[314]

Die Definition des „material interest" am Aktienkapital ist sehr weit gefasst. Sie umfasst nicht nur den Besitz von Aktien, sondern beispielsweise auch die Absicht, Aktien zu kaufen. Die Meldepflicht entsteht in der Regel dann, wenn der Nominalwert der Aktien, an denen die betreffende Person ein wesentliches Interesse hat, die Schwelle von 3 Prozent des Nominalwertes des Aktienkapitals erreicht oder überschreitet; hat die Person kein wesentliches Interesse, so besteht eine unbedingte Meldepflicht ab einem Prozentsatz von 10 Prozent.[315] Im Falle von Übernahmen ist in der Regel die Schwelle von 3 Prozent relevant. Ist der meldepflichtige Prozentsatz einmal erreicht, so muss bei jeder Veränderung, die zu einem neuen Prozentsatz führt (beispielsweise von 3 Prozent auf 4 Prozent oder von 12 Prozent auf 11 Prozent), eine erneute Meldung gemacht werden.[316] Als Berechnungsgrundlage für die Beteiligungshöhe wird nach s. 198 (2) CA 1985 das ausgegebene Kapital einer Aktienkategorie verwendet, das seinem Besitzer das Stimmrecht an der Generalversammlung verleiht.[317]

Die Meldung muss innerhalb von zwei Geschäftstagen an die Gesellschaft erfolgen. Die Möglichkeit eines Erwerbers, seine Beteiligung in den ihm verbleibenden zwei

---

[312] Vgl. Senn, M., Meldepflicht, 1993, S. 230.

[313] S. 198 (2) CA 1985.

[314] Vgl. Freshwater, T. / Boardman, N., Restrictions, 1995, S. 43.

[315] Von der 10-Prozent-Schwelle sind lediglich Aktionäre betroffen, die kein wesentliches Interesse haben. Dies sind nach s. 199 2A CA 1985 vor allem Unit Trusts und Fund Managers.

[316] S. 199 (5) CA 1985.

[317] Vgl. Cardale, M., United Kingdom, 1991, S. 120; Freshwater, T. / Boardman, N., Restrictions, 1995, S. 43; Herrmann, M., Abwehrmassnahmen, 1993, S. 251; Senn, M., Meldepflicht, 1993, S. 229; Weber, R., Offenlegungspflichten, 1994, S. 303 f.

Tagen heimlich auszubauen, wird durch die SARs beschränkt. Diese schreiben vor, dass ein Aktionär nicht mehr als 10 Prozent des Grundkapitals einer englischen Zielgesellschaft innerhalb von sieben Tagen erwerben darf, falls seine Beteiligung an ihr danach zwischen 15 und 30 Prozent des Grundkapitals beträgt.[318]

Gemäss s. 211 CA 1985 ist jede Company verpflichtet, ein Register über die bestehenden Interessen an ihren Aktien zu führen. Dieses Register ist den Aktionären und Dritten ohne Gebühr zugänglich zu machen.[319] Kotierte Gesellschaften müssen diese Informationen unverzüglich an die LSE weiterleiten.[320] Ebenso wird mit Informationen, die eine Company im Rahmen des s. 212 CA 1985 erhält, verfahren.[321] Nach diesem s. 212 CA 1985 kann eine Company, die weiss oder nur vermutet, dass eine Person in den vorangegangenen drei Jahren ein Interesse an ihren Aktien hatte, diese unabhängig von der vermuteten Beteiligungshöhe zur Offenlegung ihres Interesses zwingen. Die Ergebnisse einer Anfrage nach s. 212 CA 1985 wird in einem Register, das allen interessierten Personen zugänglich gemacht werden muss, eingetragen.[322]

Ein wichtiges Konzept, das Umgehungsmöglichkeiten verhindern soll und auch im Zusammenhang mit der Aufkaufpflicht wieder auftreten wird, ist die Erfassung von miteinander abgestimmt handelnden Personen (Persons Acting in Concert). Bei der Interpretation dieser Vorschriften bestehen immer besondere Probleme, zumal die Definition des Begriffes „Acting in Concert“ im City Code, in den SARs und im Companies Act, der den Begriff der „Concert Parties“ verwendet, geringfügig unterschiedlich ist. Ihnen gemeinsam ist allerdings, dass keine formelle Vereinbarung zugrundeliegen muss.[323]

Der City Code, der insbesondere bei der Aufkaufpflicht anzuwenden ist, erfasst mit „Acting in Concert“ alle Personen, die gemeinsam die Kontrolle über ein Unternehmen anstreben. Als Beispiele für solche Personen nennt der City Code in seinem Definitionsteil[324] Holdinggesellschaften, Tochtergesellschaften, Direktoren, Berater und Pensionskassen. Eine solche Aufzählung fehlt in den SARs und im CA, die auch nicht auf das Konzept der Kontrolle abstellen.[325]

Unter dem Companies Act handeln Personen miteinander abgestimmt, solange eine Vereinbarung zwischen ihnen besteht, die auch den Kauf von Aktien eines bestimm-

---

[318] Vgl. Cardale, M., United Kingdom, 1991, S. 120; Freshwater, T. / Boardman, N., Restrictions, 1995, S. 43; Herrmann, M., Abwehrmassnahmen, 1993, S. 251; Lüttmann, R., Kontrollwechsel, 1992, S. 69 f.

[319] S. 211 (9) CA 1985 i.V.m. s. 219 CA 1985.

[320] Chapter 6.C.16 und 9.11 Listing Rules.

[321] Chapter 9.12 Listing Rules.

[322] Vgl. Freshwater, T. / Boardman, N., Restrictions, 1995, S. 42-46; Lüttmann, R., Kontrollwechsel, 1992, S. 69 f.

[323] Vgl. Freshwater, T. / Boardman, N., Restrictions, 1995, S. 42.

[324] Definitions C1, City Code.

[325] Vgl. Freshwater, T. / Boardman, N., Restrictions, 1995, S. 39; Lee, Experience, 1993, S. 200 f.

ten Unternehmens durch eine der Personen umfasst.[326] Dabei muss die Vereinbarung nicht gesetzlich bindend sein; es reicht bereits, wenn eine Person einer anderen ihr zukünftiges Verhalten auf irgendeine Weise mitteilt. Ein ähnliche Definition verwenden die SARs in Rule 5.[327]

Die Beteiligungen von Personen, die miteinander abgestimmt handeln, werden aggregiert.[328] Dies hat zur Folge, dass die Beteiligungsschwellen, die die Meldepflicht und die Aufkaufpflicht auslösen, schneller erreicht werden. Zudem sind die betroffenen Personen nach s. 206 CA 1985 dazu verpflichtet, die anderen über ihre Beteiligung zu unterrichten. Mit dieser Vorschrift soll ein heimlicher Beteiligungsaufbau, der über mehrere Personen verstreut ist, verhindert werden.[329]

Für die Meldepflichten der ss. 198-202 CA 1985 gelten eine Reihe von Ausnahmen, die in s. 209 CA 1985 aufgelistet sind. So sind beispielsweise die Beteiligungen von Anlagefonds, Treuhändern, Market Makern[330] und Brokern nicht meldepflichtig. Sie müssen aber bei einer Anfrage nach s. 212 CA 1985 Auskunft geben. Nach s. 212 CA 1985 sind keine der Ausnahmen, die in s. 209 CA 1985 für die Meldepflichten der ss. 198-206 CA 1985 vorgesehen sind, geltend zu machen. Insbesondere müssen Treuhänder Auskunft über den wahren Besitzer der Aktien geben. Damit kann eine Gesellschaft jederzeit die Aktionärsstruktur ermitteln. Für den Aktionär besteht die Möglichkeit, beim DTI eine Untersuchung des Aktionärskreises zu verlangen (siehe auch 3.5).[331]

Bei Verstoss gegen die Meldepflichten des Companies Act droht Gefängnis oder eine Busse.[332] Zudem kann ein Verkauf der Aktien, die Ausübung der Stimmrechte, jegliche Zahlung und weitere Ausgabe von Aktien an die betroffene Person durch die Gesellschaft, falls dies im Memorandum oder den Articles vorgesehen ist, oder den Secretary for Trade and Industry (bei Verstössen gegen ss. 198-206 CA 1985) oder durch ein Gericht (bei Verstössen gegen s. 212 CA 1985) verboten werden.[333]

Mit den Vorschriften des Part VI CA 1985 erhält ein Aktionär umfassende Informationen über die Kontrollverhältnisse in einer Company. Insbesondere kann ein Beteiligungsaufbau nicht mehr unbemerkt erfolgen. Zudem wird die

---

326 S. 204 (1) CA 1985.

327 Vgl. Freshwater, T. / Boardman, N., Restrictions, 1995, S. 39 und 44.

328 S. 205 (1) CA 1985.

329 Vgl. Freshwater, T. / Boardman, N., Restrictions, 1995, S. 45.

330 Allerdings verlangt die LSE von Market Makern die Offenlegung von Beteiligungen des FTSE 100 bei einer Überschreitung von 3 Prozent der Stimmrecht, des FTSE 250 bei einer Überschreitung von 5 Prozent der Stimmrechte und von Beteiligungen übriger Gesellschaften bei einer Überschreitung von 10 Prozent der Stimmrechte.

331 Vgl. Freshwater, T. / Boardman, N., Restrictions, 1995, S. 46; Herrmann, M., Abwehrmassnahmen, 1993, S. 187.

332 S. 219 (3) CA 1985 und s. 216 (3) CA 1985.

333 S. 210 (5) CA 1985 und s. 215 (1) CA 1985; vgl. Freshwater, T. / Boardman, N., Restrictions, 1995, S. 47.

Transparenz durch die obligatorische Weiterleitung dieser Informationen an die LSE erheblich gesteigert.
In der **Schweiz** existierten bis zur Einführung des BEHG keine Meldepflichten des Aktionärs. Sie werden neu in Art. 20 BEHG festgelegt. Dieser Artikel verlangt eine Meldung an die Gesellschaft und an die Börse, falls jemand, der „direkt, indirekt oder in gemeinsamer Absprache mit Dritten Aktien einer Gesellschaft mit Sitz in der Schweiz, deren Beteiligungspapiere mindestens teilweise in der Schweiz kotiert sind, für eigene Rechnung erwirbt oder veräussert und dadurch den Grenzwert von 5, 10, 20, 33 $^1/_3$, 50 oder 66 $^2/_3$ Prozent der Stimmrechte, ob aussübbar oder nicht, erreicht, unter- oder überschreitet“.[334] Zu beachten ist hier, dass - im Gegensatz zu den englischen Vorschriften - in den Verordnungen ausdrücklich hervorgehoben wird, dass der Hinweis auf eine Erwerbs- oder Veräusserungsabsicht nicht meldepflichtig ist, solange damit keine Rechtspflichten verbunden sind.[335] Meldepflichtig ist grundsätzlich der wirtschaftlich Berechtigte an direkt oder indirekt erworbenen oder veräusserten Beteiligungspapieren, wenn er durch den Erwerb oder die Veräusserung die Grenzwerte von Art. 20 BEHG erreicht, über- oder unterschreitet.[336] Ebenfalls ist meldepflichtig, wer durch den Erwerb oder die Veräusserung auf Rechnung von mehreren, untereinander unabhängigen wirtschaftlich Berechtigten Grenzwerte erreicht, über- oder unterschreitet und in entsprechendem Umfang zur Ausübung der Stimmrechte ermächtigt ist.[337] Meldungen nach Art. 20 BEHG müssen gemäß Art. 21 BEHG von der betreffenden Gesellschaft veröffentlicht werden.[338]
Für die Berechnung der Grenzwerte soll von der Gesamtzahl der Stimmrechte gemäss dem jeweiligen Eintrag im Handelsregister ausgegangen werden.[339] Zu beachten ist auch, dass Aktionäre, die kotierte Partizipationsscheine einer Gesellschaft mit Sitz in der Schweiz erwerben, aufgrund der Subsumierung der Partizipationsscheine unter den Begriff der Beteiligungspapiere[340] meldepflichtig werden. Dabei bezieht sich die Meldepflicht dann auf alle Beteiligungspapiere, kotierte wie auch nicht-kotierte.[341]
Auch bei den Meldepflichten wird den Bedürfnissen der Familiengesellschaften in der Schweiz insofern Rechnung getragen, als Aktionärsgruppen nur als Gruppe meldepflichtig sind. Bei Überschreitungen von Grenzwerten innerhalb einer Gruppe entsteht keine Meldepflicht für das Gruppenmitglied. Für Aktionärsgruppen sind die

---

[334] Art. 20 Abs. 1 BEHG.
[335] Art. 10 Abs. 1 V-EBK.
[336] Art. 9 Abs. 1 V-EBK.
[337] Art. 9 Abs. 2 V-EBK.
[338] Vgl. Strazzer, R., Börsengesetz, 1995, S. 721.
[339] Art. 10 Abs. 2 V-EBK.
[340] Nach Art. 2 V-UEK umfasst der Begriff des Beteiligungspapieres Aktien, Partizipations- und Genussscheine sowie Wandel- und Erwerbsrechte auf Beteiligungspapiere (in den Verordnungen auch Optionsrechte genannt).
[341] Vgl. Frei, S., Meldepflicht, 1996, S. 724; Strazzer, R., Börsengesetz, 1995, S. 721.

Gesamtbeteiligung, die Identität der einzelnen Mitglieder, die Art der Absprache unter ihnen sowie die Vertretung offenzulegen.[342]
Bei der Definition der Aktionärsgruppen entsteht eine Vielzahl von Problemen, die einer der Hauptgründe für die Verzögerungen beim Inkraftsetzen des zweiten Paketes waren. Um als eine Aktionärsgruppe vom BEHG erfasst zu werden, müssen die betreffenden Personen in gemeinsamer Absprache oder als organisierte Gruppe handeln. Mit dieser Umschreibung werden alle Personen, die ihre Verhaltensweise im Hinblick auf den Erwerb oder die Veräußerung von Beteiligungspapieren oder die Ausübung von Stimmrechten mit Dritten durch Vertrag oder andere organisierte Vorkehren, abstimmen, erfasst. Eine abschliessende Aufzählung der Tatbestände wird wie in England nicht gegeben. Nach Art. 15 Abs. 2 V-EBK besteht aber eine Abstimmung der Verhaltensweise namentlich bei:

„a) Rechtsverhältnissen zum Erwerb oder der Veräußerung von Beteiligungspapieren;
b) Rechtsverhältnissen, welche die Ausübung der Stimmrechte zum Gegenstand haben (stimmrechtsverbundene Aktionärsgruppen); oder
c) der Zusammenfassung von natürlichen oder juristischen Personen durch die Mehrheit von Stimmrechten oder Kapitalanteilen oder durch eine Beherrschung auf andere Weise zu einem Konzern oder einer Unternehmensgruppe.“[343]

Ein weiteres Problem ist die Definition des indirekten Erwerbes. Dabei liegt eine indirekte Beteiligung vor, wenn „die Beteiligung an einer Gesellschaft über eine natürliche oder eine juristische Person gehalten wird, die vom indirekt Beteiligten aufgrund eines bestimmten Rechtsverhältnisses abhängig ist und seine Anweisungen befolgen muss.“[344] Eine Aufzählung von Tatbeständen erfolgt in Art. 9 Abs. 3 V-EBK. Danach gelten als indirekter Erwerb oder als indirekte Veräußerung:

„a) der Erwerb und die Veräusserung über einen rechtlich im eigenen Namen auftretenden Dritten, der auf Rechnung des wirtschaftlich Berechtigten handelt;
b) der Erwerb und die Veräusserung durch direkt oder indirekt beherrschte Personen;
c) der Erwerb und die Veräusserung einer Beteiligung, die direkt oder indirekt die Beherrschung einer juristischen Person vermittelt, welche ihrerseits direkt oder indirekt Beteiligungspapiere hält;
d) alle anderen Vorgänge, die im Ergebnis das Stimmrecht über die Beteiligungspapiere vermitteln können, ausgenommen die Erteilung von Vollmachten ausschliesslicht zur Vertretung an einer Generalversammlung.“[345]

---

342 Art. 15 Abs. 3 V-EBK; vgl. Botschaft des Bundesrates vom 24. Februar 1993, BBl. 1993 I, Ziff. 241; Strazzer, R., Börsengesetz, 1995, S. 722.
343 Art. 15 Abs. 2 V-EBK.
344 Cereghetti, L., Offenlegung, 1995, S. 97.
345 Art. 9 Abs. 3 V-EBK.

Die Übergangsregelungen des BEHG sind ausgesprochen grosszügig angelegt. So hat jemand, der bei Inkrafttreten des Gesetzes eine Beteiligung von mindestens 5 Prozent der Stimmrechte hielt, nach Art. 51 BEHG innerhalb von drei Jahren der Gesellschaft und den Börsen seinen Beteiligungsanteil mitzuteilen. Auch wenn eingewendet werden kann, dass durch die grosszügige Regelung der Übergangsfrist ein sukzessives Abstossen der Beteiligung ohne Kursturbulenzen ermöglicht werden soll, so scheinen doch die Übergangsfristen unnötig grosszügig angelegt, da zwischen dem Beschluss der eidgenössischen Räte im März 1995 und dem Ende der Übergangsfrist im Januar 2001 fast sechs Jahre liegen.[346]

Zur Durchsetzung der Meldepflicht verfügt die Aufsichtsbehörde nach Art. 35 Abs. 2 lit. c BEHG gegenüber der Gesellschaft und dem meldepflichtigen Aktionär über weitreichende Auskunfts- und Einsichtsrechte. Wird die Meldepflicht vorsätzlich verletzt, so droht dem Aktionär nach Art. 41 Abs. 1 lit. a BEHG eine Busse, die das Doppelte des Kauf- oder Verkaufpreises der nicht gemeldeten Transaktion betragen kann. Dies kann insbesondere bei einem grossen Beteiligungsaufbau schmerzhafte Höhen erreichen. Nach der Botschaft[347] ist aber eine hohe Strafe bei Missachtung der Meldepflichten notwendig, damit die Strafe wirksam sein kann. Die Gefahr, dass eine geringe Strafe in Kauf genommen wird, um einen heimlichen Beteiligungsaufbau durchführen zu können, ist nach Ansicht der Botschaft dann doch zu hoch.[348]

Auch wenn die Meldepflichten in der Schweiz um einiges schwächer als in England ausfallen, wo ab einer Beteiligung von 3 Prozent oder einem Interesse an einer Beteiligung von 3 Prozent jede Bewegung der Prozentzahl vor dem Komma gemeldet werden muss, stellen sie doch für schweizerische Verhältnisse eine erhebliche Verbesserung der Transparenz dar. Zu bedauern ist allerdings, dass Beteiligungen des Managements und ihrer Familienmitglieder nicht unabhängig von der Beteiligungshöhe offengelegt werden müssen.[349]

3.2.3.4 Die Meldepflichten bei Übernahmen

Die Möglichkeiten eines Bieters, während eines Übernahmeangebotes Marktkäufe zu tätigen, stellen ein Schlüsselproblem bei Übernahmen dar, da verhindert werden muss, dass der Bieter andere Aktionäre benachteiligt, indem er noch während der Angebotsfrist an einzelne Aktionäre Paketzuschläge zahlt. Auch eine Offenlegung von Transaktionen erscheint in hohem Masse geboten, da dadurch die Transparenz erheblich erhöht wird und Interessenkonflikte, beispielsweise Käufe durch das Management einer der Gesellschaften, aufgedeckt werden können.[350]

---

[346] Vgl. Senn, M., Meldepflicht, 1993, S. 231; Strazzer, R., Börsengesetz, 1995, S. 722.
[347] Vgl. Botschaft des Bundesrates vom 24. Februar 1993, BBl. 1993 I, Ziff. 292.
[348] Vgl. Strazzer, R., Börsengesetz, 1995, S. 722; Weber, R., Offenlegungspflichten, 1994, S. 302.
[349] Vgl. Senn, M., Meldepflicht, 1993, S. 232; Weber, R., Offenlegungspflichten, 1994, S. 305.
[350] Vgl. Stedman, G., Takeovers, 1993, S. 129.

In **England** verpflichtet Rule 8 City Code jeden, der - ob im Aktienbuch eingetragen oder nicht - mehr als 1 Prozent einer Aktienkategorie besitzt oder direkt oder indirekt beherrscht, alle Transaktionen in seinen Aktien offenzulegen. Der Bieter, die Zielgesellschaft und alle mit ihnen wirtschaftlich verbundenen Personen (Associates) müssen unabhängig von einem Prozentsatz jede Transaktion melden. Der Begriff der Associates umfasst dabei nach dem Definitionsteil des City Code[351] alle Personen, die am Ausgang des Übernahmeangebotes ein geschäftsmässiges, finanzielles oder persönliches Interesse haben oder haben könnten. Speziell fallen sowohl bei der Ziel- als auch bei der Bietergesellschaft alle Directors mit ihren Verwandten, die Berater, alle Gesellschaften im gleichen Konzern, die Pensionskassen, die von einem Associate geführten Anlagefonds und jede andere Person, die einen wesentlichen Vertrag mit einem der beiden Gesellschaften oder eine Beteiligung von mehr als 5 Prozent in einer der beiden Gesellschaften hat, unter diesen Begriff.[352]
Meldepflichtig sind alle Transaktionen in Aktien oder in Wandel- und Optionsanleihen der Bieter- oder Zielgesellschaft und in Wertpapieren der Bietergesellschaft, die ihrem Besitzer ähnliche Rechte verleihen wie die Wertpapiere, die im Zuge der Übernahme ausgegeben werden. Die Meldung muss bis 12 Uhr mittags des folgenden Börsentages an die LSE erfolgen. Der Panel selbst betrachtet Rule 8 City Code als eine grundlegende Regel, deren Einhaltung er strikt überwacht. So verlangte er von Lyonnaise des Eaux, die Aktienkäufe in East Worcestershire Waterworks Company nicht gemeldet hatte, diese Aktien wieder zu verkaufen.[353]
Auch in der **Schweiz** kann der Bieter ebenfalls Parallelgeschäfte tätigen, muss diese aber nach Art. 31 Abs. 1 BEHG offenlegen. Diese Vorschrift trifft allerdings nicht nur den Bieter, sondern jeden, der „direkt, indirekt oder in gemeinsamer Absprache mit Dritten über eine Beteiligung von mindestens 5 Prozent der Stimmrechte, ob ausübbar oder nicht, der Zielgesellschaft oder gegebenenfalls einer andern Gesellschaft, deren Beteiligungspapiere zum Tausch angeboten werden, verfügt."[354] Die durch Art. 31 BEHG erfassten Personen müssen „von der Veröffentlichung des Angebots bis zum Ablauf der Angebotsfrist der Übernahmekommission und den Börsen, an denen die Papiere kotiert sind, jeden Erwerb oder Verkauf von Beteiligungspapieren dieser Gesellschaft melden."[355] Eine Meldepflicht besteht nach Art. 37 Abs. 2 V-UEK auch für alle Transaktionen in Titeln, die zum Tausch angeboten werden. Die Übernahmekommission kann nach Art. 31 Abs. 3 BEHG auch jeden anderen, der in demselben Zeitraum direkt, indirekt oder in gemeinsamer Absprache mit Dritten einen gewissen Prozentsatz von Beteiligungspapieren der Zielgesellschaft

---

[351] Definitions C3, City Code.
[352] Vgl. Cardale, M., United Kingdom, 1991, S. 118; Freshwater, T. / Boardman, N., Restrictions, 1995, S. 40 und 51; Stedman, G., Takeovers, 1993, S. 3 f.
[353] Vgl. Freshwater, T. / Boardman, N., Restrictions, 1995, S. 51; Knoll, H.-C., Übernahmen, 1992, S. 134; Stedman, G., Takeovers, 1993, S. 161 f.
[354] Art. 31 Abs. 1 BEHG.
[355] Art. 31 Abs. 1 BEHG.

oder einer anderen Gesellschaft, deren Beteiligungspapiere zum Tausch angeboten werden, kauft oder verkauft, derselben Pflicht unterstellen.[356]
Von der Verordnung der Übernahmekommission werden auch noch weitere Rechte der Übernahmekommission festgelegt. So kann sie eine tägliche Detailmeldung über das Volumen jeder Transaktion mit Abschlusszeit und Preis verlangen,[357] bei zweifelhaften Transaktionen die Offenlegung der Identität der Effektenhändler verlangen[358] und eine Veröffentlichung von gemeldeten Transaktionen empfehlen, wenn diese einen nennenswerten Einfluss auf die Kurse der betroffenen oder zum Tausch angebotenen Beteiligungspapiere haben und die Veröffentlichung für die Lauterkeit des Handels notwendig ist.[359] Sollte sich die betreffende Person weigern, die Transaktionen zu veröffentlichen, so kann die Übernahmekommission die Transaktionen selbst veröffentlichen. Die Transaktionen des Bieters werden auf jeden Fall veröffentlicht.[360]
Im Gegensatz zu den Meldepflichten des Art. 20 BEHG, der eine bessere Markttransparenz sicherstellen soll, zielt Art. 31 BEHG darauf ab, dass die Aufsichtsbehörde und die Börsen, an denen die Beteiligungspapiere kotiert sind, während der gesamten Angebotsdauer über die getätigten Transaktionen, die Personen mit bedeutenden Beteiligungen an der Zielgesellschaft tätigen, orientiert sind. Damit geht es nach der Botschaft[361] vor allem um die Überwachung des Marktes, um Kursmanipulationen vorzubeugen und die Gleichbehandlung der Aktionäre sicherzustellen.
Auch wenn festgehalten werden muss, dass durch die Vorschriften in der Verordnung die Pflichten nach Art. 31 BEHG in einem hohen Masse präzisiert werden, so sind die Schwachpunkte des Art. 31 BEHG wie beim Art. 20 BEHG weiterhin die vagen Definitionen der Tatbestände. So gibt es in der Schweiz keinen so umfassenden Tatbestand wie den der Associates in England. Damit ist insbesondere das Management der Zielgesellschaft nur dann zur Offenlegung seiner Beteiligung gezwungen, wenn es durch Art. 31 Abs. 1 BEHG erfasst wird, wenn es die Übernahmekommission nach Art. 31 Abs. 3 BEHG dazu zwingt, wenn die Zielgesellschaft Wertpapiere emittiert, wenn die Beteiligung ein wesentliches Element, das die Stellungnahme des Verwaltungsrates beeinflusst hat, ist (Art. 29 Abs. 4 V-UEK) oder wenn die Beteiligung den Verwaltungsrat oder die oberste Geschäftsleitung in Interessenkonflikte bringt (Art. 31 V-UEK - die Offenlegungspflichten der Verordnungen werden unter 3.2.6 eingehender behandelt). Auch wenn durch diese Regelungen jeglicher Schaden für Aktionäre ausgeschlossen sein müsste, so hätte eine grundsätzliche und explizit in den Verordnungen festgehaltene Pflicht zur Offenle-

[356] Vgl. Strazzer, R., Börsengesetz, 1995, S. 724.
[357] Art. 40 Abs. 2 V-UEK.
[358] Art. 40 Abs. 3 V-UEK.
[359] Art. 42 Abs. 1 V-UEK.
[360] Art. 42 V-UEK.
[361] Botschaft des Bundesrates vom 24. Februar 1993, BBl. 1993 I, Ziff. 25.8.

gung sicherlich jeglichen Interpretationsspielraum schliessen können. So hängt es nun von der Übernahmekommission ab, die Offenlegung von Beteiligungen des Managements durchzusetzen.[362]

3.2.4 Die Ad-hoc-Publizität

Unter Ad-hoc-Publizität wird die Verpflichtung eines kotierten Unternehmens verstanden, die in seinem Tätigkeitsbereich eingetretenen und noch nicht öffentlich bekannten Tatsachen unverzüglich zu veröffentlichen, wenn sie wegen der Auswirkungen auf die Vermögens- und Finanzlage oder auf den allgemeinen Geschäftsverlauf des Emittenten geeignet sind, den Börsenpreis der zugelassenen Wertpapiere erheblich zu beeinflussen. Solche Tatsachen sind beispielsweise Fusionen, Übernahmen, Kapitalerhöhungen, Veränderungen in der Aktionärsstruktur, im Gewinn oder in der Dividendenausschüttung, Veränderungen im Verwaltungsrat, in der Geschäftsleitung oder der Revisionsstelle. Die Ad-hoc-Publizität erhöht die Informationstransparenz, vermindert insbesondere das Risiko von Insidergeschäften und stärkt somit den Anlegerschutz. Ein Aktionär kann durch die erhöhte Transparenz die Chancen und Risiken seiner Aktien selbst abschätzen.[363]

In **England** wird die Ad-hoc-Publizität in den Listing Rules der LSE geregelt. Deren Chapter 9 verpflichtet ein Unternehmen im Falle, dass im Umfeld des Unternehmens eine noch nicht veröffentlichte, kursbeeinflussende Tatsache auftritt, das Company Announcements Office der LSE unverzüglich zu benachrichtigen. Ausgenommen von der Veröffentlichungspflicht sind noch schwebende Entwicklungen oder Geschäfte. Von ihnen darf nur ein begrenzter Personenkreis (Berater, Verhandlungspartner, eigene Verhandlungsführer und gesetzliche Institutionen wie die MMC) Kenntnis erlangen. Diesen Personen ist dann nach Chapter 9.5 Listing Rules der Handel in den Aktien verboten.[364]

Bei der Veröffentlichung von Informationen ist nach Chapter 9.16 Listing Rules die Gleichbehandlung der Marktteilnehmer zu beachten. Entsteht ein Leck, so ist die Tatsache nach Chapter 9.4 Listing Rules unverzüglich offenzulegen.

In der **Schweiz** bestand bis zum 1.10.1996 keine Pflicht zur Meldung an eine Börsenaufsichtskommission und kein Zwang zur Orientierung der Öffentlichkeit bei kursrelevanten Tatsachen. Im Extremfall wurde eine kursrelevante Tatsache erst im Geschäftsbericht veröffentlicht. Dies hat sich mit der Einführung des

---

[362] Nach Anhang 1 Abs. 1.8.4 des seit Oktober 1996 geltenden Kotierungsreglement muss ein emittierendes Unternehmen in dem Kotierungsprospekt Auskunft über den Besitz von Aktien und Optionen des Managements am eigenen Unternehmen geben. Allerdings erlangte beispielsweise die Familiengesellschaft Schindler eine Ausnahme von dieser Vorschrift, da ansonsten der private Aktienbesitz der im Verwaltungsrat vertretenen Familienaktionäre hätte offengelegt werden müssen (vgl. Zulauf-Poli, D., Schindler-Klausel, 1997, S. 21).

[363] Vgl. o.V., Totalrevision, 1995, S. 4; Schenker, U., Information, 1996, S. 37.

[364] Vgl. Freshwater, T. / Boardman, N., Restrictions, 1995, S. 48.

revidierten Kotierungsreglements am 1.10.1996 geändert. Nach dessen Art. 72 ist ein Emittent nun zur Bekanntgabe von nicht-öffentlichen, kursrelevanten Tatsachen verpflichtet. Bei der Bekanntgabe muss - ebenso wie in England - darauf geachtet werden, dass die Gleichbehandlung der Marktteilnehmer möglichst gewahrt bleibt.[365]

In der Schweiz werden, um einiges ausführlicher als in Chapter 9 der englischen Listing Rules, Beispiele für kursrelevante Tatsachen gegeben. Zudem werden in Art. 2B der Erläuterungen zur Ad-hoc-Publizität auch Beispiele für nicht-bekanntgabepflichtige Tatsachen gegeben. Nach diesen Vorschriften müssen Akquisitionen nur dann veröffentlicht werden, wenn sie bedeutende Akquisitionen sind, wobei die Beurteilung, ob eine Akquisition bedeutend ist, durch das Unternehmen und in letzter Instanz durch die Zulassungsstelle erfolgt. Massstab ist dabei eine zu erwartende Kursbeeinflussung der Aktien.

Entsprechend den englischen Regeln ist auch in der Schweiz ein Bekanntgabeaufschub möglich, solange die Vertraulichkeit gesichert ist oder wenn es um einen Plan oder einen Entschluss des Unternehmens selbst geht.[366] Entsteht allerdings ein Leck, so ist die Tatsache nach Art. 6.3 der Erläuterungen unverzüglich offenzulegen. Dieser Artikel entspricht Chapter 9.4 der englischen Listing Rules. Bei einem Verstoss gegen die Publizitätsvorschriften können nach Art. 81 und 82 des Kotierungsreglementes Sanktionen drohen, die bis zu einer Busse oder der Dekotierung reichen.[367]

3.2.5 Der Angebotsprospekt des Bieters

Um die Unsicherheit der Aktionäre bezüglich der Angemessenheit des Übernahmeangebotes zu reduzieren, werden Bieter- und Zielgesellschaft verpflichtet, bestimmte Informationen den Aktionären zur Verfügung zu stellen. Dabei sollten die Informationen, die die Bietergesellschaft liefert, den Aktionären der Zielgesellschaft ermöglichen, die Konsequenzen eines Verkaufs für das Zielunternehmen abzusehen. Dies umfasst zum einen grundlegende Informationen über die Personen und die Gesellschaft, die das Übernahmeangebot abgeben, zum anderen aber auch Informationen, die direkt auf das Übernahmeangebot bezogen sind, wie beispielsweise die Angebotskonditionen, die Finanzierung des Übernahmeangebotes oder die Perspektiven der Zielgesellschaft nach der Übernahme.

In **England** stellt der City Code zahlreiche Anforderungen an die Dokumente, die während einer Übernahmeofferte veröffentlicht werden. Die allgemeinsten Vorschriften sind dabei GP 5 und Rule 19.1 City Code, die höchste Sorgfalt und eine faire Präsentation der Dokumente fordern. Ziel dieser und der anderen Vorschriften des City Code ist es, den Aktionären durch ausreichende Information eine angemessene

---

[365] Vgl. Schenker, U., Information, 1996, S. 37; Schultz, G., Börsenzulassung, 1994, S. 367.
[366] Art. 6.2 der Erläuterungen zur Ad-hoc-Publizität.
[367] Vgl. Schultz, G., Börsenzulassung, 1994, S. 367.

Entscheidung zu ermöglichen.[368] Detaillierter wird dies durch Rule 23 kodifiziert, die vorschreibt, dass die Aktionäre über Vor- und Nachteile eines Angebots so rechtzeitig zu informieren sind, dass sie eine wohlüberlegte Entscheidung fassen können. Dabei müssen auch wesentliche Veränderungen von früher veröffentlichten Informationen offengelegt werden.[369] Gemäss GP 4 City Code dürfen den Aktionären keine Informationen vorenthalten werden.[370]

Neben den oben beschriebenen allgemeinen Anforderungen, die für alle während eines Übernahmeangebotes veröffentlichten Dokumente Gültigkeit haben, bestehen durch Rule 24 City Code auch spezielle Vorschriften für den Angebotsprospekt des Bieters. Der Angebotsprospekt muss gemäss Rule 24.1 und Rule 24.2 Informationen über die Identität der Bietergesellschaft, deren finanzielle Situation und über die weiteren Pläne und Absichten in bezug auf die Zielgesellschaft, deren Management sowie deren Arbeitnehmer enthalten. Nach Rule 30.1 City Code muss er 28 Tage nach der Ankündigung des Bieters, ein Übernahmeangebot abgeben zu wollen, herausgegeben werden.[371]

Eine weitere Information, die aus dem Angebotsprospekt ersichtlich sein muss, solange der Panel keine Ausnahme gewährt, ist die Beschreibung, wie und aus welchen Quellen das Angebot finanziert werden soll. Zwingend vorgeschrieben ist aber die Offenlegung der Beteiligung der Bietergesellschaft an der Zielgesellschaft, der Beteiligung der Directors der Bietergesellschaft[372] oder der mit ihnen verbundenen Personen an einer der beiden Gesellschaften, der Beteiligung und der Namen von Personen, die sich unwiderruflich zur Annahme des Angebots verpflichtet haben, sowie der Beteiligung von Personen, mit denen der Bieter oder mit ihm verbundene Personen Vereinbarungen über die Vornahme oder Nichtvornahme von Veräusserungsgeschäften getroffen haben. Damit die Aktionäre Vergleichswerte zum Angebotspreis erhalten, muss jeder Erwerbs- oder Veräusserungsvorgang, den diese Personen in Anteilen der Zielgesellschaft innerhalb der letzten zwölf Monate vor Beginn der Annahmefrist durchgeführt haben, unter Angabe des Preises und des Datums offengelegt werden.[373]

---

[368] GP 4 City Code.

[369] Note 1 zu Rule 23 City Code.

[370] Vgl. Herrmann, M., Abwehrmassnahmen, 1993, S. 213; Lüttmann, R., Kontrollwechsel, 1992, S. 74; Peck, A., Documents, 1995, S. 120 f.; Spearing, N. et al., Hostile Takeovers, 1990, S. 79; Stedman, G., Takeovers, 1993, S. 242 f.

[371] Vgl. Knoll, H.-C., Übernahmen, 1992, S. 132 f.; Lüttmann, R., Kontrollwechsel, 1992, S. 59; Stedman, G., Takeovers, 1993, S. 235; Todd, R. / Lynchehan, M., United Kingdom, 1992, S. 65.

[372] Eine solche Beteiligung muss bereits angegeben werden, wenn die Directors lediglich ein „Interesse" für die Aktien der Zielgesellschaft haben (Rule 24.3 (a) (ii) City Code).

[373] Vgl. Lüttmann, R., Kontrollwechsel, 1992, S. 75; Peck, A., Documents, 1995, S.126; Todd, R. / Lynchehan, M., United Kingdom, 1992, S. 65.

Desweiteren müssen bei kotierten Bietergesellschaften u.a. die Erfolgsrechnung der letzten drei Jahre, die letzte geprüfte Bilanz und alle wesentlichen Veränderungen in bezug auf diese Zahlen seit dem letzten Bilanzstichtag veröffentlicht werden.[374]
Das Angebot kann an verschiedene Bedingungen geknüpft sein. Dabei ist die Bedingung, dass das Angebot bei einer Überweisung an das MMC oder die Europäische Kommission verfällt, obligatorisch.[375] Alle weiteren Bedingungen, an die das Angebot gebunden ist, müssen gemäss Rule 13 City Code ausserhalb des Einflussbereiches des Bieters liegen. Es ist demnach möglich, das Angebot daran zu knüpfen, dass alle erforderlichen Genehmigungen erlangt werden, keine neuen Aktien oder Optionen ausgegeben werden, keine unerwartete Dividende ausgeschüttet wird, kein Rechtsstreit begonnen wird, keine wesentliche Veränderung in der finanziellen Lage des Targets eintritt, kein wesentlicher Verlust entsteht und kein wesentlicher Kauf oder Verkauf von Unternehmensteilen durchgeführt wird. Der Angebotsprospekt darf allerdings keine Bedingung enthalten, die nicht bereits in der Ankündigung des Übernahmeangebotes enthalten war.[376]
In der **Schweiz** schreibt Art. 24 BEHG die Veröffentlichung eines Angebotsprospektes mit wahren und vollständigen Informationen vor. Dies wird von der Verordnung insofern präzisiert, als nach Art. 17 Abs. 1 V-UEK vorgeschrieben wird, dass der Angebotsprospekt alle Informationen enthalten muss, die notwendig sind, damit die Empfänger des Angebotes ihre Entscheidung in Kenntnis der Sachlage treffen können. Der Inhalt und die Veröffentlichung des Angebotsprospektes wird nach Art. 28 lit. b BEHG im einzelnen von der Übernahmekommission geregelt.[377] Nach der Botschaft soll er „insbesondere Auskunft geben über die Identität des Anbieters und der mit ihm in gemeinsamer Absprache handelnden Personen, die betroffenen Beteiligungspapiere, den angebotenen Preis, die Dauer und allfällige Bedingungen des Angebotes und die bereits vom Anbieter gehaltenen Beteiligungspapiere."[378]
Die Informationen, die in der Schweiz gefordert werden, entsprechen in den Grundzügen den in England geforderten Informationen, sind allerdings nicht ganz so weitreichend. So müssen - den schweizerischen Meldepflichten entsprechend - nur die Aktionäre oder Aktionärsgruppen, die über mehr als 5 Prozent der Stimmrechte verfügen, mit dem Prozentsatz ihrer Beteiligung aufgeführt werden.[379] Die Beteiligungen beispielsweise der Bietergesellschaft oder des Managements der Bietergesellschaft müssen nicht angegeben werden.

---

[374] Rule 24.2 City Code.
[375] Rule 9.4 und 12 City Code.
[376] Vgl. Stedman, G., Takeovers, 1993, S. 249.
[377] Vgl. Strazzer, R., Börsengesetz, 1995, S. 722; Tschäni, R., Übernahmeangebote, 1994, S. 312.
[378] Botschaft des Bundesrates vom 24. Februar 1993, BBl. 1993 I, Ziff. 25.5.
[379] Art. 19 Abs. 1 lit. b V-UEK.

Im Gegensatz zu England muss nach Art. 19 Abs. 1 lit. e V-UEK lediglich der Ort, an dem die letzte veröffentlichte Jahresrechnung des Anbieters bezogen werden kann, angegeben werden. Auch sind einige Angaben nur dann zwingend, wenn sie für die Empfänger des Angebotes wesentlich sind. Beispiele hierfür sind Angaben über Aktionäre, die den Bieter direkt oder indirekt beherrschen, oder Personen, die mit dem Anbieter in gemeinsamer Absprache handeln.[380] Ebenso wie in England muss der Angebotsprospekt Angaben über die Art der Finanzierung des Angebotes sowie eine Bestätigung der Prüfstelle, dass die Mittel zur Finanzierung des Angebotes verfügbar sind, enthalten sein. Werden Titel zum Tausch angeboten, die noch nicht verfügbar sind, hat der Bieter zu bestätigten, dass alle für die Beschaffung der Titel notwendigen Massnahmen getroffen worden sind.[381]

Auch in der Schweiz kann das Übernahmeangebot an Bedingungen geknüpft sein. Aus dem Grundsatz der Gleichbehandlung folgt dabei, dass das Angebot nur an aufschiebende Bedingungen gebunden sein kann, deren Eintritt der Bieter selbst nicht massgeblich beeinflussen kann. Falls der Bieter aufgrund der Art der aufschiebenden Bedingungen einen Beitrag zu deren Eintritt zu leisten hat, muss der Bieter alle ihm zumutbaren Massnahmen ergreifen, damit die Bedingungen eintreten.[382] Damit ist es auch in der Schweiz denkbar, dass das Angebot an den Erhalt behördlicher Bewilligungen, an die Zustimmung der Generalversammlung zur Kapitalerhöhung, mit der die für einen eventuellen Umtausch notwendigen Aktien geschaffen werden, oder an die Eintragung in das Aktienregister geknüpft wird. Im Gegensatz zu England besteht allerdings nicht die Pflicht, dass das Übernahmeangebot bei Überweisung an die Wettbewerbskommission verfällt. Wurden die Bedingungen, an die das Übernahmeangebot geknüpft war, erfüllt, so muss der Bieter nach Art. 27 Abs. 2 BEHG die Angebotsfrist für diejenigen Inhaber von Aktien oder anderen Beteiligungspapieren, die das Angebot noch nicht angenommen haben, um zehn Börsentage verlängern.[383] Mit dem Einverständnis der Übernahmekommission kann das Angebot auch an auflösende Bedingungen geknüpft werden, über deren Ausgang erst nach Ablauf des Angebotes Klarheit bestehen kann.[384]

Insgesamt sind die schweizerischen Vorschriften gegenüber den englischen Vorschriften weniger umfassend. Dies fällt insbesondere bei den fehlenden Offenlegungspflichten für Beteiligungen des Managements der Bietergesellschaft und aller mit diesen abgestimmt handelnden Personen auf, falls diese nicht durch Art. 21 oder 31 BEHG erfasst werden. Es ist auch zu bedauern, dass die Erwerbs- und Veräusserungsvorgänge dieser Personen in den letzten 12 Monaten im BEHG nicht wie im City Code offengelegt werden müssen.

---

[380] Art. 19 Abs. 1 V-UEK.

[381] Art. 20 V-UEK.

[382] Art. 13 Abs. 1 V-UEK.

[383] Art. 45 Abs. 2 V-UEK; vgl. Botschaft des Bundesrates vom 24. Februar 1993, BBl. 1993 I, Ziff. 25.2; Tschäni, R., Übernahmeangebote, 1994, S. 312.

[384] Art. 13 Abs. 4 V-UEK.

3.2.6 Der Bericht des Verwaltungsrates der Zielgesellschaft

Der Bericht des Verwaltungsrates der Zielgesellschaft gibt dem Verwaltungsrat, bzw. dem Board der Zielgesellschaft die Möglichkeit, eine eigene Einschätzung des Übernahmeangebotes an die Aktionäre abzugeben. Da er in der Regel weit mehr Informationen über die aktuelle Vermögens- und Ertragssituation des Unternehmens als ein Aktionär hat und dadurch die Angemessenheit des Angebotes besser beurteilen kann, ist der Bericht des Verwaltungsrates für den Aktionär von besonderem Interesse.[385]

Der Bericht des Boards der Zielgesellschaft unterliegt in **England** den gleichen Sorgfalts- und Genauigkeitspflichten wie der Angebotsprospekt.[386] Dabei muss das Board gemäss Rule 25.1 und 30.2 City Code spätestens vierzehn Tage nach Veröffentlichung des Angebotsprospektes eine Stellungnahme zu dem Übernahmeangebot und zu Konkurrenzangeboten abgeben und gemäss Rule 25.2 City Code die Aussagen, die im Angebotsprospekt enthalten sind, kommentieren. Die Objektivität der Aussagen des Boards soll dadurch gesichert werden, dass es gemäss Rule 3.1 City Code eine Bewertung durch einen unabhängigen Berater erstellen lassen muss, die dann zusammen mit der Stellungnahme des Boards den Aktionären zur Kenntnis gebracht werden muss.[387]

Wurden mehrere Übernahmeangebote gestellt, so sollte das Board eine Präferenz für eines von mehreren Übernahmeangeboten abgeben. Bei der Beurteilung von Konkurrenzangeboten hat das Board allerdings nach Gething and Others v. Kilner and Others[388] einen Ermessensspielraum: falls die Directors vernünftigerweise glauben konnten, dass ein Übernahmeangebot für die Aktionäre vorteilhaft und empfehlenswert ist, so ist diese Bewertung zulässig, auch wenn eine Brokerfirma später zu der Ansicht gelangt, der Angebotspreis sei unangemessen niedrig gewesen.[389]

Die Empfehlung der Directors, ein Übernahmeangebot anzunehmen oder abzulehnen, wird meist mit Prognosen künftiger Unternehmensgewinne untermauert, die das Übernahmeangebot als zu niedrig erscheinen lassen sollen. Solche Gewinnprognosen können auch vom Bieter abgegeben werden. Dabei ist gemäss Rule 28.6 (a) City Code eine Gewinnprognose jede Aussage, die die für die Kalkulation künftiger Gewinne erforderlichen Grundlagen liefert oder sich in irgendeiner Form auf zu erwartende Gewinne in einer bestimmten Periode bezieht.[390]

---

[385] Vgl. Strazzer, R., Übernahmeangebot, 1993, S. 183.

[386] GP 4 und 5; Rules 19.1 und 23 City Code.

[387] Vgl. Peck, A., Documents, 1995, S. 129; Pulver, U., Kaufangebote, 1993, S. 259; Stedman, G., Takeovers, 1993, S. 399.

[388] [1972] 1 All ER 1166.

[389] Vgl. Herrmann, M., Abwehrmassnahmen, 1993, S. 212 f. und 248; Stedman, G., Takeovers, 1993, S. 533 f.

[390] Vgl. Lüttmann, R., Kontrollwechsel, 1992, S. 76.

Um zu verhindern, dass die Unternehmensprognosen durch das Eigeninteresse der Parteien beeinflusst werden, regeln Rule 28 und 29 City Code detailliert die Anforderungen an Gewinnvorhersagen und die Bewertung von Teilen des Gesellschaftsvermögens. So darf das Management der Zielgesellschaft nicht ohne Zustimmung des Panels später als 30 Tage nach Veröffentlichung des Angebotsprospektes Betriebsergebnisse, Gewinn- oder Dividendenvorhersagen sowie die Bewertungen von Vermögensgegenständen bekanntgeben. Ausserdem müssen Gewinnvorhersagen der Zielgesellschaft für einen bestimmten Zeitraum von den Directors gewissenhaft und objektiv mit der höchstmöglichen Sorgfalt erstellt und den Aktionären fair präsentiert werden.[391] Die Einhaltung dieser Sorgfaltsanforderungen durch die Directors müssen die Rechnungsprüfer, Finanzberater oder sonstige unabhängige Gutachter überprüfen, deren Bericht mit der Stellungnahme vorgelegt werden muss.[392]
Eine an die Aktionäre gerichtete Gewinnprognose muss nach Rule 28.2 (a) City Code die einzelnen wirtschaftlichen Annahmen, auf denen sie beruht, anführen. Umfasst ein Prognosezeitraum eine Zeitspanne, in der schon Umsätze erzielt wurden, so müssen schon veröffentlichte Geschäftsergebnisse angegeben und mit denen des Vorjahres verglichen werden.[393] Treffen vorhergesagte Gewinnprognosen nicht ein, so kann den Aktionären der Zielgesellschaft sowie unter Umständen dem Übernehmer bei unsorgfältiger Darstellung durch die Directors gegen diese ein Schadenersatzanspruch zustehen.[394]
Nach Rule 25.3 City Code müssen in der ersten wesentlichen Stellungnahme des Verwaltungsrates, vergleichbar mit der entsprechenden Regelung für die Angebotsunterlagen, detaillierte Auskünfte über die Beteiligung der Zielgesellschaft und ihrer Töchter sowie der mit ihnen verbundenen Personen an der Bietergesellschaft, alle Geschäfte solcher Beteiligungen in den letzten zwölf Monaten vor Beginn der Annahmefrist sowie darüber, ob die Directors bezüglich ihrer eigenen Anteile das Angebot ablehnen oder annehmen, enthalten sein.[395]
Um Interessenkonflikten vorzubeugen, muss der Inhalt aller Dienstverträge der Directors mit der Zielgesellschaft oder ihren Töchtern offengelegt werden, sofern deren Laufzeit noch mehr als zwölf Monate beträgt. Sind innerhalb der letzten sechs Monate Veränderungen eingetreten oder sind die Verträge erst in den letzten sechs Monaten vor Abgabe der Stellungnahme abgeschlossen worden, so müssen auch die Konditionen der Altverträge angegeben werden.[396] Falls im Zusammenhang mit dem Übernahmeangebot Zahlungen an einen Director für den Verlust oder die Aufgabe

---

[391] Rule 28.1 City Code.
[392] Vgl. Herrmann, M., Abwehrmassnahmen, 1993, S. 214; Lüttmann, R., Kontrollwechsel, 1992, S. 76 f.; Morgan, B., Forecast, 1995, S. 172.
[393] Rule 28.8 City Code.
[394] Vgl. Herrmann, M., Abwehrmassnahmen, 1993, S. 214 f.; Morgan, B., Forecast, 1995, S. 164-169.
[395] Vgl. Herrmann, M., Abwehrmassnahmen, 1993, S. 208; Lüttmann, R., Kontrollwechsel, 1992, S. 76; Stedman, G., Takeovers, 1993, S. 260 f.
[396] Rule 25.4 City Code.

seiner Stellung vorgesehen sind, so muss dies gemäss s. 314 CA 1985 gegenüber den Aktionären offengelegt werden. Durch die Offenlegung solcher Abfindungen, auch Golden Parachutes genannt, sollen Interessenkonflikte aufgedeckt werden (siehe auch 4.3.2.3).[397]

Das Board der Zielgesellschaft soll, soweit entscheidungsrelevant, die Erklärung des Bieters über seine Absichten hinsichtlich der Gesellschaftsfortführung und der Weiterbeschäftigung der Arbeitnehmer beurteilen. Ist dabei das Board der Ansicht, dass die Übernahme die Interessen der Arbeitnehmer beeinträchtigen könnte, so ist es gemäss s. 309 (1) CA 1985 sogar gesetzlich verpflichtet, die Aktionäre über eine erwartete Gefährdung von Arbeitsplätzen zu informieren. Dabei gefährdet aber die oft vom Bieter nicht sogleich offenbarte Absicht zur Entlassung einer bestimmten Zahl von Arbeitnehmern nicht automatisch die Interessen sämtlicher Arbeitnehmer, da eine Entlassung einzelner Arbeitnehmer zur Sicherung der restlichen Arbeitsplätze im Einzelfall geboten sein kann.[398]

Wenn ein Aktionär beweisen kann, dass er aufgrund eines missverständlich abgefassten Berichtes des Boards das Übernahmeangebot angenommen hat, so kann er sich nach Gething and Others v. Kilner and Others[399] an das Gericht wenden. Zudem gilt Rule 19.3 City Code, die dem Bieter, dem Board der Zielgesellschaft und ihren Beratern verbietet, Stellungnahmen abzugeben, die den Markt oder die Aktionäre irreführen könnten. Eine ähnliche Vorschrift enthält s. 47 FSA 1986: jeder, der eine den Markt irreführende Stellungnahme, Versprechen oder Vorhersage abgibt, hat mit einer Gefängnisstrafe von bis zu sieben Jahren oder einer Busse zu rechnen.[400]

In der **Schweiz** existierte unter dem - sowieso freiwilligen - Übernahmekodex keine Pflicht des Verwaltungsrates der Zielgesellschaft, eine Stellungnahme zu einem Übernahmeangebot abzugeben. Diese Pflicht wird erstmals in Art. 29 BEHG statuiert. Derselbe Artikel schreibt zusammen mit Art. 29 Abs. 2 V-UEK vor, dass die von der Zielgesellschaft abgegebenen Informationen wahr und vollständig sein müssen. Ebenso wie der Angebotsprospekt muss der Bericht des Verwaltungsrates nach Art. 29 Abs. 1 V-UEK alle Informationen enthalten, die notwendig sind, damit die Empfänger des Angebotes ihre Entscheidung in Kenntnis der Sachlage treffen können.[401]

Der Bericht des Verwaltungsrates muss spätestens am 15. Börsentag nach Veröffentlichung des Übernahmeangebotes in mindestes zwei Zeitungen, in denen das

---

[397] Vgl. Herrmann, M., Abwehrmassnahmen, 1993, S. 208; Lüttmann, R., Kontrollwechsel, 1992, S. 76; Peck, A., Documents, 1995, S. 129; Stedman, G., Takeovers, 1993, S. 260 f.

[398] Vgl. Herrmann, M., Abwehrmassnahmen, 1993, S. 212 f.; Lüttmann, R., Kontrollwechsel, 1992, S. 76.

[399] [1972] 1 All ER 1166.

[400] Vgl. Harvey, N., Conduct, 1995, S. 138 f.; Herrmann, M., Abwehrmassnahmen, 1993, S, 212 f.; Keenan, D., Students, 1996, S. 438; Stedman, G., Takeovers, 1993, S. 400 und 533 f.

[401] Vgl. Strazzer, R., Übernahmeangebot, 1993, S. 182; Tschäni, R., Übernahmeangebote, 1994, S. 312.

Angebot publiziert wurde, und in mindestens einem der bedeutenden elektronischen Medien, die Börseninformationen verbreiten, veröffentlicht werden.[402] In ihm kann der Verwaltungsrat empfehlen, das Angebot anzunehmen oder abzulehnen. Er kann sich aber auch lediglich darauf beschränken, die Vor- und Nachteile des Angebots darzulegen, ohne eine Empfehlung abzugeben.[403] Damit wird der Verwaltungsrat nicht wie in England gezwungen, eine eindeutige positive oder negative Stellung zum Übernahmeangebot zu beziehen. Er muss lediglich eine klare Begründung für seine Haltung geben und alle wesentlichen Elemente, die die Stellungnahme beeinflusst haben, darlegen.[404] Sollte dies beispielsweise ein hoher Aktienbesitz des Verwaltungsrates selbst sein, so muss er dies nach der hier vertretenen Meinung offenlegen.
Die Anforderungen des BEHG an den Bericht des Verwaltungsrates sind um einiges schwächer als die Anforderungen des City Code. So gibt es im BEHG keine Vorschriften zu Gewinnprognosen und zur Bewertung des Vermögens. Auch müssen die Bedingungen der Arbeitsverträge des Verwaltungsrates, Abfindungszahlungen und Änderungen von diesen nicht angegeben werden, solange diese nicht wesentliche Elemente nach Art. 29 Abs. 4 V-UEK sind. Eine weitere Vorschrift, nach der sie offengelegt werden müssten, findet sich in Art. 31 V-UEK. Dieser verlangt, dass im Bericht auf allfällige Interessenkonflikte des Verwaltungsrates oder der obersten Geschäftsleitung hingewiesen wird. Dies ist namentlich auch dann der Fall, wenn Mitglieder des Verwaltungsrates oder der obersten Geschäftsleitung vertragliche Vereinbarungen oder andere Verbindungen mit dem Anbieter eingegangen sind, sie auf Antrag des Anbieters in den Verwaltungsrat gewählt wurden oder auf seinen Antrag wiedergewählt werden sollten. Liegen Interessenkonflikte vor, so gibt der Bericht Rechenschaft über die Massnahmen, die die Zielgesellschaft getroffen hat, um zu vermeiden, dass sich diese Interessenkonflikte zum Nachteil der Empfänger des Angebotes auswirken.[405]
Neben diesen Vorschriften enthält die Verordnung in Art. 30 V-UEK auch Vorschriften über besondere Informationen. Danach muss der Bericht die Absichten aller Aktionäre, die mehr als fünf Prozent der Stimmrechte besitzen, offenlegen, wenn diese Absichten dem Verwaltungsrat bekannt sind. Ferner müssen die Abwehrmassnahmen, die die Zielgesellschaft zu ergreifen beabsichtigt, offengelegt werden und die Beschlüsse der Generalversammlung, die in Anwendung von Art. 29 Abs. 2 BEHG gefasst wurden, erwähnt werden (die Abwehrmassnahmen werden im 4. Teil eingehender beleuchtet). Schliesslich können einzelne Informationen im Bericht weggelassen werden, solange die gesetzliche Revisionsstelle der Zielgesellschaft der Übernahmekommission darlegt, dass dies durch überwiegende Gesellschaftsinteressen gerechtfertigt ist, und diese Interessen bezeichnet.[406]

---

[402] Art. 32 Abs. 2 und 3 V-UEK.
[403] Art. 29 Abs. 3 V-UEK.
[404] Art. 29 Abs. 4 V-UEK.
[405] Art. 31 Abs. 3 V-UEK.
[406] Art. 30 V-UEK.

Insgesamt gelten für den Bericht des Verwaltungsrates ähnliche Aussagen wie für den Angebotsprospekt des Bieters: er ist im BEHG weniger umfassend als im City Code ausgestaltet. Doch hier sticht die Diskrepanz zwischen dem Umfang der Vorschriften des City Code und dem des BEHG noch mehr ins Auge. So existieren in der Schweiz weder Offenlegungspflichten für Beteiligungen des Managements der Zielgesellschaft noch Offenlegungspflichten in bezug auf sein Gehalt oder sonstige Ansprüche, solange sich das Management der Zielgesellschaft nicht in einem Interessenkonflikt nach Art. 31 V-UEK befindet und sie nicht ein wesentliches Element nach Art. 29 Abs. 4 V-UEK sind. Es muss in der Praxis abgewartet werden, ab welchem Besitzanteil Meldungen aufgrund eines „Interessenkonfliktes" oder „wesentlichen Elementes" erfolgen müssen. Eine eindeutige Vorschrift wäre hier sicherlich von Vorteil gewesen. Auch die fehlenden Vorschriften zu Gewinnvorhersagen und zur Bewertung von Vermögensteilen lassen dem Management der Zielgesellschaft in der Schweiz einen sehr grossen Spielraum, ihre eigene positive oder negative Haltung gegenüber dem Übernahmeangebot zu belegen.

3.3 Aufkaufpflicht und Teilangebote

3.3.1 Die Diskussion um Teilangebote

Im Falle von Teilangeboten zeigt sich die prekäre Stellung von Minderheitsaktionären bei Übernahmen besonders deutlich, da sich bei einem Teilangebot die Übernahmeofferte des Bieters nicht auf sämtliche ausstehende Beteiligungspapiere der Zielgesellschaft bezieht. Das Angebot kann sich entweder auf eine einzige Aktienkategorie der Zielgesellschaft beschränken oder es bezieht sich nur auf den Teil des Grundkapitals, der die Kontrolle über die Zielgesellschaft gewährleistet. Gerade der zweite Fall ist problematisch, da für einen Aktionär die Gefahr besteht, dass bei einem Verzicht auf den Verkauf seiner Aktien diese an Wert verlieren. Ein Wertverlust ist insbesondere dann zu erwarten, wenn mit der Übernahme eine Konzentration der Aktien erfolgt, da Minderheitspositionen unter dem Regime eines Grossaktionärs weniger attraktiv als bei Streubesitz sind. Selbst in dem Fall, in dem ein Mehrheitsaktionär sein Aktienpaket gesamthaft verkauft und damit nur der Mehrheitsaktionär wechselt, entsteht das Problem, dass der Minderheitsaktionär vielleicht nicht in die Gesellschaft mit dem neuen Mehrheitsaktionär investiert hätte.[407]

Durch den drohenden Wertverlust geraten die Aktionäre unter einen hohen Verkaufsdruck, der eine sorgfältige Prüfung des Angebotes verhindert. Dieses sog. Windhundrennen kann durch die Ankündigung des Bieters, die in der Gesellschaft verbleibenden Aktionäre zu einem niedrigeren Preis auszuzahlen oder nur für einen bestimmten Zeitraum einen höheren Preis zu zahlen, weiter verschärft werden (sog.

[407] Vgl. Bohrer, A., Takeover, 1993, S. 506; Botschaft des Bundesrates vom 24. Februar 1993, BBl. 1993 I, Ziff. 25.10; Meier-Schatz, C. J., Betrachtungen, 1991, S. 58; Strazzer, R., Übernahmeangebot, 1993, S. 21.

Two-Tier Offer oder Front-End Loaded Offer). Ein weiterer Nachteil des Windhundrennens besteht darin, dass die Aktionäre und die Zielgesellschaft keine Zeit haben, das Angebot sorgfältig zu prüfen. Dies gefährdet auch, unter der Annahme, dass der Unternehmenskontrollmarkt Ressourcen nur dann richtig verteilt, wenn der Allokation möglichst unverzerrte Anlegerentscheide zugrunde liegen, die ressourcengerechte Allokation.[408]

Eine weitere Gefahr des Windhundrennens ist die Überzeichnung des Angebotes. Diese Gefahr kann allerdings durch die Verpflichtung zum Pro-rata-Erwerb beseitigt werden. Danach sind alle während der Annahmefrist anbietenden Zielaktionäre anteilsmässig zu berücksichtigen. Durch eine Pro-rata-Abfindung wird allerdings das zentrale Problem der Teilangebote nicht gelöst. Dieses besteht darin, dass der Bieter in den Besitz der Kontrolle gelangen kann, ohne eine Kontrollprämie an alle Aktionäre der Zielgesellschaft zu zahlen. Die Tatsache, dass die anderen Aktionäre nicht an der Kontrollprämie partizipieren können, wird allgemein als Verstoss gegen das Gleichbehandlungsprinzip angesehen.[409]

Zudem werden durch ein Verbot von Teilangeboten und die Pflicht zu Vollangeboten neue Probleme geschaffen. So können Vollangebote Unternehmensübernahmen massgeblich verteuern. Damit könnten auch erwünschte Übernahmen unterbleiben und unternehmerische Ressourcen nicht optimal alloziert werden. Auch wird gegen Vollangebote ins Felde geführt, dass sie einer straffen Konzernorgansation Vorschub leisten und die Konzentration fördern, da dem Vollangebot das Konzept von Beteiligungen zu 100 Prozent zugrunde liege. Diese Nachteile von Vollangeboten - Verteuerung und Förderung der Konzentration - müssen gegen die Vorteile von Vollangeboten - Gleichbehandlung der Aktionäre und Schutz vor Übervorteilung durch einen übereilten oder vorzeitigen Verkauf - abgewogen werden.[410]

Bei der Abwägung der Vor- und Nachteile von Teilangeboten und Vollangeboten muss auch dem Unternehmenskontrollmarkt des jeweiligen Landes Rechnung getragen werden. So herrscht in England - trotz der Tatsache, dass institutionelle Investoren ihre bedeutende Stellung immer weiter ausbauen - das Bild grosser Aktiengesellschaften mit Streubesitzaktionären vor. In einer solchen Gesellschaft muss sicherlich aufgrund der schwachen Stellung des einzelnen Aktionärs der Gleichbehandlung der Aktionäre besondere Bedeutung zukommen, zumal die Kontrolle über das Management schwächer als bei konzentriertem Aktienbesitz ist. Hingegen dominieren in der Schweiz Unternehmen, bei denen der Aktienbesitz auf wenige Aktionäre oder Aktionärsgruppen konzentriert ist. Diese üben allein schon im

---

[408] Vgl. Bohrer, A., Takeover, 1993, S. 507; Herrmann, M., Abwehrmassnahmen, 1993, S. 210; Lüttmann, R., Kontrollwechsel, 1992, S. 38.

[409] Vgl. Bohrer, A., Takeover, 1993, S. 507; Lüttmann, R., Kontrollwechsel, 1992, S. 81; Meier-Schatz, C. J., Betrachtungen, 1991, S. 58; Pulver, U., Kaufangebote, 1993, S. 250.

[410] Vgl. Bär, T., Finanzierung, 1990, S. 116; Lüttmann, R., Kontrollwechsel, 1992, S. 214; Meier-Schatz, C. J., Betrachtungen, 1991, S. 58 f.; Pulver, U., Kaufangebote, 1993, S. 251 f.

eigenen Interesse eine sehr viel stärkere Kontrolle über das Management aus. Damit verlieren auch Unternehmensübernahmen als Druckmittel an Wirkungskraft, da der Erfolg einer Übernahme letztendlich vom Mehrheitsaktionär abhängt. Der Mehrheitsaktionär benötigt den Markt für Unternehmenskontrolle in erster Linie für den Verkauf seiner Aktien. Dabei stellt sich aber das Problem, wie der Mehrheitsaktionär seine Aktien auf dem Markt wieder verkaufen kann, ohne dass der Käufer gezwungen wäre, ein Vollangebot abzugeben. Bei einem vollständigen Verbot von Teilangeboten würde demnach auch die Verfügungsgewalt von Grossaktionären über ihr Aktienpaket eingeschränkt werden.[411]
Um den Problemen, die im Zusammenhang mit Teilangeboten entstehen, begegnen zu können, wurde sowohl in der Schweiz als auch in England die Pflicht zum Vollangebot in der Form einer Pflicht zum Aufkauf sämtlicher Aktien bei Überschreiten eines bestimmten Beteiligungswertes eingeführt. Allerdings ermöglichen Ausnahmen von der Aufkaufpflicht eine Anpassung an die lokalen Gegebenheiten. Damit sind auch Teilangebote möglich. Im folgenden sollen nun die Regelungen zu Teilangeboten und zur Aufkaufpflicht dargestellt werden.

3.3.2 Die Regelungen zu Teilangeboten

Teilangebote sind in **England** nur eingeschränkt möglich und aus diesem Grund auch ausgesprochen selten: im Durchschnitt kommen sie einmal pro Jahr vor.[412] Alle Teilangebote benötigen gemäss Rule 36.1 City Code die Erlaubnis des Panels, die bei einem Übernahmeangebot für weniger als 30 Prozent der Stimmrechte normalerweise gewährt wird. Dabei geht der Panel davon aus, dass mit einer Beteiligung von weniger als 30 Prozent noch keine Kontrolle über die Gesellschaft ausgeübt werden kann und damit auch keine neue Gefahr für die Position von Minderheitsaktionären entsteht. Nach Rule 36.2 City Code wird die Zustimmung des Panels allerdings dann nicht gewährt, wenn der Bieter oder mit ihm abgestimmt handelnde Personen in den letzten zwölf Monaten Aktien erworben haben.[413]
Beabsichtigt der Bieter, mehr als 30 Prozent, aber weniger als 50 Prozent der Stimmrechte zu erwerben, so muss er zudem noch zwei weitere Bedingungen erfüllen. Zuerst muss der Bieter den genauen Betrag, den er erwerben will, angeben und diesen auch erreichen. Die zweite Bedingung fordert, dass der Bieter die Genehmigung der Aktionäre, die mehr als 50 Prozent der Stimmrechte halten und nicht mit dem Bieter oder mit ihm verbundenen Personen identisch sind, einholen muss.[414] Damit soll den Minderheitsaktionären die Möglichkeit gegeben werden, selbst

---

[411] Vgl. Pletscher, T., Börsengesetz, 1994, S. 175; Pulver, U., Kaufangebote, 1993, S. 251.
[412] Vgl. Lüttmann, R., Kontrollwechsel, 1992, S. 73; aktuelle Beispiele für Teilangebote gibt Holland, P., Provisons, 1995, S. 113.
[413] Vgl. Holland, P., Provisions, 1995, S. 113; Knoll, H.-C., Übernahmen, 1992, S. 128; Lüttmann, R., Kontrollwechsel, 1992, S. 73; Strazzer, R., Übernahmeangebot, 1993, S. 73; Pulver, U., Kaufangebote, 1993, S. 251.
[414] Rule 36.5 City Code.

darüber zu entscheiden, ob sie eine Minderheitsposition gegenüber einem bestimmten Grossaktionär tolerieren wollen. Bei dem Genehmigungsverfahren wird den Aktionären allerdings nicht die Gelegenheit gegeben, Fragen zu stellen und weitere Informationen zu erhalten. Auch wird durch einen Mehrheitsentscheid die Frage des Schutzes der nicht mit dem Kontrollwechsel einverstandenen Aktionäre nicht beantwortet, da diese Aktionäre nach Ablauf der Angebotsfrist kein Austrittsrecht haben. Im Gegensatz dazu können Aktionäre bei einem Vollangebot gemäss Rules 31.4 und 9.5 (a) City Code noch vierzehn Tage nach Ablauf der Annahmefrist ein erfolgreiches Angebot annehmen. Das fehlende Austrittsrecht bei einem Teilangebot wird durch das Zustimmungserfordernis der Generalversammlung, in der der Bieter nicht mitstimmen darf, und das Zustimmungserfordernis des Panels gemildert. Allerdings kann ein Minderheitsaktionär, der mit dem Teilangebot nicht einverstanden ist, sich nicht mehr wehren, sobald die Zustimmung des Panels gegeben wurde.[415]
Von dem Genehmigungserfordernis kann der Bieter befreit werden, wenn mehr als 50 Prozent der ausstehenden Stimmrechte von einem einzigen Aktionär gehalten werden. In diesem Fall ist eine förmliche Billigung durch die Aktionäre nicht nötig, da die Genehmigung ohnehin ausschliesslich von der Entscheidung des einzelnen Grossaktionärs, seine Anteile zu verkaufen, abhängt.[416]
Im Zusammenhang mit dem Zustimmungserfordernis von 50 Prozent der Aktionäre könnte ein Aktionär in das Dilemma geraten, dass er zwar die Übernahme ablehnt, aber aus Angst vor einem Wertverlust seiner Aktien, aus Angst vor einer unerwünschten Minderheitsposition oder aus Unkenntnis über das Verhalten der anderen Aktionäre dem Teilübernahmeangebot zustimmt. Diesem wird in England insofern Rechnung getragen, als der Aktionär in der Abstimmung zwar das Teilübernahmeangebot ablehnen kann, er aber zugleich bei Annahme des Teilübernahmeangebotes seine Aktien zum Verkauf anbieten kann.[417]
Eine der Rechtsfolgen eines Teilangebotes ist die Pflicht des Bieters zur Pro-rata-Abfindung der Aktionäre bei Überzeichnung.[418] Damit wird der besondere Druck bei Teilangeboten, sie schnell anzunehmen, um einer Annahme durch Mitaktionäre zuvorzukommen, beseitigt. Ausserdem dürfen weder der Bieter noch die mit ihm abgestimmt handelnden Personen Aktien während der Laufzeit des Übernahmeangebotes erwerben. Das Gleiche gilt im Falle eines erfolgreichen Übernahmeangebotes für eine Periode von 12 Monaten nach Ende der Laufzeit.[419] Mit dieser Regelung soll

---

[415] Vgl. Holland, P., Provisions, 1995, S. 114; Knoll, H.-C., Übernahmen, 1992, S. 128; Lüttmann, R., Kontrollwechsel, 1992, S. 55, 58 und 214; Stedman, G., Takeovers, 1993, S. 72.
[416] Vgl. Lüttmann, R., Kontrollwechsel, 1992, S. 55.
[417] Vgl. Bachmann, R.-P., Übernahmen, 1992, S. 40 f.
[418] Rule 36.7 City Code.
[419] Rule 36.3 City Code.

verhindert werden, dass einige Aktionäre ihren gesamten Aktienbestand verkaufen können, während andere nur pro-rata bedacht werden.[420]

In der **Schweiz** waren unter dem alten Übernahmekodex Teilangebote ausdrücklich erlaubt und unterlagen keinen besonderen Einschränkungen wie in England. Es musste nach Ziff. 3.8 Übernahmekodex lediglich eine Pro-rata-Abfindung bei Überzeichnung und ein Gesamtübernahmeangebot bei Überschreiten von 50 Prozent der Stimmrechte erfolgen. Da unter dem neuen BEHG Teilangebote nicht ausdrücklich erwähnt sind, sind sie wohl möglich, solange nicht die Schwelle, ab der eine Aufkaufpflicht ausgelöst wird, überschritten wird. Eine Beschränkung allein auf eine einzige Art von Beteiligungspapieren ist auch zulässig. Die Pro-rata-Abfindungspflicht könnte dabei aus Art. 24 Abs. 2 BEHG abgeleitet werden, der verlangt, dass die Besitzer von Beteiligungspapieren derselben Art gleich behandelt werden. Eine Pflicht zur Pro-rata-Abfindung ist wohl auch im Hinblick auf die Pflichten im alten Übernahmekodex gerechtfertigt. Teilangebote, die auf über $33^1/_3$ Prozent der Stimmrechte abzielen, sind im BEHG nicht mehr möglich, solange die Gesellschaft kein Opting-out oder -up (siehe 3.3.3.2) durchgeführt hat.[421]

Wurde ein Opting-out oder -up allerdings durchgeführt, so können Teilangebote gestellt werden und unterliegen den Vorschriften des BEHG, insbesondere in bezug auf die Meldepflichten, auf die Verhaltenspflichten des Managements der Zielgesellschaft und auf die Anforderungen an den Angebotsprospekt und den Bericht des Verwaltungsrates.

Insgesamt scheinen die Vorschriften des BEHG in bezug auf Teilangebote restriktiver als die des City Code zu sein. So bedürfen zwar Teilangebote bis zur Beteiligungsschwelle, ab der die Aufkaufpflicht greift, keiner besonderen Genehmigung der Aufsichtsbehörde, sind aber über dieser Schwelle überhaupt nicht möglich. Dies wird allerdings dadurch abgeschwächt, dass die Unternehmen in der Schweiz - im Gegensatz zu denen in England - die Möglichkeit haben, durch das Opting-out die Aufkaufpflicht statutarisch wegzubedingen oder einzuschränken. In einer solchen Gesellschaft wären Teilangebote, die den übrigen Anforderungen des BEHG entsprechen, unbeschränkt und ohne spezielle Zustimmung der Aufsichtsbehörde möglich. Damit hängt es in der Schweiz vom einzelnen Unternehmen ab, inwieweit Teilangebote möglich sind oder nicht.

3.3.3 Die Aufkaufpflicht

Als Aufkaufpflicht wird die Pflicht zur Abgabe eines Vollangebotes bei Überschreiten einer bestimmten Beteiligungsschwelle verstanden. Damit sie griffig ist, muss ein

---

[420] Vgl. Holland, P., Provisions, 1995, S. 115; Knoll, H.-C., Übernahmen, 1992, S. 128; Lüttmann, R., Kontrollwechsel, 1992, S. 73; Stedman, G., Takeovers, 1993, S. 71.

[421] Vgl. Burkart, M., Kaufangebote, 1994, S. 20; Gruber, M., Pflicht, 1996, S. 49; Meier-Schatz, C. J., Betrachtungen, 1991. S. 59; Strazzer, R., Übernahmeangebot, 1993, S. 143 f.

Mindestpreis festgelegt sein und dürfen Paketzuschläge zumindest nur begrenzt möglich sein. Ohne Mindestpreis und ohne Begrenzung des Paketzuschlages könnte ein Bieter ein faktisches Teilangebot abgeben, indem er einigen Aktionären ein inakzeptables Angebot stellt.[422]

Bei der Festlegung eines Mindestpreises geht es in erster Linie um die Verteilung der Kontrollprämie. Erhält beispielsweise ein Mehrheitsaktionär für den Verkauf seiner Aktien einen besseren Preis als die anderen, so ist die Kontrollprämie nicht mehr gleichmässig verteilt. So zahlte Philip Morris bei der Übernahme der Jacobs Suchard AG im Jahre 1990 an die K. J. Jacobs gehörende Colima Holding eine Prämie von 120 Prozent für 62 Prozent der Aktienstimmen der Jacobs Suchard AG. Die Minderheitsaktionäre erhielten in dem später veröffentlichten Übernahmeangebot lediglich eine Prämie von ungefähr 25 Prozent auf den durchschnittlichen Börsenkurs des vorangegangenen Halbjahres. Dies wurde von vielen als ein eklatanter Verstoss gegen die Gleichbehandlung der Aktionäre verstanden.[423]

Die Aufkaufpflicht (Mandatory Offer) wird in **England** in Rule 9.1 City Code geregelt. Sie besagt, dass der Erwerber einer Beteiligung, die mehr als 30 Prozent der Stimmrechte gewährt, zur Abgabe eines Gesamtübernahmeangebotes für alle Aktien der Zielgesellschaft verpflichtet ist. Die Aufkaufpflicht gilt auch für jemanden, dessen Beteiligung zwischen 30 und 50 Prozent liegt und der in den letzten 12 Monaten mehr als 1 Prozent an Stimmrechten dazugekauft hat. Das Angebot hat sich auf alle Arten von Aktien der Zielgesellschaft, ob mit oder ohne Stimmrecht, zu erstrecken und muss mindestens alternativ eine Geldleistung umfassen.[424]

Jedes Übernahmeangebot muss die Bedingung enthalten, dass es seine Gültigkeit verliert, wenn der Bieter weniger als 50 Prozent der Aktien zugesprochen bekommt.[425] Ansonsten muss der Bieter die Zusagen, die er bisher erhalten hatte, an die betreffenden Aktionäre zurücksenden und seine Beteiligung unter 30 Prozent bringen. Da die Bedingung, dass 50 Prozent der Stimmrechte erreicht werden müssen - ausser mit Genehmigung des Panels - obligatorisch ist, ist es nicht möglich, auf dem Wege eines Zwangsangebotes oder eines Übernahmeangebotes eine Beteiligung zwischen 30 und 50 Prozent zu erlangen.[426]

Bei einem Übernahmeangebot, das kein Zwangsangebot nach Rule 9.1 City Code ist, könnte der Bieter auch ein höheres Akzeptanzniveau einführen. Beispielsweise kann er mit der Bedingung, dass das Angebot nur dann gültig ist, wenn mindestens 90 Prozent der Aktionäre zum Verkauf bereit sind, anschliessend die

---

[422] Vgl. Burkart, M., Kaufangebote, 1994, S. 18.

[423] Vgl. Bachmann, R.-P., Übernahmen, 1992, S. 36.

[424] Vgl. Pulver, U., Kaufangebote, 1994, S. 249; Staple, W., Panel, 1995, S. 2.

[425] Rule 9.3 und 10 City Code.

[426] Vgl. Freshwater, T. / Boardman, N., Restrictions, 1995, S. 62; Pearson, C., Offers, 1995, S. 92.

restlichen Aktionäre mittels Squeeze Out auskaufen. Die Möglichkeit zum Squeeze Out soll unter 3.4.1 besprochen werden.[427]

Ziel von Rule 9.1 City Code ist in erster Linie, die Gleichbehandlung der Aktionäre zu gewährleisten. Konsequenterweise wurden auch strikte Preisvorschriften eingeführt. So muss die Geldleistung dem höchsten im letzten Jahr bezahlten Preis für die Aktien derselben Kategorie entsprechen.[428] Da dieser Preis häufig noch eine Kontrollprämie einschliesst, werden die Aktionäre an der Kontrollprämie beteiligt. Erwirbt der Bieter nach Beginn der Angebotsperiode weitere Aktien zu einem höheren als dem angebotenen Preis, so muss er den Angebotspreis entsprechend erhöhen.[429] Die gleiche Regelung gilt bei einem Erwerb von Personen, die mit dem Bieter abgestimmt handeln. So wurde während der Laufzeit des Übernahmeangebotes von Guinness für Distillers im Jahre 1989 ein Aktienkauf von Personen getätigt, die nach Auffassung des Panels mit Guinness abgestimmt handelten. Aus diesem Grund musste Guinness nach Rule 11.1 City Code seinen Angebotspreis sogar nach Ablauf der Laufzeit entsprechend erhöhen.[430]

Rule 9.1 City Code bezieht sich nicht nur auf öffentliche Übernahmeangebote, sondern erfasst unabhängig von der Form des Kontrollwechsels jede Überschreitung der Kontrollschwelle. Akquisitionen von Personen, die abgestimmt mit dem Käufer handeln, werden zu den Akquisitionen des Käufers hinzugezählt. Entscheiden sich aber Aktionäre, die zusammen mehr als 30 Prozent besitzen, erst nach dem Erwerb ihrer Aktien, abgestimmt zu handeln, so müssen sie kein Übernahmeangebot abgeben, da allein der Transfer der Aktien ein Übernahmeangebot auslöst. Allerdings müssen sie nach Rule 9.1 (b) City Code ein Übernahmeangebot abgeben, sobald sie als Gruppe innerhalb von 12 Monaten mehr als 1 Prozent an Stimmrechten dazukaufen.[431]

Erwirbt ein Aktionär lediglich Warrants, Optionen oder Convertibles, so werden die potentiellen Stimmrechte nicht bei der Berechnung der 30-Prozent-Schwelle einbezogen. Bei Ausübung werden die Stimmrechte allerdings mit einbezogen, solange der Aktionär nicht von der Aufkaufpflicht durch den Panel befreit worden ist.[432] Dieses als Whitewash Procedure[433] bezeichnete Vorgehen entbindet einen Aktionär von der Aufkaufpflicht, wenn er aufgrund einer Ausgabe neuer Aktien die 30-Prozent-

---

[427] Vgl. Stedman, G., Takeovers, 1993, S. 208.

[428] Rule 9.5 City Code.

[429] Rule 6.2 City Code.

[430] Vgl. Knoll, H.-C., Übernahmen, 1992, S. 121; Pearson, C., Offers, 1995, S. 89; Pulver, U., Kaufangebote, 1993, S. 249; Staple, W., Panel, 1995, S. 2; Todd, R. / Lynchehan, M., United Kingdom, 1992, S. 64.

[431] Vgl. Lüttmann, R., Kontrollwechsel, 1992, S. 52; Pearson, C., Offers, 1995, S. 80; Pulver, U., Kaufangebote, 1994, S. 249; Stedman, G., Takeovers, 1993, S. 190; Todd, R. / Lynchehan, M., United Kingdom, 1992, S. 64.

[432] Note 10 zu Rule 9.1 City Code.

[433] Anhang 1 zum City Code.

Schwelle überschreitet und unabhängige Aktionäre dieser Ausgabe zugestimmt hatten.[434]

Im englischen City Code gibt es keine dispositiven oder zwingenden Ausnahmebestimmungen zur Aufkaufpflicht. Fallweise kann der Panel aber beispielsweise dann eine Ausnahme von der Aufkaufpflicht gewähren, wenn der Beteiligungserwerb zur Rettung einer finanziell angeschlagenen Gesellschaft erfolgt oder wenn 50 Prozent der Stimmrechte ihre Ablehnung des Angebots schriftlich erklären.[435] Im Falle, dass ein Aktionär die 30-Prozent-Schwelle überschreitet, aber nicht in der Lage oder willens ist, ein Vollangebot zu stellen, kann der Panel - wie er dies im Falle von St. Martins Property Ltd./Hay's Wharf getan hat - die Stimmrechtsausübung der Aktien, die über 30 Prozent gehen, untersagen und den Aktionär zwingen, die überschüssigen Aktien wieder zu verkaufen.[436]

In der **Schweiz** war eine Aufkaufpflicht vor Inkrafttreten des Börsengesetzes durch Ziff. 3.8 Übernahmekodex nur dann vorgesehen, wenn ein Bieter aufgrund eines Übernahmeangebotes die Schwelle von 50 Prozent der Stimmrechte überschritt. Bei einem geheimen Kauf oder einem Paketerwerb musste er kein Gesamtübernahmeangebot abgeben. Diese Vorschrift wurde mit der Begründung, dass es für einen Minderheitsaktionär gleichgültig sein könne, wie die beherrschende Stellung aufgebaut worden sei, kritisiert. Die mangelnden Regelungen zur Aufkaufpflicht veranlassten die gesetzliche Statuierung der Aufkaufpflicht in Art. 32 BEHG.[437]

Die Aufkaufpflicht des Art. 32 BEHG, die ursprünglich eingeführt worden war, um die geplante 13. EG-Richtlinie vorwegzunehmen, gab zu heftigen Diskussionen Anlass. Streitpunkt waren dabei die Notwendigkeit einer Aufkaufpflicht, insbesondere in Hinblick auf die weitverbreitete Form der kotierten Familiengesellschaft, die Höhe des Grenzwertes, ab dem eine Aufkaufpflicht gelten sollte, und die Möglichkeiten, einen Paketzuschlag zu bezahlen. Die Aufkaufpflicht wurde nach der Botschaft[438] in das Börsengesetz eingebunden, um in erster Linie die Minderheitsaktionäre zu schützen und ihnen die Möglichkeit zu geben, freiwillig aus einem Unternehmen, das von einem neuen Mehrheitsaktionär geführt wird, auszuscheiden.[439]

Nach Art. 32 BEHG muss jeder, der direkt, indirekt oder in gemeinsamer Absprache mit Dritten durch einen Erwerb von Beteiligungspapieren die Schwelle von $33^1/_3$ Prozent der Stimmrechte überschreitet, ein Angebot für alle kotierten Beteiligungspapiere der Gesellschaft unterbreiten. Die Schwelle von $33^1/_3$ Prozent wurde in Anlehnung an die geplante 13. EG-Richtline festgelegt und nicht in Anlehnung an die englische 30-Prozent-Schwelle. Wie in England gilt die Aufkaufpflicht unabhängig

---

434 Vgl. Stedman, G., Takeovers, 1993, S. 200.

435 Notes on Dispensations from Rule 9.

436 Vgl. Gruber, M., Pflicht, 1996, S. 124; Lüttmann, R., Kontrollwechsel, 1992, S. 201 f.

437 Vgl. Pulver, U., Kaufangebote, 1994, S. 244; Strazzer, R., Übernahmeangebot, 1993, S. 144 f. und 149; Tschäni, R., Übernahmeangebote, 1994, S. 314.

438 Botschaft des Bundesrates vom 24. Februar 1993, BBl. 1993 I, Ziff. 164.

439 Vgl. o. V., M&A, 1993, S. 11; Pletscher, T., Börsengesetz, 1994, S. 174; Strazzer, R., Börsengesetz, 1995, S. 724.

davon, ob die Stimmrechte ausübbar sind oder nicht. Insbesondere gilt sie auch dann, wenn die Schwelle durch den Erwerb von nicht-kotierten Beteiligungspapieren überschritten wird. Das Übernahmeangebot muss allerdings auch in diesem Fall nur für die kotierten Beteiligungspapiere gelten. Nichtkotierte oder im Ausland kotierte Beteiligungspapiere müssen nicht aufgekauft werden.[440]

Im Gegensatz zum alten Übernahmekodex, der nur das Überschreiten der Schwelle durch ein Übernahmeangebot erfasst hatte, ist es im BEHG unwichtig, auf welchem Wege - Marktkauf, Übernahmeangebot, Paketkauf - die Schwelle überschritten wurde. Ein weiterer Unterschied zum alten Übernahmekodex besteht darin, dass das BEHG neu auch Preisvorschriften enthält. Die Festlegung eines Mindestpreises wird von der Botschaft[441] sogar als Kernpunkt der Regelung zur Aufkaufpflicht angesehen, da eine fehlende Regelung es auch weiterhin ermögliche, den Minderheitsaktionären einen offensichtlich untersetzten Preis anzubieten. Im Gegensatz zu England geht dabei das BEHG allerdings nicht von der absoluten Gleichbehandlung aller Aktionäre, sondern lediglich von einer relativen Gleichbehandlung wie in Art. 717 Abs. 2 OR aus.[442] In der Praxis heisst dies, dass ein Anbieter nach Art. 32 Abs. 4 BEHG zwar mindestens den Börsenkurs[443] zu bezahlen hat, der Angebotspreis aber bis zu 25 Prozent unter dem höchsten Preis liegen kann, den der Anbieter in den letzten zwölf Monaten für Beteiligungspapiere der Zielgesellschaft bezahlt hat. In England hingegen müsste der Angebotspreis dem höchsten Preis, der in den letzten zwölf Monaten gezahlt wurde, entsprechen und damit die Kontrollprämie gleichmässig verteilt sein.[444]

Die Möglichkeit eines limitierten Paketzuschlages wird von der Botschaft[445] damit begründet, dass dem Wert einer beherrschenden Beteiligung Rechnung getragen werden müsse. Der Verkauf einer solchen Beteiligung könne nicht mit dem einer Einzelbeteiligung gleichgestellt werden, da ihr wirtschaftlicher Wert höher sei. Durch die Limitierung auf 25 Prozent können die Minderheitsaktionäre an der Prämie teilweise partizipieren, werden aber im Verhältnis zum Mehrheitsaktionär nicht gleichbehandelt.[446]

Die unterschiedlichen Regelungen zum Paketzuschlag in England und in der Schweiz zeigen auch den Mentalitätsunterschied zwischen diesen beiden Ländern sehr

---

[440] Vgl. Botschaft des Bundesrates vom 24. Februar 1993, BBl. 1993 I, Ziff. 25.9; Burkart, M., Kaufangebote, 1994, S. 18; Gruber, M., Pflicht, 1996, S. 77 f. und 142.

[441] Botschaft des Bundesrates vom 24. Februar 1993, BBl. 1993 I, Ziff. 25.9.

[442] Siehe 3.5.

[443] Der Börsenkurs entspricht dabei nach Art. 37 Abs. 2 und 3 V-EBK dem Durchschnitt der während der letzten 30 Börsentage vor Veröffentlichung des Angebotes an einer Schweizer Börse ermittelten Eröffnungskurse. Er ist von erheblichen Kurseinflüssen durch besondere Ereignisse innerhalb dieses Zeitraums wie zum Beispiel Dividendenausschüttung oder Kapitaltransaktionen zu bereinigen.

[444] Vgl. Burkart, M., Kaufangebote, 1994, S. 21; Gruber, M., Pflicht, 1996, S. 79 und 143.

[445] Botschaft des Bundesrates vom 24. Februar 1993, BBl. 1993 I, Ziff. 25.9.

[446] Vgl. Böckli, P., Aktienrecht, 1996, S. 883; Gruber, M., Pflicht, 1996, S. 98.

deutlich. Während in England alle Aktionäre, ungeachtet ihrer Beteiligung, ihres Einflusses auf die Unternehmenspolitik und ihres Risikos, den gleichen Anteil an der Kontrollprämie erhalten sollen, wird die Kontrollprämie in der Schweiz zu einem grossen Teil dem Mehrheitsaktionär zugesprochen. Somit kann wohl mit Gruber[447] gesagt werden, dass die Frage, wem die Kontrollprämie zusteht, letztlich politischer Natur ist. Allerdings spiegelt die unterschiedliche Regelung auch die vorherrschenden Beteiligungsverhältnisse in den Aktiengesellschaften beider Länder wider. Mit der Möglichkeit eines begrenzten Paketzuschlages soll es einem Mehrheitsaktionär einer Familiengesellschaft in der Schweiz möglich sein, einen Teil des von ihm übernommenen wirtschaftlichen Risikos ausgezahlt zu bekommen.[448]
Die für die Schweiz typische Familiengesellschaft hat auch Anlass zu einer europaweit einzigartigen Ausnahme geführt: kotierte Unternehmen können nach Art. 32 Abs. 1 BEHG den Grenzwert, ab dem ein Übernahmeangebot unterbreitet werden muss, in den Statuten auf 49 Prozent der Stimmrechte anheben (Opting-up) oder nach Art. 22 Abs. 2 BEHG ihr Unternehmen ganz von der Aufkaufpflicht ausnehmen (Opting-out).[449] Das Opting-out oder -up muss vor der Kotierung festgelegt werden. Wird es nachträglich eingeführt, so ist nach Art. 22 Abs. 3 BEHG darauf zu achten, dass keine Minderheitsaktionäre benachteiligt werden (Art. 706 OR). Nach den Übergangsbestimmungen des Art. 53 BEHG können bereits kotierte Gesellschaften zwei Jahre nach Inkrafttreten des BEHG ein Opting-out oder -up in ihre Statuten aufnehmen. Auch hier muss Art. 706 OR, der allerdings, wie Gruber[450] bemerkt, im Falle einer Statutenänderung sowieso eingehalten werden muss, Genüge getan sein.[451]
Wie in England so sind auch in der Schweiz Ausnahmen von der Aufkaufpflicht möglich. In der Schweiz kann die Aufsichtsbehörde nach Art. 32 Abs. 2 BEHG eine Ausnahme gewähren, wenn die Überschreitung aus einer Verringerung der Gesamtzahl der Stimmrechte der Gesellschaft resultiert (z.B. aus einer Kapitalherabsetzung); wenn der Grenzwert nur vorübergehend überschritten wird; bei einem unentgeltlichen Bezug oder bei einer vorzugsweisen Zeichnung im Rahmen einer Kapitalerhöhung, bei einem Erwerb zu Sanierungszwecken und bei der Übertragung von Stimmrechten innerhalb einer vertraglich oder auf eine andere Weise organisierten Gruppe. Im letzteren Fall wird wieder der verbreiteten Familiengesellschaft Rechnung getra-

---

447 Gruber, M., Pflicht, 1996, S. 106.
448 Vgl. Gruber, M., Pflicht, 1996, S. 106.
449 Folgende Unternehmen haben nach einer Studie der Bank Vontobel bereits ein Opting-out durchgeführt: Accu-Oerlikon, Also, Arbonia-Forster, BK-Vision, Canon (Schweiz), EMS-Chemie, Intershop, Mövenpick, Oerlikon-Bührle, Pharma-Vision, Schindler, Schlatter, Stillhalter-Vision, Sunstar. Ein Opting-up wurde von folgenden Unternehmen durchgeführt: Ciba Specialty, Clariant, Disetronic, Gurit, Helvetia-Patria, Hügli, Phonak, Rentenanstalt, SMH, Von Roll (vgl. o.V., Ratio Screening, 1997, S. 16).
450 Gruber, M., Pflicht, 1996, S. 118.
451 Vgl. Gruber, M., Pflicht, 1996, S. 115-118; Strazzer, R., Börsengesetz, 1995, S. 724 und 726.

gen.[452] Von der Verordnung werden ebenfalls Banken oder Effektenhändler, die alleine oder als Syndikat im Rahmen einer Emission Beteiligungspapiere fest übernehmen und die den Grenzwert übersteigende Anzahl von Beteiligungspapieren innerhalb von drei Monaten nach Überschreitung des Grenzwertes wieder veräussern, ausgenommen.[453]

Das Opting-out oder -up kann besonders für Aktionäre, die bei Inkrafttreten des BEHG direkt, indirekt oder in gemeinsamer Absprache über ein Stimmrecht zwischen $33^1/_3$ und 50 Prozent verfügen, von Bedeutung sein, da sie nach Art. 52 BEHG bei einem fehlenden Opting-out oder -up verpflichtet sind, bei Überschreiten der Schwelle von 50 Prozent ein Angebot für alle kotierten Beteiligungspapiere der Gesellschaft zu unterbreiten.[454] Im Gegensatz zu England ist keine Aufkaufpflicht vorgesehen, falls ein Aktionär, der nach Inkrafttreten des BEHG über Aktien mit einem Stimmrecht zwischen $33^1/_3$ und 50 Prozent verfügt, seine Stimmbeteiligung bis zu 50 Prozent ausbaut.[455] In England sind sie bereits dann zu einem Übernahmeangebot verpflichtet, falls sie ihre Beteiligung innerhalb von 12 Monaten um 1 Prozent ausbauen. Ein zeitliches Element wie die Begrenzung auf 12 Monate, aber auch eine geringfügige Erhöhung um wenige Prozentpunkte, sind damit im BEHG nicht festgehalten.[456]

Das Opting-out bringt eine Zweiteilung des Aktienmarktes mit sich. Es wird allgemein erwartet, dass die Aktien von Gesellschaften, die im Kursblatt entsprechend gekennzeichnet werden, durch ein Opting-out an Attraktivität verlieren. Dadurch wird zwar die Kapitalbeschaffung geschwächt, aber auch die Chance für einen Mehrheitsaktionär gestärkt, einen Käufer für sein Aktienpaket zu finden.[457] Allerdings merkt Frei[458] an, dass die Bedeutung des Opting-out nicht überzubewerten sei, da bei der überwiegenden Anzahl der Unternehmen das Bestehen oder Nichtbestehen der Aufkaufpflicht beim Kaufentscheid eine untergeordnete Rolle spiele. „Nur bei Unternehmen, die als klare Takeover-Kandidaten gelten sowie bei Firmen, wo eine externe Nachfolge ansteht, dürfte sich aus rationaler Sicht das Bestehen einer Angebotspflicht signifikant in der Kursentwicklung reflektieren.“[459]

---

[452] Vgl. Botschaft des Bundesrates vom 24. Februar 1993, BBl. 1993 I, Ziff. 164.

[453] Art. 33 Abs. 1 lit. b V-EBK.

[454] Diese Regelung hat beispielsweise dazu geführt, dass bei der Sika vor dem Inkrafttreten des BEHG die Stimmenbeteiligung von 48 auf 52,5 Prozent ausgebaut wurde, damit die Aufkaufpflicht nicht greifen konnte (vgl. o.V., Ratio Screening, 1997, S. 16).

[455] Folgende Gesellschaften haben nach der Studie der Bank Vontobel Aktionäre mit einem Stimmenanteil zwischen $33^1/_3$ und 50 Prozent: Bobst, Distefora, Elektrowatt, Escor, Gurit-Heberlein, Helvetia-Patria, Kühne&Nagel, Logitech, Motor-Columbus, Mövenpick, Pirelli Intl., Sihl, Siegfried, Südelektra, Surveiallance, VP Bank Vaduz (vgl. o.V., Ratio Screening, 1997, S. 16).

[456] Vgl. Böckli, P., Aktienrecht, 1996, S. 884; Gruber, M., Pflicht, 1996, S. 26.

[457] Vgl. Böckli, P., Aktienrecht, 1996, S. 844.

[458] Vgl. Frei, S., Meldepflicht, 1996, S. 729.

[459] Frei, S., Meldepflicht, 1996, S. 729.

Insgesamt sind die schweizerischen Vorschriften zwar durch die Möglichkeiten zum Opting-out oder -up sehr viel weniger streng als in England, sie sind dafür aber auch besser an die schweizerischen Verhältnisse - hier sei noch einmal die Verbreitung der Familiengesellschaft hervorgehoben - angepasst. Auch die Möglichkeit, einen begrenzten Paketzuschlag zu bezahlen, reflektiert die schweizerischen Verhältnisse in angemessener Weise. Dies zeigt auch, dass in der Schweiz die Gleichbehandlung der Aktionäre eine andere Bedeutung hat als in England, wo alle Aktionäre derselben Aktienkategorie gleichbehandelt werden müssen und eine Ungleichbehandlung in bezug auf den Angebotspreis in derselben Aktienkategorie verboten ist.

3.4 Die Behandlung von verbleibenden Minderheitsanteilen

3.4.1 Das Aufkaufrecht des Bieters (Squeeze Out)

Squeeze Out oder Compulsory Sale ist das Recht des Bieters, bei Erreichen einer bestimmten Beteiligungsschwelle die verbleibenden Minderheitsaktionäre zum Verkauf ihrer Anteile zu zwingen. Auch wenn dieses Vorgehen eigentlich gegen die Eigentumsrechte des Aktionärs und gegen sein wohlerworbenes Recht auf Mitgliedschaft verstösst, wird das Recht des Bieters, über 100 Prozent seiner Beteiligung und die volle Handlungsfreiheit zu verfügen, sowohl in der Schweiz als auch in England als vorrangig betrachtet. Damit wird auch verhindert, dass verbleibende Minderheitsaktionäre dem zusammengeschlossenen Unternehmen unnötige Hindernisse in den Weg legen oder Druck auszuüben versuchen. Schliesslich ermöglicht das Aufkaufrecht auch, die Anteile von verstorbenen oder unauffindbaren Aktionären zu erwerben.[460]

Das Aufkaufrecht kann einen erheblichen Druck auf die verbleibenden Minderheitsaktionäre ausüben. Beispielsweise empfahl das Board of Directors von Forte im Februar 1996 den verbleibenden Minderheitsaktionären, das feindliche Übernahmeangebot von Granada anzunehmen, nachdem Granada mehr als 90 Prozent der Forte-Aktien erworben hatte.[461] Um eine willkürliche Anwendung des Aufkaufrechtes zu unterbinden, unterliegt es allerdings bestimmten Einschränkungen. So ist es sowohl in der Schweiz als auch in England notwendig, dass ein Übernahmeangebot vorausgegangen ist. Zudem ist das Aufkaufrecht des Bieters auf eine bestimmte Zeitperiode begrenzt, wie sich im folgenden zeigen wird.

In **England** sind die Vorschriften zum Aufkaufrecht des Bieters in s. 429 CA 1985 zu finden. Danach kann das Aufkaufrecht erst in Anspruch genommen werden, wenn sich das Angebot an alle Aktionäre gerichtet hatte und in Folge des

---

[460] Vgl. Botschaft des Bundesrates vom 24. Februar 1993, BBl. 1993 I, Ziff. 25.10; Stedman, G., Takeovers, 1993, S. 311; Strazzer, R., Börsengesetz, 1995, S. 726.

[461] Vgl. Deneshidru, S., Forte, 1996, S. 3.

Angebotes 90 Prozent des „Aktienwertes“[462] erworben oder der Erwerb vereinbart worden ist. Desweiteren muss der Bieter die 90-Prozent-Schwelle vier Monate nach Abgabe des Übernahmeangebotes erreicht haben. Nach Erreichen der 90-Prozent-Schwelle hat er dann zwei Monate Zeit, um sein Aufkaufrecht zu den Bedingungen der alten Offerte auszuüben.[463]
Allerdings sind die Minderheitsaktionäre dem Bieter nicht vollkommen schutzlos ausgeliefert, sobald er die 90-Prozent-Schwelle erreicht hat. Sie können vielmehr innerhalb von sechs Wochen ein Gericht anrufen. Dabei erhalten sie in der Regel immer dann Recht, wenn der Bieter das Aufkaufrecht nur dazu verwendet, die Minderheit zu enteignen. Beispielsweise wurde im Fall Bugle Press Ltd.[464] den klagenden Minderheitsaktionären Recht gegeben. Diese hatten sich dagegen gewehrt, dass sich Aktionäre, die 90 Prozent des Aktienkapitals des Unternehmens besassen, in einem neuen Unternehmen zusammenschlossen, ein Übernahmeangebot für das alte Unternehmen abgaben und dann das Aufkaufrecht gegen die Minderheitsaktionäre einzusetzen versuchten.[465]
In der **Schweiz** besteht erst mit dem Inkrafttreten des zweiten Paketes die Möglichkeit, Minderheitsaktionäre auszukaufen. Dies führte zu der absonderlichen Situation, dass sich eine Gesellschaft, die sich ihrer Minderheitsaktionäre entledigen wollte, selbst liquidieren musste. So wurde bei der Übernahme der Jacobs Suchard AG, an der Minderheitsaktionäre noch zu 0,04 Prozent beteiligt waren, durch Philip Morris im Jahre 1990, Jacobs Suchard in Amilock AG umbenannt und im Zuge einer unechten Fusion formell liquidiert. Danach wurden die Aktiven der liquidierten Gesellschaft in die Colima Holding AG, die von Klaus Jacobs gekauft worden war und die Mehrheit an Jacobs Suchard besass, eingebracht. Diese wurde dann in Jacobs Suchard umbenannt.[466]
Unter dem BEHG muss der Bieter, wenn er nach Ablauf der Angebotsfrist über mehr als 98 Prozent der Stimmrechte der Zielgesellschaft verfügt, vom Richter verlangen, dass die restlichen Beteiligungspapiere für kraftlos erklärt werden.[467] Nach der Botschaft[468] überwiegen ab dieser Schwelle die Interessen des Anbieters, über 100 Prozent zu verfügen gegenüber den Interessen der Minderheitsaktionäre, im Besitz ihrer Beteiligungspapiere zu bleiben. Diese Zahl scheint allerdings einigermassen willkürlich. Es wäre vielmehr sinnvoll, ebenfalls eine

---

[462] Dabei wird nach Stedman unter „Aktienwert“ der Nominalwert der Aktien verstanden (vgl. Stedman, G., Takeovers, 1993, S. 315).
[463] Vgl. Knoll, H.-C., Übernahmen, 1993, S. 313; Keenan, D., Students, 1996, S. 440; Stedman, G., Takeovers, 1993, S. 315 und 317.
[464] [1960] 3 All ER 791.
[465] Vgl. Keenan, D., Students, 1996, S. 440 f.
[466] Vgl. Bachmann, R.-P., Übernahmen, 1992, S. 36.
[467] Art. 33 Abs. 1 BEHG.
[468] Vgl. Botschaft des Bundesrates vom 24. Februar 1993, BBL. 1993 I, Ziff. 25.10.

90-Prozent-Schwelle einzuführen, da Minderheiten von 10 Prozent erheblich mehr Unannehmlichkeiten bereiten können als Minderheiten von 2 Prozent.[469]
Ein weiterer Unterschied besteht in der gesetzlich vorgeschriebenen Vorgehensweise. So muss ein Bieter nach Art. 33 Abs. 1 BEHG zuerst die betroffenen Beteiligungspapiere durch einen Richter für kraftlos erklären lassen. Zu diesem Zweck muss er Klage gegen die Gesellschaft erheben. Der Richter muss dies öffentlich bekannt machen - wobei die Bekanntmachung dreimal im Schweizerischen Handelsamtsblatt veröffentlicht werden muss - und die restlichen Aktionäre darauf hinweisen, dass sie dem Verfahren bis spätestens drei Monate nach der ersten Bekanntmachung beitreten können.[470] Nach erfolgter Kraftloserklärung gibt die Gesellschaft die Beteiligungspapiere wieder aus und übergibt sie dem Bieter „gegen Entrichtung des Angebotspreises oder Erfüllung des Austauschangebotes zugunsten der Eigentümer der für kraftlos erklärten Beteiligungspapiere."[471] Dieser Prozess scheint gegenüber dem englischen Prozess, in dem die Aktionäre direkt angesprochen werden und nur eine Kopie an die Gesellschaft geschickt werden muss, um einiges komplizierter. Allerdings ist es für einen Bieter in der Regel kaum möglich, im Falle der in der Schweiz verbreiteten Inhaberaktien einen Besitzer festzustellen, der nicht durch Art. 21 oder 31 BEHG erfasst wird.[472]

3.4.2 Austrittsrechte von Minderheitsaktionären

Das Korrelat zum Aufkaufrecht des Bieters ist das Recht des verbleibenden Minderheitsaktionärs, seine Aktien an den Bieter zu verkaufen. Das Austrittsrecht ermöglicht es einem Aktionär, mit seiner Annahme so lange wie möglich zu warten, ohne dabei in der Gefahr zu sein, einen Wertverlust auf seine verbleibende Beteiligung erleiden zu müssen. Dies ist insbesondere dann der Fall, wenn das Unternehmen nach dem Übernahmeangebot nicht mehr an der Börse gehandelt werden kann. So ist es nach Chapter 3.19 der Listing Rules der LSE und nach Art. 17 des Kotierungsreglementes der Schweizer Börse notwendig, dass sich 25 Prozent der kotierten Aktien im Publikumsbesitz befinden.[473]
Im Gegensatz zur Schweiz ist in **England** ein Austrittsrecht für Minderheitsaktionäre in s. 430A CA 1985 vorgesehen. Voraussetzung für das Austrittsrecht ist allerdings, dass ein öffentliches Übernahmeangebot vorausgegangen ist, in dessen

---

[469] Beispielsweise können Aktionäre, die zusammen mindestens 10 Prozent des Aktienkapitals vertreten, die Einberufung einer Generalversammlung verlangen (Art. 699 Abs. 3 OR), auf Auflösung der Gesellschaft aus wichtigen Gründen klagen (Art. 736 Abs. 4 OR) oder eine Sonderprüfung beantragen (Art. 697b Abs. 1 OR).
[470] Art. 55 Abs. 1 und 2 V-BR.
[471] Art. 33 Abs. 2 BEHG.
[472] Vgl. Böckli, P., Aktienrecht, 1996, S. 882; Strazzer, R., Börsengesetz, 1995, S. 726.
[473] Vgl. Lüttmann, R., Kontrollwechsel, 1992, S. 30; Stedman, G., Takeovers, 1993, S. 320.

Folge der Bieter 90 Prozent des „Aktienwertes“[474] erworben hat oder den Erwerb vereinbart hat. Er ist dann verpflichtet, die verbleibenden Minderheitsaktionäre innerhalb von einem Monat über ihr Austrittsrecht nach s. 430A CA 1985 zu informieren. Die Minderheitsaktionäre haben nach Angebotsende drei Monate Zeit, ihr Austrittsrecht zu den Bedingungen des Übernahmeangebotes auszuüben.[475]

Das Austrittsrecht stellt insbesondere bei Teilangeboten einen griffigen Minderheitenschutz dar. Umso erstaunlicher ist es, dass das BEHG in der **Schweiz**, in der ein Bieter aufgrund einer Opting-Out-Klausel auf ein Vollangebot verzichten kann, kein Austrittsrecht für verbleibende Minderheitsaktionäre vorsieht. Dadurch wird der Verkaufsdruck auf Minderheitsaktionäre unnötig erhöht, während sich für den Bieter daraus erhebliche Vorteile ergeben, da er selbst das Recht hat, Minderheitsaktionäre zum Verkauf ihrer Beteiligung zu zwingen, aber im Gegenzug nicht verpflichtet ist, Anteile von verbleibenden Minderheitsaktionären aufzukaufen. Damit können sich auch die Übernahmekosten für ihn senken.

3.5 Die Klagerechte von Minderheitsaktionären

In **England** besteht keine Treuepflicht des Aktionärs gegenüber anderen Aktionären oder gegenüber der Gesellschaft. Dies resultiert aus der Vorstellung des englischen Gesetzgebers, dass das Stimmrecht zu den grundsätzlich uneingeschränkten Eigentumsbefugnissen des Aktionärs zählt und deshalb auch zur Verfolgung seiner eigenen Interessen eingesetzt werden kann. Insbesondere kann ein Mehrheitsaktionär sein Stimmrecht auch gegen die Interessen der Minderheit oder der Gesellschaft einsetzen. Diese starke Stellung des Mehrheitsaktionärs, die bereits in Foss v. Harbottle[476] gefestigt wurde, zeigt die Notwendigkeit von gewissen Schutzvorrichtungen für die Minderheitsaktionäre.[477]

Die starke Stellung des Mehrheitsaktionärs wird in erster Linie dadurch eingeschränkt, dass er sich in den Grenzen der Statuten bewegen muss (intra vires) und dass ihm Entscheidungen untersagt sind, die vorwiegend die Minderheit benachteiligen. Ein Mehrheitsaktionär darf seine Mehrheitsstellung nicht bewusst oder grob fahrlässig zu eigenen Gunsten und auf Kosten der Minderheit ausnutzen. In einem solche Fall könnte der Minderheitsaktionär nach ss. 459-461 CA 1985 auf „Fraud on Minority“ klagen. Als Rechtsfolge einer solchen Anrufung des Gerichts kann eine Partei unter anderem verpflichtet werden, die eigenen Aktien zu

---

[474] Siehe 3.4.1.

[475] Vgl. Keenan, D., Students, 1996, S. 441; Knoll, H.-C., Übernahmen, 1992, S. 312 f.; Stedman, G., Takeovers, 1993, S. 320 f.

[476] [1843] 2 Hare 461.

[477] Vgl. Farrar, J. H., Takeovers, 1993, S. 385; Herrmann, M., Abwehrmassnahmen, 1993, S. 251; Hollington, R., Rights, 1994, S. 8; Keenan, D., Students, 1996, S. 259; Knoll, H.-C., Übernahmen, 1992, S. 314 und 342.

verkaufen oder die der Gegenpartei zu erwerben.[478] Allerdings muss der Minderheitsaktionär zu einer Klage nach ss. 459-461 CA 1985 beweisen, dass er unfairerweise benachteiligt wurde. Aus diesem Grund hält auch Herrmann[479] eine solche Klage erst dann für erfolgversprechend, wenn sich der Bieter nach dem Erwerb der Aktienmehrheit auf Kosten der Minderheitsaktionäre bereichert.[480]
Eine weitere Möglichkeit besteht in einer Untersuchung durch den Secretary of State for Trade and Industry nach ss. 431-447 CA 1985. Eine solche Untersuchung können 200 Aktionäre oder solche, die 10 Prozent der ausgegebenen Aktien halten, beantragen. Das DTI kann auch selbst tätig werden, falls es einen „guten Grund“ dazu findet.[481] Ein „guter Grund“ ist beispielsweise die Unterdrückung einer Minderheit, die Verweigerung ausreichender Informationen oder ein vermuteter Betrug.[482] Es ist auch möglich, dass das Gericht aufgrund einer Klage nach ss. 459-461 CA 1985 (Fraud on Minority) eine Untersuchung anordnet. Bei der Untersuchung können die vom DTI beauftragten Inspektoren alle notwendigen Dokumente anfordern und die betroffenen Parteien befragen.[483]
Eine Untersuchung nach ss. 431-447 CA 1985 kann auch ein sehr effizientes Drohmittel sein, da mit einer solchen Untersuchung immer eine schlechte Publicity verbunden ist. Allerdings kann es für einen Aktionär ausgesprochen schwierig sein, eine Untersuchung nach ss. 431-447 CA 1985 anzustrengen, da er zuerst das DTI überzeugen muss, dass ein „guter Grund“ für eine Untersuchung vorhanden sei. Zumeist interveniert das DTI nur, wenn ein öffentliches Interesse vorliegt.[484]
Desweiteren wird der Spielraum eines Mehrheitsaktionärs dadurch eingeschränkt, dass nach s. 5 CA 1985 Aktionäre, die 15 Prozent des nominalen Aktienkapitals halten, bis 21 Tage nach einer Änderung des Memorandums eine Überprüfung der Änderung beantragen können. Falls das Gericht befindet, dass die Änderung des Memorandums nicht zum Wohle der Gesellschaft beiträgt, kann es die Änderung für ungültig erklären oder die Gesellschaft auffordern, die Aktien der unzufriedenen Aktionäre aufzukaufen. Dabei wird das Wohl der Gesellschaft bzw. das Gesellschaftsinteresse in England sehr stark aus der Sicht der Aktionäre betrachtet. Es wird weitgehend den Aktionären überlassen, was im Interesse der Gesellschaft ist. Die Aktionäre müssen lediglich der Überzeugung sein, dass die Änderung im langfristigen Interesse eines durchschnittlichen, hypothetischen Aktionärs der Gesellschaft liegt. Wird dabei ein Minderheitsaktionär faktisch, insbesondere wirtschaftlich benachteiligt, so führt dies nicht sofort zu einer

---

478 S. 461.(2)(d) CA 1985.

479 Herrmann, M., Abwehrmassnahmen, 1993, S. 234.

480 Vgl. Hollington, R., Rights, 1994, S. 8 f.; Knoll, H.-C., Übernahmen, 1992, S. 342-344.; Lüttmann, R., Kontrollwechsel, 1992, S. 67 f.

481 S. 431 (3) CA 1985.

482 S. 432 CA 1985.

483 Vgl. Keenan, D., Students, 1996, S. 266 f.; Xuereb, P. G., Rights, 1989, S. 117 f.

484 Vgl. Keenan, D., Students, 1996, S. 267.; Xuereb, P. G., Rights, 1989, S. 119.

Ungültigkeit der Änderung. Es muss vielmehr eine rechtliche Benachteiligung vorliegen, die der Minderheitsaktionär beweisen kann.[485]
Auch eine Änderung der Articles muss im wohlverstandenen Interesse der Gesellschaft liegen. Allerdings sind dabei keine speziellen Klagerechte wie bei einer Änderung des Memorandums vorgesehen. Ein unzufriedener Minderheitsaktionär müsste die oben beschriebenen Klagen nach ss. 459-461 und ss. 431-447 CA 1985 in Anspruch nehmen. Bei einer Änderung von Aktionärsrechten innerhalb einer Aktienkategorie können zudem 15 Prozent der Aktionäre dieser Kategorie das Gericht anrufen und eine Streichung der Änderung beantragen.[486] Eine solche Änderung wird insbesondere dann gestrichen, wenn die Aktionärsmehrheit nicht im Interesse der gesamten Aktienkategorie gehandelt hat.[487]
Nach ss. 122 (1)(g) und 124 Insolvency Act 1986 ist es auch möglich, dass das Gericht aufgrund einer Klage eines einzelnen Aktionärs die Gesellschaft zwangsweise liquidieren lässt, beispielsweise wenn eine schwerwiegende Benachteiligung von Minderheitsaktionären vorliegt. Allerdings ist damit einem Minderheitsaktionär auch nicht gedient, da der Liquidationswert zumeist weit unter dem Unternehmenswert, der beispielsweise den selbst erarbeiteten Goodwill einschliesst, liegt.[488]
Insgesamt bestehen in England für einen Minderheitsaktionär, der sich durch die Mehrheit unterdrückt fühlt, zahlreiche Klagerechte. Nachteilig ist allerdings die konzeptionell starke Stellung des Mehrheitsaktionärs. So kann ein Minderheitsaktionär nur bei rechtlichen, nicht aber bei wirtschaftlichen Nachteilen klagen. Zudem bleibt er in bezug auf die rechtliche Ungleichbehandlung, beispielsweise im Rahmen einer DTI-Untersuchung, beweispflichtig. Ein weiterer Nachteil sind die zu erwartenden Kosten eines Gerichtsverfahrens. Diese Nachteile führen dazu, dass Gerichtsklagen lediglich als letzte Möglichkeit in Betracht gezogen werden sollten. Die Anrufung einer mächtigen Institution, beispielsweise der LSE, des Takeover Panels, des Securities and Investment Boards oder des Office of Fair Trading ist eine ungleich stärkere Waffe. Häufig dürfte auch schon die Drohung einer solchen Anrufung ausreichen, da all diese Massnahmen mit einer ausgesprochen negativen Publicity verbunden sind.[489]
Wie in England so kann auch in der **Schweiz** eine Treuepflicht allein aus der Aktionärsstellung nicht abgeleitet werden. Da auch in der schweizerischen Aktiengesellschaft das Mehrheitsprinzip gilt, ist es einem Mehrheitsaktionär möglich, gegen die Interessen eines Minderheitsaktionärs zu stimmen. Allein bei

---

[485] Vgl. Herrmann, M., Abwehrmassnahmen, 1993, S. 252; Keenan, D., Students, 1996, S. 77 f., 266 f. und 426; Knoll, H.-C., Übernahmen, 1992, S. 337 f.
[486] S. 127 CA 1985.
[487] Vgl. Keenan, D., Students, 1996, S. 88; Xuereb, P. G., Rights, 1989, S. 155 und 158.
[488] Vgl. Hollington, R., Rights, 1994, S. 1; Lüttmann, R., Kontrollwechsel, 1992, S. 67.
[489] Vgl. Herrmann, M., Abwehrmassnahmen, 1993, S. 252; Xuereb, P. G., Rights, 1989, S. 163.

einem offensichtlichen Machtmissbrauch wird das Mehrheitsprinzip eingeschränkt.[490]
Nur die Generalversammlung kann eine Beschränkung der Aktionärsrechte, beispielsweise den Ausschluss des Bezugsrechtes bestimmter Aktionäre bei einer Kapitalerhöhung, beschliessen. Dies ergibt sich daraus, dass jede Beschränkung der Aktionärsrechte einer Statutenänderung bedarf, die im Kompetenzbereich der GV liegt.[491]
Allerdings darf selbst die GV nur jene Aktionärsrechte, die nicht zum Kernbereich der Mitgliedschaft gehören, modifizieren und muss dabei die in Art. 706 OR aufgeführten Änderungsregeln beachten. Unverzichtbare Aktionärsrechte, wie das Recht auf Teilnahme an der Generalversammlung oder das Mindeststimmrecht, sind damit selbst für die GV unantastbar. Demgegenüber dürfen die „nicht zwingend gewährten Aktionärsrechte .. nach Massgabe des Gesetzes und des Gebots der relativen Gleichbehandlung modifiziert werden; besteht die Modifikation in einer Beschränkung oder einem Entzug von Aktionärsrechten, so muss der Beschluss überdies sachlich begründbar sein."[492]
Das Gebot der relativen Gleichbehandlung bedeutet dabei, dass die Aktionäre je nach Kapitalbeteiligung behandelt werden oder, wie Böckli es formuliert, dass es „nicht um eine Gleichbehandlung der Aktionäre, sondern (entgegen dem Gesetzeswortlaut) der Aktien geht."[493] Eine willkürliche Ungleichbehandlung von Aktionären ist nicht möglich. Allerdings ist eine Ungleichbehandlung von Aktionären möglich, wenn es im Interesse der Existenz und der Funktionsfähigkeit des Unternehmens erforderlich ist. Dieses sog. Unternehmensinteresse ist ein ausgesprochen vager Ausdruck.[494] Er wird von Schmitt[495] als „Summe und Ausgleich aller an der Unternehmung bestehenden Interessen" und als „Kompromiss zwischen von der Gesellschaft Tangierten" definiert. Nach Kuy[496] sind die Gesellschaftsinteressen „nie ausschliesslich die Interessen der Aktionäre, der Verwaltung, der Gläubiger, der Arbeitnehmer oder der Allgemeinheit. Im Rahmen der gesetzlichen wie statutarischen Satzung bildet sich aus ihnen ein gesamtheitliches Interesse der Gesellschaft." Allen diesen Definitionen ist gemeinsam, dass sie sich nicht - wie in England - allein auf die Interessen eines durchschnittli-

---

[490] Vgl. Böckli, P., Aktienrecht, 1996, S. 863; Braschler, C., Abwehrmassnahmen, 1992, S. 166; Horber, F., Informationsrechte, 1995, S. 96 f.; Meier, R., Aktiengesellschaft, 1994, S. 135.
[491] Vgl. Huguenin Jacobs, C., Gleichbehandlung, 1994, S. 173 f.
[492] Huguenin Jacobs, C., Gleichbehandlung, 1994, S. 71.
[493] Böckli, P., Aktienrecht, 1996, S. 867.
[494] Zur weiteren Diskussion über den Begriff des Unternehmensinteresses: Cereghetti, L., Offenlegung, 1995, S. 135-137; Kuy, A., Übernahmekampf, 1989, S. 16-32.
[495] Schmitt, P., Verwaltung, 1991, S. 75.
[496] Kuy, A., Übernahmekampf, 1989, S. 34.

chen, hypothetischen Aktionärs beziehen, sondern sämtliche Anspruchsgruppen umfassen.[497]

Das Sachlichkeitsprinzip des Art. 706 Abs. 2 Ziff. 2 OR verlangt, dass „der Entzug oder die Beschränkung von Aktionärsrechten unabhängig davon zu begründen ist, ob sie gleichmässig erfolgt oder nicht."[498] Dieser sachliche, die Beschränkung rechtfertigende Grund muss ein unpersönlicher Grund sein. Verstösst ein Generalversammlungsbeschluss gegen diese Anforderungen, so kann er nach Art. 706 OR vom Verwaltungsrat oder von jedem Aktionär noch zwei Monate nach der Generalversammlung angefochten werden.[499]

Da Beschlüsse des Verwaltungsrates im Gegensatz zu denen der Generalversammlung nicht anfechtbar sind, verbleibt einem Aktionär, der sich ungleich behandelt fühlt, lediglich ein Antrag auf Nichterteilung der Entlastung, auf Nichtwiederwahl des Verwaltungsrates, eine Verantwortlichkeitsklage nach Art. 754 OR oder ein Antrag auf Sonderprüfung.[500]

Eine Sonderprüfung kann nach Art. 697a OR jeder Aktionär beantragen, sofern dies zur Ausübung seiner Aktionärsrechte erforderlich ist und er das Recht auf Auskunft und Einsicht bereits ausgeübt hat. Stimmt die Generalversammlung dem Antrag nicht zu, so können nach Art. 697b OR Aktionäre, die zusammen mindestens 10 Prozent des Aktienkapitals oder Aktien im Nennwert von 2 Mio. Franken vertreten, innerhalb von drei Monaten einen Richter ersuchen, einen Sonderprüfer einzusetzen. Die Sonderprüfung, die erst mit der Aktienrechtsreform im Juli 1992 eingeführt wurde, ist ein Mittel zur Informationsbeschaffung, damit ein Aktionär, insbesondere ein Minderheitsaktionär, seine Rechte besser wahrnehmen kann. Mit ihrer Hilfe können beispielsweise Geschäftsbeziehungen mit verbundenen Unternehmen auf schädliche Auswirkungen überpüft werden. Allerdings muss der Aktionär eine rechtswidrige Schädigung der Gesellschaft durch die Gesellschaftsorgane glaubhaft machen. Trotz dieser Möglichkeiten konnte sich die Sonderprüfung seit ihrer Einführung noch nicht als ernsthaftes Informationsmittel des Aktionärs durchsetzen.[501]

Zuletzt kann ein Aktionär einen Generalversammlungsbeschluss nach Art. 706b OR für nichtig erklären lassen. Dabei ist jeder Beschluss nichtig, der zwingend geschützte Rechte wie das Recht auf Teilnahme an der GV, das Mindeststimmrecht, Klage-

---

[497] Vgl. Bachmann, R.-P., Übernahmen, 1992, S. 135; Huguenin Jacobs, C., Gleichbehandlung, 1994, S. 71; Meier-Schatz, C. J., Verwaltungsrat, 1995, S. 833; Müller, R. / Lipp, L., Handbuch, 1994, S. 156; Planta, T., Schutz, 1992, S. 82; Steinmann, M., Abwehrmassnahmen, 1989, S. 124.

[498] Huguenin Jacobs, C., Gleichbehandlung, 1994, S. 62.

[499] Vgl. Huguenin Jacobs, C., Gleichbehandlung, 1994, S. 51, 152 und 163; Meier-Schatz, C. J., Verwaltungsrat, 1995, S. 832; Kalss, S. / Wessely, K. Aktionärsrechte, 1994, S. 114.

[500] Vgl. Meier-Schatz, C. J., Verwaltungsrat, 1995, S. 833 f.; Müller, R. / Lipp, L., Handbuch, 1994, S. 156.

[501] Vgl. Cereghetti, L., Offenlegung, 1995, S. 180 und 231; Kalss, S. / Wessely, K., Aktionärsrechte, 1994, S. 115; Meier-Schatz, C. J., Verwaltungsrat, 1995, S. 829; Müller, R., Verwaltungsrat, 1995, S. 809.

oder Kontrollrechte beschränkt oder entzieht, die Grundstruktur der Aktiengesellschaft[502] oder die Kapitalschutzbestimmungen[503] missachtet. Im Gegensatz zur Anfechtungsklage ist die Klage auf Nichtigkeit eines Beschlusses an keine Frist gebunden und ist unabhängig davon, ob die klagende Person Aktien hält oder nicht.[504]

Aktionäre, die zusammen mindestens 10 Prozent des Aktienkapitals vertreten, können nach Art. 736 OR auch auf Auflösung der Gesellschaft aus wichtigen Gründen klagen. Ein solcher wichtiger Grund könnte der rücksichtslose und böswillige Machtmissbrauch durch einen Mehrheitsaktionär sein. Da bei einer solchen Auflösungsklage aber, wie im Falle der Auflösungsklage in England bereits bemerkt, wirtschaftliche Werte und Arbeitsplätze sinnlos zerstört werden können, kann der Richter auch eine andere sachgemässe und für die Beteiligten zumutbare Anordnung treffen, beispielsweise die Auszahlung der Minderheitsaktionäre, festlegen. Insgesamt ist allerdings festzuhalten, dass es sich für Minderheitsaktionäre in der Regel nicht lohnt, eine Klage einzureichen, da dieser Weg schlicht und einfach zu teuer ist. Dies ist bei Beschwerden gegenüber Aufsichtsbehörden meist nicht der Fall, da dann die Aufsichtsbehörde die Interessen des Aktionärs vertritt.[505]

3.6 Zusammenfassung

In der Schweiz besassen Aktionäre bis zur Einführung des BEHG traditionellerweise weniger Rechte, insbesondere Informationsrechte, als die Aktionäre in England. Aber auch die Pflichten der Aktionäre waren in der Schweiz weniger umfassend als in England. Sie beschränkten sich in erster Linie auf die Pflicht der Aktionäre, den Nennwert ihrer Aktien einzubezahlen. Meldepflichten für Beteiligungen von Aktionären waren bis zur Einführung des BEHG in der Schweiz unbekannt. Dieser geringere Umfang an Rechten und Pflichten lässt sich auf die - im Vergleich zu England - weniger bedeutende Stellung von Aktionären in der Schweiz zurückführen. Ein gutes Beispiel hierfür ist die Definition des Unternehmensinteresses, das in England in erster Linie auf die Interessen der Aktionäre abstellt, während in der Schweiz auch die Interessen anderer Anspruchsgruppen einbezogen werden.

---

[502] Dies wäre beispielsweise dann der Fall, wenn die Abschaffung der Revisionsstelle beschlossen würde.

[503] Dies wäre beispielsweise dann der Fall, wenn die Ausschüttung einer Dividende, die sich auf eine von der GV nicht-genehmigten Jahresrechnung stützt, beschlossen würde.

[504] Vgl. Huguenin Jacobs, C., Gleichbehandlung, 1994, S. 34 und 67; Kalss, S. / Wessely, K., Aktionärsrechte, 1994, S. 114 f.; Meier, R., Aktiengesellschaft, 1996, S. 176; Meier-Schatz, C. J., Verwaltungsrat, 1995, S. 833.

[505] Vgl. Bachmann, R.-P., Übernahmen, 1992, S. 181; Meier, R., Aktiengesellschaft, 1994, S. 152; Steinmann, M., Abwehrmassnahmen, 1989, S. 122.

Mit dem BEHG und auch mit dem revidierten Kotierungsreglement ist nun eine deutliche Verbesserung der Aktionärsrechte, aber auch eine Erweiterung der Aktionärspflichten, zu erwarten. So sind neue Meldepflichten für Beteiligungen vorgesehen, die bei einem Übernahmeangebot noch verstärkt werden. Neu sind auch die strengeren Anforderungen an die Rechnungslegung von an der Hauptbörse kotierten Unternehmen. Zudem wird erstmals der Verwaltungsrat der Zielgesellschaft verpflichtet, nach Veröffentlichung des Übernahmeangebotes einen Bericht abzugeben. Allerdings erfolgt weder im BEHG noch im revidierten Kotierungsreglement eine vollständige Anpassung an englische Standards. Vielmehr wird weiterhin den schweizerischen Verhältnissen Rechnung getragen, beispielsweise bei der Möglichkeit, einen Paketzuschlag zu zahlen, oder bei der Möglichkeit, die Aufkaufpflicht statutarisch wegzubedingen.
Die Vorschriften des BEHG fallen durch einen geringeren Detailierungsgrad als die des City Code auf. Dies mag damit zusammenhängen, dass noch keine Praxis besteht und eine vorgängige umfassende Regelung der Tatbestände einerseits kaum möglich ist und andererseits auch nicht erwünscht sein kann, da hierfür die Vorschriften anderer Länder übernommen werden müssten, die nicht unbedingt den landesspezifischen Eigenheiten der Schweiz Rechnung tragen würden. So ist es in der Schweiz zur Zeit noch undenkbar, wenn auch aus Sicht der Aktionäre wünschenswert, Beteiligungen des Management in Aktien und Optionen ihres Unternehmens (ausserhalb der Veröffentlichungspflichten im Kotierungsprospekt[506]), ihre Gehälter und andere Ansprüche offenzulegen, während dies in England als selbstverständlich angesehen wird. Sie müssen in der Schweiz erst dann offengelegt werden, wenn sie wesentliche Elemente sind, die die Stellungnahme des Verwaltungsrates beeinflusst haben, oder Gründe für Interessenkonflikte des Verwaltungsrates oder der obersten Geschäftsleitung sein, so müssen sie auch in der Schweiz offengelegt werden. Da ihre Offenlegung aber in der Schweiz nicht explizit gefordert wird, hängt es in einem hohen Masse davon ab, wie sehr insbesondere die Übernahmekommission eine Offenlegung durchsetzen kann.
Mit dem BEHG und dem revidierten Kotierungsreglement wird gerade bei den öffentlichen Kaufangeboten ein Kompromiss zwischen den englischen und den bisher bestehenden schweizerischen Regelungen geschaffen, der auch so von der Botschaft[507] erwünscht war. Auch wenn aus Sicht eines Publikumsaktionärs oder eines institutionellen Investors dies als eine halbherzige Lösung erscheinen mag, so ist dieser Kompromiss aus Sicht eines Aktionärs, der allein oder in einer Aktionärsgruppe Mehrheitsaktionär einer Familiengesellschaft ist, eine durchaus wünschenswerte Lösung. Durch das BEHG kann sich damit aber auch, insbesondere als Folge eines Opting-out oder -up, die Kluft zwischen Publikums- und Familiengesellschaften vertiefen. Die Tendenz des schweizerischen Gesetzge-

---

[506] Anhang 1 Ziff. 1.8.4 Kotierungsreglement.
[507] Botschaft des Bundesrates vom 24. Februar 1993, BBL. 1993 I, Übersicht.

bers, die Bedürfnisse der Familiengesellschaften in hohem Masse zu berücksichtigen, wird sich auch im folgenden Teil zeigen, der den Einfluss des Aktionärs bei Abwehrmassnahmen vor und während eines Übernahmeangebotes analysiert.

4. Der Einfluss des Aktionärs beim Einsatz von Abwehrmassnahmen

In diesem Teil soll der Einfluss des Aktionärs beim Einsatz von Abwehrmassnahmen untersucht werden. Dabei wird zwischen präventiven Abwehrmassnahmen, die nicht durch die jeweilige Übernahmeregelung erfasst werden, und Abwehrmassnahmen während eines Übernahmeangebotes, die der jeweiligen Übernahmeregelung unterworfen sind, unterschieden. Auch wenn die Vorschriften in bezug auf Abwehrmassnahmen in der Schweiz und in England sehr ähnlich sind, so wird sich auch hier zeigen, dass dennoch wesentliche Unterschiede bestehen, die vor allem auf mentale Unterschiede zurückzuführen sind.

4.1. Die Problematik beim Einsatz von Abwehrmassnahmen

Abwehrmassnahmen dienen in erster Linie dazu, ein potentielles oder tatsächliches Zielunternehmen vor einem unerwünschten Bieter zu schützen. Zu den Abwehrmassnahmen zählen nicht nur die Massnahmen, die ein bereits lanciertes Übernahmeangebot vereiteln sollen, sondern auch alle präventiven Massnahmen, die die Übernahme der Kontrolle über ein Unternehmen verhindern sollen. Es ist in der Regel das Management der Zielgesellschaft, das Abwehrmassnahmen vornimmt, da von Aktionären ergriffene Abwehrmassnahmen aufgrund der Tatsache, dass die Aktionäre ohnehin über den Erfolg der Übernahme durch den Verkauf ihrer Aktien entscheiden, meist nicht notwendig sind. Zudem kann der Verwaltungsrat, insbesondere bei einer Publikumsgesellschaft, sehr viel schneller Entscheidungen als die GV treffen.[508]
Aus der Sicht des Aktionärs sind Abwehrmassnahmen in den Fällen notwendig, in denen sie selbst nicht genügend Informationen besitzen, um einen ausgewogenen Entscheid über den Verkauf ihrer Aktien fällen zu können. Die durch die Abwehrmassnahmen verschaffte Verschnaufpause kann zur weiteren Informationsbeschaffung verwendet werden. Zudem können die unorganisierten Aktionäre mit Hilfe des Managements ihr Verhalten abstimmen, um einen höheren Angebotspreis durchzusetzen oder um nach einem konkurrierenden Bieter zu suchen. Schliesslich können Abwehrmassnahmen den Bieter veranlassen, den Angebotspreis heraufzusetzen. So konnte im Jahre 1988 durch den vom Management der Sterling Drug provozierten Übernahmekampf zwischen Hoffmann-La Roche und Eastman Kodak der Preis von Sterling Drug um rund $ 1 Mia. gesteigert werden.[509]

---

[508] Vgl. Braschler, C., Abwehrmassnahmen, 1992, S. 8; Ruback, R. S., Takeover, 1988, S. 49.
[509] Vgl. Caytas, I. G. / Mahari, J. I., Investment Banking, 1988, S. 234; Ruback, R. S., Takeover, 1988, S. 50-52; Schade, M., Internationalisierung, 1990, S. 23 f.; Strazzer, R., Übernahmeangebot, 1993, S. 51; Werner, W., Probleme, 1989, S. 16.

Da das Management der Zielgesellschaft besser über das Zielunternehmen und den Wert seiner Anteile informiert ist und somit die Angemessenheit eines Übernahmeangebotes besser beurteilen kann, könnte eine Forderung dahin lauten, den Einsatz von Abwehrmassnahmen ganz dem Management zu überlassen. Eine solche Forderung erscheint solange legitim, als die so ergriffenen Abwehrmassnahmen auch wirklich nur das Unternehmen und nicht das Management selbst schützen. Abwehrmassnahmen, die einen überstürzten Verkauf der Aktien unter ihrem Wert, die Übernahme des Zielunternehmens durch nur kurzfristig orientierte Raider oder wettbewerbsbehindernde Übernahmen verhindern sollen, könnten danach durchaus legitim und unter dem Gesichtspunkt des Schutzes sogar notwendig sein.[510]

Abwehrmassnahmen sind aber dann nicht legitim, wenn sie wirtschaftlich sinnvolle oder von den Aktionären befürwortete Übernahmen verhindern. Solche Abwehrmassnahmen werden zumeist vom Management der Zielgesellschaft eingesetzt, um seine Eigeninteressen zu schützen. Auch der Ersatz eines ineffizienten Managements kann durch Abwehrmassnahmen verhindert werden. Damit würde die Disziplinierungswirkung des Marktes für Unternehmenskontrolle ausser Kraft gesetzt.[511]

Die Schwierigkeit besteht nun darin, legitime von nicht-legitimen Abwehrmassnahmen zu unterscheiden. Abgesehen davon, dass dies sicherlich erst im Einzelfall endgültig entschieden werden kann, stellt sich doch hier das grundlegende Problem der Interessendivergenzen zwischen Aktionär und Management, wie es unter 2.1 bereits besprochen wurde. So ist es aufgrund des potentiellen Eigeninteresses des Managements nicht opportun, ihm die Entscheidungsgewalt über den Einsatz von Abwehrmassnahmen zu überlassen. Sie aber allein den Aktionären zu überantworten, kann auch fragwürdig sein, da Aktionäre nicht organisiert sind und damit ihre Interessen nicht immer durchsetzen können. Vor allem aber verfolgen auch die Aktionäre Eigeninteressen, die meist finanzieller Natur sind. Bei Übernahmen sind aber nach der hier vertretenen Ansicht nicht nur die finanziellen Interessen der Aktionäre betroffen und zu berücksichtigen, sondern auch die Interessen beispielsweise der Arbeitnehmer und der Gläubiger. Zu wahren ist demnach das Gesellschaftsinteresse als Gesamtheit einer Vielzahl von Interessen.[512]

---

[510] Vgl. Caytas, I. G. / Mahari, J. I., Investment Banking, 1988, S. 234; Ruback, R. S., Takeover, 1988, S. 50-52; Schade, M., Internationalisierung, 1990, S. 23 f.; Strazzer, R., Übernahmeangebot, 1993, S. 51; Werner, W., Probleme, 1989, S. 16.

[511] Vgl. Lüttmann, R., Kontrollwechsel, 1992, S. 30; Meier-Schatz, C. J., Betrachtungen, 1991, S. 65; Pulver, U., Kaufangebote, 1993, S. 257; Röhrich, M., Feindlich, 1992, S. 87; Ruback, R. S., Takeover, 1988, S. 52.

[512] Vgl. Pulver, U., Kaufangebote, 1993, S. 257; Schade, M., Internationalisierung, 1990, S. 29.

Bei der Entscheidung, ob die Aktionäre oder das Management die Kompetenz zum Ergreifen von Abwehrmassnahmen haben sollen, werden vom City Code und vom BEHG eindeutige Regeln aufgestellt. Beide Regelungen gehen grundsätzlich davon aus, dass vom Management ergriffene Abwehrmassnahmen vor einem Übernahmeangebot in den Schranken des jeweiligen Gesellschaftsrechts erlaubt sind. Hingegen sind nach Auffassung des City Code und des BEHG Abwehrmassnahmen während eines Übernahmeangebotes erst mit Zustimmung der Aktionäre möglich. Hinter dieser Regelung steht der Gedanke, dass präventive Abwehrmassnahmen die im allgemeinen unorganisierten Aktionäre daran hindern, unter Zeitdruck an den erstbesten Bieter zu verkaufen, ohne die Angemessenheit des Angebotes überprüfen zu können und ohne die Möglichkeit, Konkurrenzangebote in ihre Erwägungen einzubeziehen. Ist allerdings ein Übernahmeangebot gestellt worden, so sollte die Entscheidung allein bei den Aktionären liegen und nicht durch Massnahmen des Managements zu Fall gebracht werden. Dem Management sollte dann nur noch die Aufgabe zukommen, Konkurrenzofferten zu fördern oder den Aktionären Informationen zu liefern, mit denen sie die Angemessenheit des Angebotspreises überprüfen können.[513]

Bei vielen Abwehrmassnahmen tritt allerdings das Problem auf, dass sie einen gravierenden Eingriff in die Minderheiten- und wohlerworbenen Aktionärsrechte darstellen können.[514] Insbesondere die nachträgliche Einführung von Abwehrmassnahmen kann eine Konfrontation mit bestehenden Aktionärsrechten mit sich bringen. „In der Regel gilt es, jede Abwehrmassnahme aus dem Blickwinkel des Minderheitenschutzes und des Eingriffes in die Aktionärsrechte abzuwägen."[515]

Im folgenden sollen zuerst die Regelungen zu Abwehrmassnahmen in England und in der Schweiz vorgestellt werden. Anschliessend werden dann die verschiedenen Abwehrmassnahmen in England und der Schweiz beschrieben und die Möglichkeiten der Aktionäre, diese Abwehrmassnahmen von Anfang an zu unterbinden oder gegen sie im nachhinein zu intervenieren, aufgezeigt. Abwehrmassnahmen vor und während eines Übernahmeangebotes werden getrennt betrachtet, da in diesen beiden Fällen sowohl in England als auch in der Schweiz die Befugnisse des Managements und die Rechte der Aktionäre sehr unterschiedlich ausgestaltet sind. Allerdings ist die Einteilung in präventive Abwehrmassnahmen und solche, die erst während eines Übernahmeangebotes ergriffen werden, nicht immer eindeutig und zwingend möglich, da viele Abwehrmassnahmen, beispielsweise Aktionärsbindungsverträge, in beiden Situationen eingesetzt werden können.[516]

---

[513] Vgl. Schade, M., Internationalisierung, 1990, S. 28 f.; Steinmann, M., Abwehrmassnahmen, 1989, S. 129; Strazzer, R., Übernahmeangebot, 1993, S. 51.

[514] Vgl. Steinmann, M., Abwehrmassnahmen, 1989, S. 121.

[515] Steinmann, M., Abwehrmassnahmen, 1989, S. 132 f.

[516] Vgl. Knoll, H.-C., Übernahmen, 1992, S. 203 f. und 282 f.

4.2 Die Regelung von Abwehrmassnahmen in England und der Schweiz

4.2.1 Die Regelungen in England

Die Kompetenzen der Directors, Abwehrmassnahmen zu ergreifen, werden durch den City Code erheblich beschnitten. Sein Ziel ist es, die Entscheidung über Annahme oder Ablehnung des Angebotes bei den Aktionären zu belassen und dem Management in erster Linie die Stellungnahme zu dem Angebot zuzugestehen. So verbietet GP 7 City Code einer tatsächlichen oder potentiellen Zielgesellschaft jegliche Handlung, die den Erfolg eines Übernahmeangebotes vereitelt oder eine Abstimmung der Aktionäre über das Angebot verhindert, solange diese Handlung nicht die Zustimmung der Generalversammlung erhalten hat oder nicht schon aus einem vor dem Übernahmeangebot geschlossenen Vertrag resultiert.[517]
Das Vereitlungsverbot von GP 7 bezieht sich nicht nur auf Handlungen, die nach der Veröffentlichung eines Angebotes erfolgen, sondern auch auf Handlungen vor der Veröffentlichung, wenn die Directors der Zielgesellschaft Grund zu der Annahme haben, dass ein ernsthaftes Angebot (Bona-fide-Angebot) bevorsteht. Rule 21 City Code gibt als Beispiele für Handlungen, die geeignet sind, ein Angebot zu vereiteln, die Ausgabe von Aktien, von Options-, Wandel- und Bezugsrechten auf Aktien, Käufe oder Verkäufe wesentlicher Vermögensgegenständen und die Begründung von Verträgen ausserhalb des gewöhnlichen Geschäftsganges, an. Letzteres erfasst beispielsweise die Einführung eines Golden Parachutes[518] nach Veröffentlichung des Übernahmeangebotes (siehe 4.3.2.3). Neben Rule 21 enthält auch Rule 37[519] ein Beispiel für eine verbotene Handlung des Managements. Rule 37 City Code bezieht sich dabei auf den Erwerb eigener Aktien, der unter 4.4.1.2 besprochen wird.[520]
Die Aufzählung von verbotenen Handlungen des Boards in Rule 21 und 37 City Code ist nicht abschliessend gemeint. Sie gibt vielmehr Beispiele für die durch GP 7 City Code bezweckte Einschränkung der Managementbefugnisse im Falle eines Übernahmeangebotes. Die in GP 7 und Rule 21 City Code festgelegte Zustimmungserfordernis der Generalversammlung in Form einer einfachen Mehrheit sichert den Aktionären die Möglichkeit, die Entscheidung über die Annahme des Angebotes selbst zu fällen. Die Zustimmung einer einfachen Mehrheit ist auch dann notwendig, wenn die Abwehrmassnahme vor dem Über-

---

[517] Vgl. Lüttmann, R., Kontrollwechsel, 1992, S. 54; Maeijer, J. M. M. / Geens, K., Defensive Measures, 1990, S. 222 und 224; Spearing, N. et al., Hostile Takeovers, 1990, S 77.

[518] Golden Parachutes sind sehr hohe Abfindungszahlungen des Managements im Falle einer Übernahme.

[519] Dies erfolgt durch einen Querverweis von Note 9 der Rule 21 City Code.

[520] Vgl. Cardale, M., United Kingdom, 1991, S. 123; Lüttmann, R., Kontrollwechsel, 1992, S. 54; Maeijer, J. M. M. / Geens, K., Defensive Measures, 1990, S. 222 und 224; Pulver, U., Kaufangebote, 1993, S. 256; Spearing, N. et al., Hostile Takeovers, 1990, S 77; Stedman, G., Takeovers, 1993, S. 424.

nahmeangebot oder bei sicheren Anzeichen, dass ein Übernahmeangebot bevorsteht, durch einen Generalversammlungsbeschluss bereits abgesegnet worden war. Eine Zustimmung ist allein dann nicht erforderlich, wenn eine vertragliche Vereinbarung bereits besteht.[521]

Eine weitere Einschränkung des Verhaltensspielraums der Directors wird durch GP 9 City Code vorgenommen. Diese schreibt vor, dass nur solche Massnahmen erlaubt sind, die im wohlverstandenen Interesse der Aktionäre liegen. Danach dürfen die Interessen des Board of Directors oder einer kontrollierenden Gruppe nicht berücksichtigt werden, sondern nur die allgemeinen Interessen der Aktionäre. Massnahmen, die allein dem Schutz der Mitglieder des Board of Directors dienen, sind unzulässig, solange die Generalversammlung ihnen nicht zugestimmt hat.[522]

Aufgrund der strengen Regelungen des City Code müssen Abwehrmassnahmen in der Regel prophylaktisch ergriffen werden. Dabei müssen die von den Directors ergriffenen Präventivmassnahmen entweder durch die Articles oder durch eine Ermächtigung der Generalversammlung gedeckt sein. Überschreiten die Directors nicht die Grenzen, die ihnen durch den in der „Objects Clause" festgelegten Geschäftsgegenstand der Gesellschaft, die Satzung oder den Anstellungsvertrag aufgezeigt werden, so hat die Generalversammlung keine Interventionsmöglichkeiten. Liegt eine Ermächtigung für die Directors vor, eine bestimmte präventive Abwehrmassnahme zu treffen, so bedarf es damit auch nicht der sachlichen Rechtfertigung, dass die Massnahme im Interesse der Zielgesellschaft ergriffen wird.[523]

Die Möglichkeiten der Directors, Präventivmassnahmen zu ergreifen, werden allerdings durch ihre Treuepflichten eingeschränkt. Danach müssen sie ihr Verhalten nach Treu und Glauben zum Wohle der Gesellschaft ausrichten. Die Directors dürfen keine Präventivmassnahmen ergreifen, die ausschliesslich ihrem persönlichen Interesse dienen, und keine Handlungen zugunsten bestimmter Aktionäre, insbesondere der Aktionärsmehrheit, vornehmen. Dabei wird auf die subjektive Sicht der Directors abgestellt, indem ausschlaggebend ist, wovon die Directors nach Treu und Glauben ausgehen durften und ob ein vernünftiger Director sich in der betreffenden Situation ebenso verhalten hätte. Bei präventiven Abwehrmassnahmen sind demnach die Treuepflichten der Directors der wichtigste Schutz der Aktionäre gegen die präventive Vereitelung vorteilhafter Übernahmeangebote.[524]

---

[521] Vgl. Herrmann, M., Abwehrmassnahmen, 1992, S. 210 und 260; Stedman, G., Takeovers, 1993, S. 403.

[522] Vgl. Knoll, H.-C., Übernahmen, 1992, S. 268 f.; Stedman, G., Takeovers, 1993, S. 398.

[523] Vgl. Herrmann, M., Abwehrmassnahmen, 1992, S: 257 f.; Knoll, H.-C., Übernahmen, 1992, S. 266.

[524] Vgl. Knoll, H.-C., Übernahmen, 1992, S. 266 f.

4.2.2 Die Regelungen in der Schweiz

In der Schweiz wird zwischen der Periode vor und der Periode nach der Veröffentlichung des Übernahmeangebotes unterschieden. Vor der Veröffentlichung behalten die Generalversammlung und der Verwaltungsrat ihre üblichen Kompetenzen. In dieser Periode kann der Verwaltungsrat in den Grenzen des OR präventive Abwehrmassnahmen ergreifen. Nach der Veröffentlichung des Kaufangebotes bis zur Offenlegung des Angebotsergebnisses darf der Verwaltungsrat nach Art. 29 Abs. 2 BEHG ohne Zustimmung der Generalversammlung keine Rechtsgeschäfte mehr beschliessen, mit denen der Aktiv- oder Passivbestand der Gesellschaft in bedeutender Weise verändert würde. Eine nicht abschliessende Aufzählung dieser Massnahmen erfolgt in Art. 35 Abs. 2 V-UEK. Sie entspricht fast wörtlich der oben aufgeführten Aufzählung des City Code. Allerdings findet im Gegensatz zum City Code die Belastung von Betriebsteilen und der Verkauf oder die Belastung von immateriallen Werten, die zum Hauptgegenstand der Offerte zählen und vom Anbieter als solcher bezeichnet werden, eine eigene Erwähnung. Zudem werden in Art. 35 Abs. 1 V-UEK ausdrücklich Ausserbilanzpositionen, insbesondere jene aus Verträgen, die wesentliche Risiken oder Verpflichtungen mit sich bringen, dem Aktiv- und Passivbestand der Zielgesellschaft zugerechnet.

Probleme treten dann auf, wenn festgelegt werden soll, wann der Aktiv- oder Passivbestand „in bedeutender Weise“ verändert wird.[525] Wird von den konkret aufgezählten verbotenen Handlungen abgesehen, so fehlt eine Definition dieses Ausdrucks in den Verordnungen. Im Gegensatz zu England fehlt auch in der Schweiz eine allgemeine Vorschrift wie GP 7, nach der alle Massnahmen, die ein Bona-fide-Angebot vereiteln könnten, ohne Zustimmung der Generalversammlung verboten sind. Es ist in Art. 36 V-UEK lediglich festgehalten, dass Abwehrmassnahmen, die offensichtlich das Gesellschaftsrecht verletzen, unzulässige Massnahmen sind. Wie sich im folgenden zeigen wird, eröffnet dies dem Verwaltungsrat einen grösseren Spielraum beim Einsatz von Abwehrmassnahmen.

Die strikte Abgrenzung der Perioden vor und nach der Veröffentlichung des Angebotes könnte Probleme mit sich bringen, insbesondere wenn der Verwaltungsrat sichere Anzeichen hat, dass ein Übernahmeangebot bevorsteht, und er deswegen Abwehrmassnahmen ergreift. In England wären solche Abwehrmassnahmen nach GP 7 City Code verboten. Da ein rasches Ergreifen von Abwehrmassnahmen durch den Verwaltungsrat zusätzlich durch die Meldepflichten des BEHG, die einen Beteiligungsaufbau in einer Hand aufzeigen, erleichtert wird, erhalten die präventiven Abwehrmassnahmen ein sehr hohes Gewicht in der Schweiz. Dieses Problem könnte durch Art. 34 V-UEK etwas entschärft werden, da dieser Artikel vorschreibt, dass ab der Veröffentlichung eines Angebotes die Zielgesellschaft der Übernahmekommission jede Abwehrmassnahme anzeigt, die

[525] Vgl. Böckli, P., Aktienrecht, 1996, S. 880.

sie einzusetzen gedenkt. Es bleibt abzuwarten, inwieweit die Übernahmekommission über Art. 34 V-UEK Abwehrmassnahmen einschränkt.
Bei der Einführung von präventiven Abwehrmassnahmen ist der Verwaltungsrat an die Treuepflichten des Art. 717 Abs. 1 OR gebunden und muss Aktionäre unter gleichen Voraussetzungen gleich behandeln.[526] Er darf keine Abwehrmassnahmen ergreifen, die die Gesellschaft langfristig schädigen oder die ihr die Grundlage zur Erhaltung der Überlebensfähigkeit entziehen könnten. In der Verordnung werden explizit - wie bereits oben gesagt wurde - auch noch alle Abwehrmassnahmen verboten, die offensichtlich das Gesellschaftsrecht verletzen.[527] Allerdings sind die Kompetenzen, die die Generalversammlung dem Verwaltungsrat durch seine Wahl gegeben hat, relativ umfassend. So muss sich nach Watter[528] der Verwaltungsrat zwar nach dem Willen der Gesellschaft richten, der durch Mehrheitsentscheid der Aktionäre bestimmt wird, er hat aber auch die Kompetenz zu entscheiden, was für die Gesellschaft gut oder schlecht ist.[529] „Wo der VR gutgläubig annimmt (bzw. nach Vertrauensprinzip annehmen darf), eine bestimmte Massnahme sei im mutmasslichen Interesse der Mehrheit der Aktionäre, sind seine Aktionen vom Auftrag der GV abgedeckt."[530]
Im Bereich der präventiven Abwehrmassnahmen ist ferner der Bundesgerichtsentscheid im Falle Canes/Nestlé vom 25. Juni 1991, in dem sich das Bundesgericht über die Zulässigkeit von Abwehrmassnahmen nach dem neuen OR geäussert hat, zu beachten.[531] Er enthält das Urteil über die Abwehrmassnahmen, deren Aufnahme in die Statuten der Nestlé AG an der Generalversammlung 1989 beschlossen worden waren und die von der Aktionärsgruppe Canes angefochten wurden. Insgesamt wurde Nestlé in fast allen Punkten Recht gegeben und die Abwehrdispositive von Nestlé gutgeheissen. In der nachfolgenden Zeit haben viele Unternehmen ihre Statuten an die der Nestlé angelehnt. Für den Aktionär ist die Tatsache entscheidend, dass die Statuten unfreundliche Übernahmen nicht verhindern, aber einen Bieter zu einem offenen Vorgehen zwingen. Auch wenn dies unter dem neuen BEHG weitgehend gesichert sein dürfte, so war der Entscheid in der Zeit, als der Übernahmekodex noch in Kraft war, ausgesprochen wichtig und ist es - in bezug auf präventive Abwehrmassnahmen - noch heute.[532]
Insgesamt sind die Vorschriften des City Code um einiges strenger als die des BEHG. Dies zeigt sich beispielsweise darin, dass der Verwaltungsrat in der Schweiz Abwehrmassnahmen noch bei sicheren Anzeichen, dass ein Übernahmeangebot

---

[526] Art. 717 Abs. 2 OR.
[527] Art. 36 V-UEK.
[528] Vgl. Watter, R., Unternehmensübernahmen, 1990, S. 340 f.
[529] Vgl. Müller, R. / Lipp, L., Handbuch, 1994, S. 335; Pulver, U., Kaufangebote, 1993, S. 257-259; Watter, R., Unternehmensübernahmen, 1990, S. 340 f.
[530] Watter, R., Unternehmensübernahmen, 1990, S. 341.
[531] BGE 117 II 290-315.
[532] Vgl. Bohrer, A., Takeover, 1993, S. 509; Forstmoser, P., Spielraum, 1991, S. 593.

bevorsteht, ergreifen kann. Allerdings ist der Eingriff in die Geschäftsführungskompetenz des Managements in beiden Ländern erheblich. Während eines Übernahmeangebotes ist der Spielraum des Managements mit der Begründung des Aktionärsschutzes stark eingeschränkt. Die Aktionäre sollen davor geschützt werden, dass das Management - auch unter dem Deckmantel des angeblichen Unternehmensinteresses - allein seine eigenen Interessen verfolgt und Schutzzäune errichtet, die von den Aktionären nicht erwünscht sind.[533]
Im folgenden werden nun die präventiven Abwehrmassnahmen besprochen. Im Anschluss daran sollen dann die Abwehrmassnahmen während eines Übernahmeangebotes dargestellt werden.

4.3 Der Einfluss des Aktionärs beim Einsatz von präventiven Abwehrmassnahmen

4.3.1 Einflussnahme auf die Stimmkraft und die Übertragbarkeit der Aktien

Das Stimmrecht ist bei einem Übernahmeangebot der ausschlaggebende Faktor für seinen Erfolg. Aus diesem Grund setzen auch viele Abwehrmassnahmen dort an. Allerdings stellen Abwehrmassnahmen, die das Stimmrecht beeinflussen, insbesondere dann, wenn sie nachträglich eingeführt werden, einen schwerwiegenden Eingriff in die Gleichbehandlungsrechte der Aktionäre dar. Aus diesem Grund können sie auch nur unter erschwerten Bedingungen eingesetzt werden. Ein Gleiches gilt für die Erschwerung der Aktienübertragbarkeit, wie sich nachfolgend zeigen wird.[534]

4.3.1.1 Erschwerung der Aktienübertragbarkeit

Durch eine Erschwerung der Übertragbarkeit von Aktien kann eine potentielle Zielgesellschaft versuchen, Kontrolle über den Aktionärskreis auszuüben und einen Mehrheitserwerb zu erschweren. Dafür sind insbesondere die Namenaktien prädestiniert, da die Stimmrechte aus diesen Namenaktien sowohl in der Schweiz[535] als auch in England[536] erst dann ausgeübt werden können, wenn der Aktionär im Aktionärsregister eingetragen ist. Über das Aktionärsregister können die Directors die Kontrolle über die Zusammensetzung des Aktionariats viel leichter ausüben als

---

[533] Vgl. Botschaft des Bundesrates vom 24. Februar 1993, BBl. 1993 I, Ziff. 25.6; Herrmann, M., Abwehrmassnahmen, 1992, S. 260.
[534] Vgl. Braschler, C., Abwehrmassnahmen, 1992, S. 239; Huguenin Jacobs, C., Gleichbehandlung, 1994, S. 157.
[535] Art. 689a Abs. 1 OR.
[536] S. 22 (2) CA 1985.

über Inhaberaktien, bei denen jeder Vorweiser die im Aktientitel verbrieften Rechte geltend machen kann.[537]

In **England** sind die einbezahlten Anteile an einer Public Company nach s. 182 (1) CA 1985 grundsätzlich frei übertragbar, solange Articles oder Memorandum keine anderen Regelungen vorsehen. Damit wäre eine Erschwerung des Aktienübertragbarkeit für eine Public Company durchaus denkbar und ist bei Private Companies oder bei kleinen nicht-börsenkotierten Public Companies auch üblich. Börsenkotierten Gesellschaften ist es allerdings durch die Listing Rules der LSE verboten, die Übertragung ihrer Aktien einzuschränken.[538] Ausnahmen werden von der LSE nur sehr selten gewährt. So wurde eine Golden Share[539] der National Freight Train Company von der LSE nur deshalb akzeptiert, weil das Unternehmen im Besitz der Belegschaft war. Es wurde dabei ausdrücklich hervorgehoben, dass es sich in diesem Falle um eine Ausnahme handele. Somit kann die Erschwerung der Aktienübertragbarkeit in England als potentielle Abwehrmassnahme für börsenkotierte Unternehmen ausgeschlossen werden.[540]

Im Gegensatz zu England ist die Erschwerung der Übertragbarkeit von börsenkotierten Aktien in der **Schweiz** ein übliches Abwehrmittel.[541] Sie erfolgt üblicherweise durch das Institut der Vinkulierung. Die Vinkulierung bewirkt, dass ein Aktionär bei der Übertragung der Namenaktien an die Zustimmung der Gesellschaft gebunden ist. Der Einsatz der Vinkulierung wurde allerdings durch die Aktienrechtsrevision, die am 1. Juli 1992 in Kraft trat, stark eingeschränkt. Bis dahin konnte die Gesellschaft einen Aktionär ohne Angabe von Gründen ablehnen. Dies ist unter dem neuen Aktienrecht nicht mehr möglich.[542]

Das neue Aktienrecht erlaubt für börsenkotierte Gesellschaften sehr viel weniger Ablehnungsgründe als für nicht-börsenkotierte Gesellschaften. Nach Art. 685d Abs. 1 und 2 OR kann eine börsenkotierte Gesellschaft einen Erwerber als Aktionär nur ablehnen, wenn er eine statutarische Quotenregelung überschreitet oder wenn der Erwerber auf Verlangen der Gesellschaft nicht ausdrücklich erklärt, dass er die Aktien im eigenen Namen und auf eigene Rechnung erworben hat. Ein Aktionär kann zudem abgelehnt werden, falls die Gesellschaft nach

---

537 Vgl. Herrmann, M., Abwehrmassnahmen, 1993, S. 192 f.; Steinmann, M., Abwehrmassnahmen, 1989, S. 50.

538 Chapter 3.15 und Appendix 1 zu Chapter 13.6 Listing Rules.

539 Golden Shares werden bei Privatisierungen von der englischen Regierung eingesetzt. Sie sichern ihr das Recht zu, eine Übernahme des privatisierten Unternehmens für einige Jahre oder für immer zu verhindern (vgl. Stedman, G., Takeovers, 1993, S. 7).

540 Güthoff, J., Gesellschaftsrecht, 1993, S. 31; Herrmann, M., Abwehrmassnahmen, 1993, S. 192 f.; Schade, M., Internationalisierung, 1990, S. 104; Stedman, G., Takeovers, 1993, S. 417.

541 So haben 48 von den 238 Unternehmen, die an der Schweizer Börse kotiert sind, eine Vinkulierungsklausel in ihren Statuten vorgesehen (vgl. o.V., Aktienführer, 1996).

542 Boemle, M., Unternehmungsfinanzierung, 1993, S. 227; Kurer, P. / Schärer, H., Switzerland, 1991, S. 112.

dessen Anerkennung nicht den Nachweis schweizerischer Beherrschung, der durch Bundesgesetze wie das Lex Friedrich oder das Bankengesetz gefordert wird, erbringen konnte. Sind börsenkotierte Namenaktien durch Erbgang, Erbteilung oder eheliches Güterrecht erworben worden, so ist eine Ablehnung laut Art. 685d Abs. 3 OR nicht möglich. Solange der Aktionär noch nicht anerkannt ist, kann er sich in das Aktienbuch als „Aktionär ohne Stimmrecht“ eintragen lassen.[543]

Die Vinkulierung börsenkotierter Namenaktien hat zur Folge, dass ein Aktionär bis zu seiner Anerkennung durch die Gesellschaft das mit den Aktien verknüpfte Stimmrecht und alle mit dem Stimmrecht verbundenen Rechte nicht ausüben kann. Hat er die kotierten Titel börslich erworben, so gehen nach Art. 685f OR die Rechte - ausser dem Stimmrecht - mit der Übertragung auf den Erwerber über, hat er sie hingegen ausserbörslich erworben, so gehen die Rechte - ausser dem Stimmrecht - erst auf den Erwerber über, wenn das Übertragungsgesuch bei der Gesellschaft eingeht.[544] Diese Regelung hat dazu geführt, dass in grossen Aktiengesellschaften der Bestand an Aktien, die verkauft, aber der Gesellschaft nicht zur Eintragung gemeldet worden sind (Dispoaktien), in der Regel 2-4 Prozent des Aktienbestandes betragen. „Im Falle von Belagerungen durch einen Angreifer kann dieser Anteil erheblich steigen: So wuchs er bei Sulzer und der Basler Versicherung zeitweise bis zu 20%, bei Rinsoz & Ormond erreichte er sogar über 40%.“[545]

Die Vinkulierung kann eigentlich nur als präventives Abwehrmittel eingesetzt werden, da ihre nachträgliche Einführung einer Statutenänderung bedarf und somit ein Generalversammlungsbeschluss zwingend erforderlich ist. Dieser dürfte aufgrund des hohen Zeitdrucks während eines Übernahmeangebotes regelmässig zu spät kommen. Hat der Bieter dann bereits eine Sperrbeteiligung erworben, ist eine nachträgliche Vinkulierung gänzlich unmöglich. Soll eine Vinkulierung präventiv eingeführt werden, ist zu beachten, dass sie relativ wohlerworbene Rechte der Aktionäre tangiert. Aus diesem Grund ist eine entsprechende Statutenänderung nur dann zulässig, wenn das überwiegende Gesellschaftsinteresse sie erfordert, der Grad der Vinkulierung zweckproportional ist und die Aktionäre gleich behandelt werden. Die Einführung der Vinkulierung allein zur Zementierung der Machtposition eines Mehrheitsaktionärs oder des Verwaltungsrates ist unzulässig.[546]

Trotz ihrer starken Abwehrwirkung ist die Vinkulierung kein absolut sicheres Abwehrmittel, beispielsweise dann nicht, wenn der Bieter sein Angebot an die

---

543 Vgl. Benz, U., Vinkulierung, 1993, S. 65; Böckli, P., Vinkulierung, 1991, S. 583; Boemle, M., Unternehmungsfinanzierung, 1993, S. 227 f.

544 Vgl. Benz, U., Vinkulierung, 1993, S. 66.

545 Schade, M., Internationalisierung, 1990, S. 189.

546 Vgl. Braschler, C., Abwehrmassnahmen, 1992, S. 213 f.; Steinmann, M., Abwehrmassnahmen, 1989, S. 50; Strazzer, R., Übernahmeangebot, 1993, S. 186.

Bedingung knüpft, dass die alten Aktionäre für eine Aufhebung der Vinkulierung stimmen. Auch hat eine Reihe unfreundlicher Übernahmen gezeigt, dass der Abwehrmechanismus durch einen hartnäckigen, wirtschaftlich starken Angreifer langfristig ausgeschaltet werden kann. So gelang es der Coop im Jahre 1989 trotz eines attraktiven Angebotes[547] nicht, über ein öffentliches Übernahmeangebot die Mehrheit der Aktien des Konsumverein Zürich (KVZ) zu erwerben. Knapp zwei Jahre danach übernahm die Coop dennoch den KVZ, nachdem sie sich durch Aktienzukäufe ein komfortables Mehrheitspaket erworben hatte. Ein Übernahmeangebot wurde den Minderheitsaktionären allerdings nicht gemacht.[548]
Auch der Versuch von Denner-Chef Karl Schweri im Jahre 1987, die Usego-Trimerco Holding (UTH) zu übernehmen, scheiterte vorerst daran, dass alle Anträge auf Aufhebung der Vinkulierung abgelehnt wurden. Erst nach einer jahrelangen Zermürbungstaktik wurde ihm dann Waro, auf die seine Attacke abgezielt hatte, zugesprochen. Die Beispiele zeigen, dass, auch wenn das Stimmrecht formal fehlt, die wirtschaftliche Nutzungsberechtigung faktisch und auf Dauer ausschlaggebend ist, da dem Aktionär mit der Kapitalmehrheit „gefühlsmässig (und in der Sicht der Medien)“[549] die Gesellschaft gehört.[550]
Eine weitere Möglichkeit, die Kontrolle über ein Unternehmen mit vinkulierten Namenaktien zu erlangen, besteht in dem Erwerb von Aktien über Strohmänner. Dieses Vorgehen wählte Tito Tettamanti beim Aufkauf der Sulzer-Namenaktien. Allerdings verlangen die Gesellschaften - in Anlehnung an die Nestlé-Statuten - in der Regel von einem Erwerber, der in das Aktienbuch eingetragen werden will, eine unterschriftliche Erklärung, wonach dieser die Aktien im eigenen Namen und auf eigene Rechnung hält. Verweigert der Erwerber die Unterschrift, so kann die Gesellschaft seine Eintragung gemäss Art. 685d Abs. 2 OR ablehnen. Erfolgt eine Eintragung ins Aktienbuch aufgrund von falschen Angaben des Erwerbers, so kann die Gesellschaft nach Anhörung der Betroffenen die Eintragung aus dem Aktienbuch streichen.[551] Dabei fallen Aktionäre, die sich in einem unter einheitlicher Führung gebildeten Interessenkonsortium zusammengeschlossen haben oder in einem Aktionärsbindungsvertrag sind, nicht unter den Begriff des Fiduziars oder Strohmannes.[552] Dies ist auch in Art. 6 Abs. 6 Ziff. a der Nestlé-Statuten

---

547 2200 Fr. je Namenaktie bei einem Börsenkurs von 1260 Fr. und 4000 Fr. je Inhaberaktie bei einem Börsenkurs von 3500 Fr.

548 Vgl. Bachmann, R.-P., Übernahmen, 1992, S. 36 f.; Braschler, C., Abwehrmassnahmen, 1992, S. 217 f. und 230; Benz, U., Vinkulierung, 1993, S. 66; Gruber, M., Pflicht, 1996, S. 12.

549 Vgl. Böckli, P., Vinkulierung, 1991, S. 585.

550 Vgl. Bachmann, R.-P., Übernahmen, 1992, S. 34; Benz, U., Vinkulierung, 1993, S. 66; Braschler, C., Abwehrmassnahmen, 1992, S. 217 f. und 230; Steinmann, M., Abwehrmassnahmen, 1989, S. 32 f.; Vischer, F., Börsengesetz, 1994, S. 33.

551 Art. 686a OR.

552 Vgl. Steinmann, M., Abwehrmassnahmen, 1989, S. 38, 76 und 127; Strazzer, R., Übernahmeangebot, 1993, S. 11.

vorgesehen, die nur solche Rechtssubjekte als eine Person ansehen, die sich für den Erwerb von Aktien zusammentun. „Wer einmal Aktionär geworden ist, darf in den allgemeinen Schranken beliebige Verbindungen eingehen.“[553]
Durch die Vinkulierung werden Übernahmen demnach nicht unbedingt verhindert, aber in einem erheblichen Masse erschwert. Insbesondere bei heimlichen Übernahmen wird der Raider gezwungen, mit den anderen Aktionären Kontakt aufzunehmen, damit die Vinkulierungsbestimmungen in den Statuten geändert und der Übernehmer eingetragen werden kann. Aus diesem Grund befürwortet beispielsweise Borgeaud[554] die Vinkulierung von Namenaktien, da sie nicht per se Übernahmen verhindere, sondern nur einen Raider zwinge, mit seiner Absicht an die Öffentlichkeit zu treten. Zudem trage sie der schweizerischen Wirtschaftsstruktur Rechnung, erleichtere kleinen und mittleren Unternehmen, die sich nur teilweise dem Publikum öffnen wollen, den Gang zur Börse und erlaube bei grösseren Aktiengesellschaften, den Charakter einer Publikumsgesellschaft durch eine breite Abstützung des Aktionariats sicherzustellen.[555]
Die Gegner der Vinkulierung haben gegen diese einzuwenden, dass sie die Attraktivität der Papiere infolge der erschwerten Übertragbarkeit mindere und Aktionärsrechte massiv einschränke. Mit der Vinkulierung entziehe sich das Unternehmen der Kontrolle durch den Aktionär und durch den Kapitalmarkt. Unter der Zementierung der bestehenden Machtposition des Verwaltungsrates leide auch die Konkurrenzfähigkeit. Die geringe Attraktivität fällt insbesondere im Vergleich mit Inhaberaktien auf, die einen freien Markt haben und damit auch eine bessere Liquidität aufweisen (siehe 2.1.2.3). Ein niedriges Kursniveau erleichtert zudem auch feindselige Aktienaufkäufe, die ja eigentlich durch die Vinkulierung verhindert werden sollten. Sind die Aktionäre aber mit dem Kursniveau und damit auch mit dem existierenden Management unzufrieden, so können sie die Vinkulierung durch einen GV-Beschluss abschaffen. Desweiteren argumentieren die Gegner der Vinkulierung damit, dass eine Gesellschaft, die über die Börse am Kapitalmarkt vom anonymen Investor Kapital beschafft, sich den freien Marktkräften aussetzt und die Kapitalgeber nicht nach Belieben fesseln können soll.[556]
Aus der Sicht des Aktionärs - der kein dominierender Aktionär in einer Familiengesellschaft ist - ist aus eben diesen Gründen die Vinkulierung als eindeutig negativ zu beurteilen, da ihm zum einen das Stimmrecht nicht seiner Kapitalbeteiligung gemäss zugeteilt wird und zum anderen die Namenaktien sehr viel

---

553 Forstmoser, P., Spielraum, 1991, S. 593.
554 Vgl. Borgeaud, P., Vinkulierung, 1991, S. 587 f.
555 Vgl. Borgeaud, P., Vinkulierung, 1991, S. 587 f.; Strazzer, R., Übernahmeangebot, 1993, S. 187.
556 Vgl. Benz, U., Vinkulierung, 1993, S. 67; Böckli, P., Kapitalmarkt, 1991, S. 40; Boemle, M., Unternehmungsfinanzierung, 1993, S. 228; Braschler, C., Abwehrmassnahmen, 1992, S. 214 f.; 225 und 230; Steinmann, M., Abwehrmassnahmen, 1989, S. 71.

niedrigere Börsenkurse als die Inhaberaktien aufweisen. Insbesondere für Minderheitsaktionäre könnten diese Nachteile verkaufshemmend wirken. Es stellt sich zudem die Frage, ob nicht einfache Namenaktien ohne Vinkulierung ausreichen. Diese garantieren dem Unternehmen, dass es aufgrund der Aktienbucheinträge rechtzeitig von einer Übernahme unterrichtet wird. Vor allem tragen auch die neuen Meldepflichten dazu bei, dass das Argument, die Vinkulierung sei aufgrund der Gefahr von heimlichen Übernahmen vonnöten, entkräftet wird. Auch die Umgehung der Vinkulierung mit Mittelsmännern sollte durch die neuen Meldepflichten ausreichend verhindert werden. Insgesamt lässt sich also sagen, dass durch die neuen Vorschriften des Börsengesetzes viele der Argumente für eine Vinkulierung entkräftet werden konnten. Bei einer konsequenten Verfolgung des Anleger- und Funktionsschutzes müsste dann auch sicherlich die Abschaffung der Vinkulierung, insbesondere im Zusammenhang mit Stimmrechtsbeschränkungen, gefordert werden.[557] Diese Stimmrechtsbeschränkungen werden nachfolgend besprochen.

4.3.1.2 Stimmrechtsbeschränkungen

Mit Stimmrechtsbeschränkungen wird die Stimmkraft eines einzelnen Aktionärs auf einen bestimmten Prozentsatz des Aktienkapitals beschränkt. Alle Stimmrechte, die über diesen prozentualen Anteil des Aktienkapitals hinausgehen, ruhen. Die Beschränkung kann sich dabei auf alle oder nur auf bestimmte Generalversammlungsbeschlüsse beziehen. Durch die Beschränkung des Stimmrechtes kann sich das Management gegen einen Grossaktionär oder gegen eine Machtkonzentration in den Händen einzelner Aktionäre absichern.[558]

In **England** erfolgt die Einführung von Stimmrechtsbeschränkungen durch eine Special Resolution, mit der die Articles oder das Memorandum durch die Aktionäre geändert werden. Sie sind auch insofern als Abwehrmassnahme attraktiv, als es unter dem Companies Act für Generalversammlungsbeschlüsse neben der Stimmenmehrheit keiner zusätzlichen Kapitalmehrheit bedarf. Damit ist es einem potentiellen Übernehmer selbst bei einer hohen Kapitalbeteiligung nicht möglich, durch eine Sperrminorität wichtige Beschlüsse zu verhindern. Die Umgehung der Stimmrechtsbeschränkung durch ein gemeinsames Handeln mit anderen Aktionären wird durch die Offenlegungspflichten des CA 1985[559] erheblich erschwert. Danach muss jede Beteiligung eines oder mehrerer, durch einen Stimmbindungsvertrag abgestimmt handelnder Aktionäre gegenüber der Zielgesellschaft offengelegt werden, wodurch das Management eine leichte Kontrolle über den Aktio-

---

[557] Vgl. Schade, M., Internationalisierung, 1990, S. 186.

[558] Vgl. Böckli, P., Vinkulierung, 1991, S. 584; Braschler, C., Abwehrmassnahmen, 1992, S. 237; Herrmann, M., Abwehrmassnahmen, 1993, S. 186; Meier-Schatz, C. J., Betrachtungen, 1991, S. 62.

[559] Siehe auch 3.2.3.3 und 3.2.3.4.

närskreis hat. Trotz der Möglichkeit, Stimmrechtsbeschränkungen als Abwehrmassnahme einzusetzen, haben sie kaum praktische Bedeutung erlangt. Dies resultiert aus der Tradition englischer Unternehmen, in ihren Statuten kaum oder gar keine Schutzmauern zu errichten, und aus der starken Stellung institutioneller Investoren, die Stimmrechtsaktien ausgesprochen ablehnend gegenüberstehen.[560]
Im Gegensatz zu England sind in der **Schweiz** Stimmrechtsbeschränkungen, insbesondere im Zusammenhang mit vinkulierten Namenaktien, ausgesprochen üblich. Dazu muss die Stimmrechtsbeschränkung gemäss Art. 692 Abs. 2 OR und Art. 627 Ziff. 10 OR in den Statuten vorgeschrieben werden. Sie wird mit dem absoluten Mehr der an der Generalversammlung vertretenen Aktienstimmen festgeschrieben.[561] Sollen Stimmrechtsbeschränkungen nachträglich eingeführt werden, so ist der Grundsatz der Gleichbehandlung der Aktionäre zu wahren.[562] Ihre Einführung muss dabei „einem objektiven Interesse der Gesellschaft entsprechen, für den zu verwirklichenden Zweck angemessen und nicht übermässig sein."[563] Die Umgehung der Stimmrechtsbeschränkung wird durch das Verbot, Aktien durch Mittelsmänner vertreten zu lassen oder die Übertragung der Aktien an nahestehende Dritte zur Umgehung von Stimmrechtsbeschränkungen, verhindert.[564] Allerdings können sich Aktionäre für eine Übernahme legitim zusammenschliessen und so die Kontrolle über die Gesellschaft erzwingen. Letztendlich können dann Stimmrechtsbeschränkungen nur eine Übernahme erschweren oder verzögern, sie aber nicht endgültig verhüten.[565]
Stimmrechtsbeschränkungen sind für die Abschreckwirkung der Vinkulierung absolut notwendig, da nach dem neuen Aktienrecht einem Aktionär eines börsenkotierten Unternehmens die Eintragung in das Aktienbuch in erster Linie nur aufgrund einer statutarischen Prozentklausel verweigert werden kann. Der Einsatz von Stimmrechtsbeschränkungen ist aber nicht nur auf Namenaktien beschränkt. Er kann sich vielmehr auf bestimmte oder alle Generalversammlungsbeschlüsse und damit auch auf Inhaberaktien beziehen. Da die statutarische Prozentklausel insbesondere auch für eine Statutenänderung vorgeschrieben werden kann, kann sie eine hohe Übernahmehürde darstellen. Aus diesem Grund werden statutarische Prozentklauseln von vielen börsenkotierten Unternehmen als Abwehrmassnahmen verwendet.[566] Sie lehnen sich dabei an die Nestlé-Statuten an, deren

---

[560] Vgl. Herrmann, M., Abwehrmassnahmen, 1993, S. 186 und 253; Schade, M., Internationalisierung, 1990, S. 104.
[561] Art. 703 OR.
[562] Art. 717 Abs. 2 OR.
[563] Braschler, C., Abwehrmassnahmen, 1992, S. 237.
[564] Art. 691 Abs. 1 OR.
[565] Vgl. Braschler, C., Abwehrmassnahmen, 1992, S. 239; Steinmann, M., Abwehrmassnahmen, 1989, S. 128; Vogt, N. P. / Watter, R., M&A, 1993, S. 45.
[566] So haben 38 von den 238 Unternehmen, die an der Schweizer Börse kotiert sind, Höchststimmlimite in ihren Statuten vorgesehen (vgl. o.V., Aktienführer, 1996).

Vinkulierungsvorschriften zusammen mit der Stimmrechtsbeschränkung von 3 Prozent des Namenaktienkapitals vom Bundesgericht als rechtmäs-sig beurteilt wurden.[567]

Der Verwaltungsrat kann Ausnahmen von der Stimmrechtsbeschränkung gewähren. Allerdings müssen diese Ausnahmen sachlich begründet sein und dürfen nicht gegen das Gleichbehandlungsgebot des Art. 717 Abs. 2 OR verstossen. Wird ein Aktionär ungerechtfertigterweise ungleich behandelt, so kann er nach Art. 685f Abs. 4 OR die Gesellschaft auf Anerkennung des Stimmrechts und auf Schadenersatz verklagen. Damit sind Prozentklauseln, die beispielsweise Ausnahmen zugunsten bestimmter Käuferkreise zulassen, anfechtbar, wenn sie zur Bildung von Kontrollmacht geeignet sind. Sie dürfen lediglich zur Stimmenstreuung dienen. Die aktienrechtlichen Vorschriften zur Stimmrechtsbeschränkung dürften den Aktionär vor einer willkürlichen Zuteilung von Stimmrechten ausreichend schützen.[568]

Auch wenn die Aktionäre vor einer willkürlichen Behandlung durch das Management geschützt sind, sind doch statutarische Prozentklauseln aus ihrer Sicht von Nachteil, da sie ihnen einen zu ihrer Kapitalbeteiligung proportionalen Einfluss nicht gestatten. Stimmrechtsbeschränkungen „atomisieren die Macht der Publikumsaktionäre und stärken die Verwaltung."[569] Dadurch besteht die Gefahr, dass sich das Management im Falle eines unfreundlichen Übernahmeversuches hinter Stimmrechtsbeschränkungen verbarrikadieren kann. Ein übernahmewilliger Bieter müsste dann eine einfache Mehrheit zur Abschaffung der Prozentklausel mobilisieren können. Ansonsten könnte er keinen seiner Kapitalbeteiligung entsprechenden Einfluss ausüben. Allerdings kann die Abschaffung der Prozentklausel dadurch erschwert werden, dass gewisse Quoren für Statutenänderungen erreicht werden müssen. Diese sollen nachfolgend beschrieben werden.[570]

4.3.1.3 Die Einführung von Quoren (Lock-up-Klauseln)

Lock-up Klauseln verhindern, dass eine Abwehrmassnahme durch einfache Statutenänderung mit der absoluten Mehrheit der vertretenen Stimmen abgeschafft werden kann. Dazu legen sie ein weit höheres Stimmenquorum fest. Da sie in Verbindung mit Vinkulierung und Stimmrechtsbeschränkung ein fast unüberwindliches Hindernis darstellen, wurden sie schon häufig kritisiert. So fordert Meier-Schatz[571] ein grundsätzliches Verbot von Lock-up Klauseln, da sie

---

[567] Vgl. Böckli, P., Vinkulierung, 1991, S. 584; Braschler, C., Abwehrmassnahmen, 1992, S. 211; Forstmoser, P., Spielraum, 1991, S. 593.

[568] Vgl. Böckli, P., Vinkulierung, 1991, S. 584; Huguenin Jacobs, C., Gleichbehandlung, 1994, S. 196 und 220 f.

[569] Braschler, C., Abwehrmassnahmen, 1992, S. 227.

[570] Vgl. Braschler, C., Abwehrmassnahmen, 1992, S. 211.

[571] Vgl. Meier-Schatz, C. J., Betrachtungen, 1991, S. 66.

das Zustandekommen von Übernahmeangeboten von hohen, teils prohibitiven Aktionärsmehrheiten abhängig machen. Ein weiterer Kritikpunkt besteht darin, dass hohe Quoren die Durchsetzbarkeit notwendiger Beschlüsse vermindern und bei einem Aktionariat, das verschiedene Ziele verfolgt, die Gesellschaft lähmen könnte. Werden sie aber zu niedrig angesetzt, kann ein Angreifer sie schnell ausser Kraft setzen. Einige Autoren[572] verteidigen die Quoren jedoch als ein Mittel zum Schutz von Minderheitsaktionären, da sie die Übervorteilung der Minderheitsaktionäre durch die Mehrheit und eine Beschneidung von Aktionärsrechten verhindere. Ausserdem könne bei Vorhandensein von Lock-up-Klauseln ein Bieter, der ein genügend grosses Aktienpaket halte, das Ergreifen von Abwehrmassnahmen verhindern.[573]

In **England** können aufgrund der weitgehend freien Gestaltbarkeit von Articles und Memorandum Quoren für bestimmte Beschlüsse eingeführt werden. So können beispielsweise die Articles oder das Memorandum einer Zielgesellschaft hohe Generalversammlungsmehrheiten für die Durchführung von Fusionen, Umstrukturierungen oder eine Übertragung wesentlicher Teile des Gesellschaftsvermögens fordern. Da jedoch die Articles jederzeit durch Sonderbeschluss gemäss s. 9 (1) CA 1985 abänderbar sein müssen, genügt einem Bieter eine 3/4-Mehrheit zur Abschaffung einer Lock-up-Klausel.[574]

Auch in der **Schweiz** können die Statuten die Quorumsvorschriften beliebig verschärfen. Unter dem alten Obligationenrecht gab es noch eine Vorschrift, die für die Beseitigung von Bestimmungen über die Erschwerung der Beschlussfassung in der Generalversammlung eine Zustimmung von zwei Dritteln des gesamten Grundkapitals forderte (Art. 648 aOR). Dieser Artikel wurde unter dem neuen Obligationenrecht abgeschafft, ebenso wie alle am Gesamtkapital bemessenen Quoren abgeschafft wurden. Allerdings ist es möglich, in den Statuten neben den obligationenrechtlichen Stimmenquoren auch Präsenzquoren einzuführen. Dann wäre ein Beschluss nur dann gültig, wenn neben den geforderten Stimmen auch noch ein bestimmter Teil des Aktienkapitals zugestimmt hätte. So ist bei der Nestlé AG nach Art. 17 ihrer Statuten für die Änderung besonders wichtiger Statutenbestimmungen wie der Begrenzung des Stimmrechts an der Generalversammlung oder der Abberufung von mehr als einem Drittel der Verwaltungsratsmitglieder die Anwesenheit so vieler Aktionäre erforderlich, dass mindestens

---

[572] Vgl. Steinmann, M., Abwehrmassnahmen, 1989, S. 122.

[573] Vgl. Bär, T., Finanzierung, 1990, S. 115; Forstmoser, P., Spielraum, 1991, S. 594 f.; Meier-Schatz, C. J., Betrachtungen, 1991, S. 57, 62 und 66; Ruback, R. S., Takeover, 1988, S. 57; Steinmann, M., Abwehrmassnahmen, 1989, S. 46.

[574] Vgl. Herrmann, M., Abwehrmassnahmen, 1993, S. 199 f.; Keenan, D., Students, 1996, S. 86.

zwei Drittel des Aktienkapitals vertreten sind. Die Beschlüsse müssen zudem mit einer Mehrheit von drei Vierteln der vertretenen Aktien gefasst werden.[575]

4.3.1.4 Stimmrechtsaktien

Stimmrechtsaktien verleihen ihrem Besitzer eine im Vergleich zu anderen Aktionären höhere Stimmkraft. Dies kann dadurch geschehen, dass die Aktie selbst mehrere Stimmen verleiht, oder dadurch, dass die Aktie zwar nur eine Stimme verleiht, der Nennwert aber niedriger als der der anderen Aktien ist. Damit ermöglichen Stimmrechtsaktien ihrem Besitzer, die Kontrolle über eine Gesellschaft ohne einen entsprechenden Kapitaleinsatz auszuüben, so dass wenige Aktionäre oder auch das Management selbst die Machtstrukturen in der Zielgesellschaft erhalten können. Nach Caytas/Mahari sind Stimmrechtsaktien sogar „*das einzige wirklich sichere und mit den Elementargeboten der Fairness noch annähernd vereinbare Mittel der Machtkonservierung*, das juristischen Angriffen bisher noch zuverlässig standhält."[576] Für das Management der Zielgesellschaft werden Stimmrechtsaktien allerdings dann problematisch, wenn die Stimmrechtsaktionäre dem Übernahmeangebot zustimmen. Dann könnte es nur noch durch die Vinkulierung der Stimmrechtsaktien oder eine Stimmrechtsbeschränkung vor einer unfreundlichen Übernahme geschützt werden.[577]

In **England** stehen der Einführung von Stimmrechtsaktien keine gesetzlichen Hürden entgegen. Dies ist darauf zurückzuführen, dass das Stimmrecht als vertraglich eingeräumtes Recht betrachtet wird. Wird das Stimmrecht im Rahmen der Vertragsfreiheit verändert, so verändert sich auch der durch s. 14 (1) CA 1985 fingierte, bindende Vertrag zwischen der Company und ihren Aktionären einseitig.[578]

Grundsätzlich hat jeder Aktionär nach s. 370 (6) CA 1985 für alle Generalversammlungs- und Gattungsbeschlüsse eine Stimme für jede von ihm gehaltene Aktie, sofern Articles oder Memorandum der Company keine abweichenden Bestimmungen enthalten. Damit ist die Ausgabe von Aktien mit vermehrtem oder vermindertem Stimmrecht bei gleichem Nennwert durchaus möglich. Es ist sogar möglich, nur für bestimmte Beschlüsse das Stimmrecht gewisser Gattungen von Aktien heraufzusetzen.[579]

---

[575] Vgl. Forstmoser, P., Spielraum, 1991, S. 593 und 595; Müller, R. / Lipp, L., Handbuch, 1994, S. 318

[576] Caytas, I. G. / Mahari, J. I., Investment Banking, 1988, S. 238.

[577] Vgl. Braschler, C., Abwehrmassnahmen, 1992, S. 231 und 234; Herrmann, M., Abwehrmassnahmen, 1993, S. 181.

[578] Vgl. Herrmann, M., Abwehrmassnahmen, 1993, S. 180 und 253.

[579] Vgl. Herrmann, M., Abwehrmassnahmen, 1993, S. 180; Maeijer, J. M. M. / Geens, K., Defensive Measures, 1990, S. 222.

Die Einführung von Stimmrechtsaktien erfolgt über eine Special Resolution. Bei ihrer Einführung muss die Generalversammlung der aufrichtigen Überzeugung sein, dass die neuen oder erhöhten Mehrstimmrechte im Interesse der Aktionärsgesamtheit liegen. Begünstigte Aktionäre müssen sich der Abstimmung enthalten. Die Änderung oder Abschaffung von Stimmrechtsaktien kann nur gemäss s. 125 CA 1985 erfolgen. Wurden sie durch die Articles eingeführt, so ist die Zustimmung von 75 Prozent der Gattungsaktionäre erforderlich. Wurden sie hingegen durch das Memorandum eingeführt und sehen Memorandum oder Articles keine abweichenden Bestimmungen vor, so müssen sogar alle Gattungsaktionäre zustimmen. Damit besteht der sicherste Weg, die Abschaffung von Stimmrechtsaktien zu verhindern, darin, die Stimmrechtsaktien im Memorandum festzuschreiben.[580]

Auch wenn aufgrund der weitgehenden Gestaltungsmöglichkeiten im Companies Act eine Einführung von Stimmrechtsaktien möglich ist und sogar ohne sachliche Rechtfertigung einzelne Aktionäre bevorzugt werden können, können Stimmrechtsaktien nur in Ausnahmefällen als Abwehrmassnahme eingesetzt werden, da die London Stock Exchange für börsenkotierte Public Companies die nachträgliche Einführung oder Verstärkung von Mehrstimmrechten zum Schutz der Kapitalanleger nur in Ausnahmefällen erlaubt. Bestehen bereits Stimmrechtsaktien, so müssen diese - neben allen anderen zusätzlichen Rechten, die an die Aktien angehängt sind - veröffentlicht werden.[581] Stimmrechtsaktien sind in England allerdings selten: bei mehr als 2000 an der LSE kotierten britischen Unternehmen verfügen weniger als 40 über Stimmrechtsaktien. Zudem ist auch die Haltung der institutionellen Invesoren gegenüber der Schaffung von Aktien, die unterschiedliches Stimmrecht verleihen, ausgesprochen negativ.[582]

Aufgrund der negativen Haltung der London Stock Exchange und der institutionellen Investoren in bezug auf die nachträgliche Einführung von Stimmrechtsaktien, können Stimmrechtsaktien nur als Abwehrmassnahme eingesetzt werden, wenn sie bereits bestehen. Dann erlauben sie aber dem Aktionär, in dessen Besitz sie sind, auf den Verlauf einer Übernahme grossen Einfluss zu nehmen. So verfügte bei dem unfreundlichen Übernahmeangebot der Granada für den Hotelkonzern Forte der sog. „Council of Forte“, der wohltätige Stiftungen finanziert, bei einem Kapitalanteil von lediglich 0,1 Prozent über 50 Prozent der Stimmrechte. Dies gab ihm bei den Verhandlungen das ausschlaggebende Gewicht und

---

[580] Vgl. Herrmann, M., Abwehrmassnahmen, 1993, S. 182, 183 und 253; Keenan, D., Students, 1996, S. 125 und 371.

[581] Chapter 6. B 7 und Appendix 1 zu Chapter 13.3 Listing Rules.

[582] Vgl. „Nine Principles of Good Practice for Institutional Shareholders“ des Institutional Shareholders’ Committee; Herrmann, M., Abwehrmassnahmen, 1993, S. 184 und 253; Holland, P., Provisions, 1995, S. 100 f.; Maeijer, J. M. M. / Geens, K., Defensive Measures, 1990, S. 222; Stedman, G., Takeovers, 1993, S. 417.

erlaubte ihm, für seine Aktien £ 50 Mio. zu verlangen, was einem Zuschlag von 1700 Prozent entsprach.[583]

In der **Schweiz** können Stimmrechtsaktien nach Art. 693 Abs. 1 OR durch die Statuten eingeführt werden. Es ist in der Schweiz aber nicht möglich, dass eine Aktien mehrere Stimmen verleiht. Damit sind nur Stimmrechtsaktien möglich, bei denen der Nennwert ermässigt ist.[584] Stimmrechtsaktien werden in der Schweiz besonders in nicht-kotierten unechten Publikumsgesellschaften, wo der Finanzierungsbedarf die Mittel der dominierenden Aktionärsgruppe übersteigt, diese aber die Kontrolle über das Unternehmen nicht in fremde Hände geben wollen, eingesetzt. Die Einführung von Stimmrechtsaktien bedarf gemäss Art. 704 OR der qualifizierten Mehrheit, wobei der Nennwert der übrigen Aktien das Zehnfache des Nennwertes der Stimmrechtsaktien nicht übersteigen darf.[585] Allerdings ist gemäss Art. 693 Abs. 3 OR bei der Wahl der Revisionsstelle, bei der Ernennung von Sachverständigen zur Prüfung der Geschäftsführung oder einzelner Teile, bei der Beschlussfassung über die Einleitung einer Sonderprüfung und bei der Beschlussfassung über die Erhebung einer Verantwortlichkeitsklage die Bemessung des Stimmrechtes nach der Anzahl der Aktien und unabhängig von ihrem Nennwert nicht möglich.[586]

Die nachträgliche Einführung von Stimmrechtsaktien ist nur zulässig, wenn sie aus sachlichen Gründen gerechtfertigt ist. „Die individuellen Rechte der Aktionäre dürfen dabei nicht stärker eingeschränkt werden, als dies zur Wahrung wichtiger Gesellschaftsinteressen wirklich notwendig ist."[587] So ist eine Einführung von Stimmrechtsaktien nicht möglich, um die Position bestimmter Aktionäre abzusichern, sie kann aber zur Erhaltung der Konkurrenzfähigkeit, zur Wahrung der Kontinuität bei Familiengesellschaften, zur Wahrung der Selbständigkeit des Unternehmens, zum Schutz vor Konkurrenten und spekulativen Elementen, zur Steigerung der Produktivität und zur Rationalisierung und Sicherung des Absatzes eingesetzt werden. Bei ihrer Einführung ist der Grundsatz der Gleichbehandlung der Aktionäre einzuhalten. Werden durch ihre Einführung Interessen von Aktionären geschädigt, so können diese die Einführung nach Art. 706 Abs. 2 OR anfechten.[588]

Insgesamt werden Stimmrechtsaktien in der Schweiz - verglichen mit der Gesamtzahl der kotierten Unternehmen - sehr viel häufiger als in England einge-

---

583 Vgl. o.V., Offerte, 1996, S. 21; Stedman, G., Takeovers, 1993, S. 417.

584 Vgl. Böckli, P., Aktienrecht, 1996, S. 247.

585 Art. 693 Abs. 2 OR.

586 Vgl. Braschler, C., Abwehrmassnahmen, 1992, S. 231; Kalss, S. / Wessely, K., Aktionärsrechte, 1994, S. 111.

587 Braschler, C., Abwehrmassnahmen, 1992, S. 232.

588 Vgl. Braschler, C., Abwehrmassnahmen, 1992, S. 232; Huguenin Jacobs, C., Gleichbehandlung, 1994, S. 145.

setzt.[589] Dies ist auch darauf zurückzuführen, dass in England die LSE und die institutionellen Investoren eine negative Haltung gegenüber Stimmrechtsaktien einnehmen. Allerdings ist in der Schweiz seit einigen Jahren ein vermehrter Trend weg von einer Aufsplittung auf mehrere Klassen von Beteiligungspapieren hin zu einer Einheitsaktie festzustellen. Auslöser dafür war in erster Linie der kursdrükkende Effekt einer solchen Aufsplittung.[590]

4.3.1.5 Aktionärsbindungsverträge

„Aktionärsbindungsverträge sind Abmachungen zwischen einzelnen oder allen Aktionären einer Gesellschaft über die Ausübung von Aktionärsrechten, wobei sich die Mitglieder verpflichten, gemeinsam vorzugehen."[591] Sie werden häufig eingesetzt, um die Stimmkraft durch Stimmbindungs- oder Abstimmungsvereinbarungen zu koordinieren; ferner sind Ausübungsbeschränkungen des Bezugsrechts, die Regelung der Vertretung an der GV, Vor- und Rückkaufsrechte an Aktien, Aktienübernahmebestimmungen und Verkaufs- und Kaufverbote (Standstill Agreement) denkbar. Mit einem Aktionärsbindungsvertrag (ABV) kann sich eine Aktionärsgruppe die Kontrolle über ein Unternehmen sichern. Dabei sind sowohl Verträge zwischen Aktionären als auch Verträge zwischen Aktionären und der Verwaltung denkbar.[592]

Die Möglichkeit, mittels eines ABV eine Übernahme zu verhindern, hängt von der Ausgestaltung der Vereinbarung ab. Aufgrund der Vertragsfreiheit kann eine genaue Abstimmung auf das Ziel und den Zweck des ABV erfolgen. Allerdings dürfen sie nicht gegen zwingende gesetzliche Vorschriften, gegen die öffentliche Ordnung, gegen die guten Sitten oder das Recht der Persönlichkeit verstossen. Auch eine Umgehung von Stimmrechtsbeschränkungen oder Vinkulierungsbe-

---

589 So besitzen 73 der 238 Unternehmen, die an der Schweizer Börse kotiert sind, mindestens zwei Aktienkategorien, bei denen eine Aktienkategorie die Mehrheit der Stimmrechte stellt und einen niedrigeren Nennwert als die anderen Aktienkategorien aufweist. Bei 23 dieser 238 Unternehmen bestanden zwei Aktienkategorien, die beide genau 50 Prozent der Stimmrechte stellen, bei denen eine aber einen niedrigeren Nennwert aufweist. 8 der 238 Unternehmen besitzen zwei Aktienkategorien, von denen einen zwar einen niedrigeren Nennwert aufweist, aber zahlenmässig der anderen Aktienkategorie unterlegen ist. Es sei hier auch noch hinzugefügt, dass es von der Streuung der Aktienkategorien abhängt, ob die Stimmrechtsaktien zur Abwehr eingesetzt werden können. So können die Aktien der letzten Gruppe sehr wohl zur Abwehr eingesetzt werden, wenn sie in einer Hand gebündelt sind und die Aktien mit dem höheren Nennwert breit gestreut sind (vgl. o.V., Aktienführer, 1996).

590 Vgl. Böckli, P., Kapitalmarkt, 1991, S. 40.

591 Braschler, C., Abwehrmassnahmen, 1992, S. 262.

592 Vgl. Braschler, C., Abwehrmassnahmen, 1992, S. 262; Herrmann, M., Abwehrmassnahmen, 1993, S. 187, Stedman, G., Takeovers, 1993, S. 11 f.; Steinmann, M., Abwehrmassnahmen, 1989, S. 110 f.

stimmungen ist ungültig. Da ein ABV nur die an ihm beteiligten Parteien bindet und damit auch keine Wirkung gegenüber Dritten oder Neuaktionären entfalten kann, werden häufig Konventionalstrafen bei Vertragsbruch oder die Hinterlegung der Aktien in einem Depot vereinbart. Selbst wenn eine Vertragspartei des ABV in der Generalversammlung entgegen den Abmachungen des ABV stimmt, ist seine Stimmabgabe sowohl in der Schweiz als auch in England gültig. Die anderen Vertragsparteien können die den Vertrag verletzende Partei dann nur auf Schadenersatz verklagen. Dies könnte eine Schwäche eines ABV darstellen, falls ein Bieter bereit ist, das Risiko einer Klage oder Konventionalstrafe für die Poolmitglieder zu übernehmen.[593]

Der ABV ist eine Abwehrmassnahme, die sowohl präventiv als auch während eines Übernahmeangebotes eingesetzt werden kann, zumal sich die Aktionäre als Vertragspartei selbst für den Einsatz eines ABV als Abwehrmassnahme entscheiden können und die Existenz eines ABV nicht bekanntgemacht werden muss. Dabei könnten sich auch Vorkaufsrechte der Aktionäre oder Anbietungspflichten der Veräusserer als geeignet erweisen, eine unerwünschte Übernahme abzuwehren.[594]

Mit ABV können sowohl die Interessen einer Aktionärsmehrheit als auch die Interessen der Aktionärsminderheit koordiniert werden. Allerdings können die Beteiligungspapiere, die dem ABV unterstehen, an Attraktivität verlieren, sollten sie die Übertragbarkeit der Aktien erheblich erschweren. Auch müssten sie, um Übernahmen längerfristig vereiteln zu können, eine lange Laufzeit haben. Aus diesem Grund eignen sich ABV bei einer entsprechenden Gestaltung primär für Familienaktiengesellschaften, die nicht börsenkotiert sind. Für Aktiengesellschaften mit breit gestreutem Anteilsbesitz, die insbesondere noch börsenkotiert sind, eignen sie sich wohl weder als Abwehrmassnahme noch als Mittel, die Interessen von Aktionären zu bündeln, da der Aktionärskreis aus den verschiedensten Interessen zusammengesetzt sein kann und eine Koordination der Aktionäre sehr viel schwieriger ist. Zudem steigt der administrative Aufwand mit der zunehmenden Streuung des Aktienbesitzes.[595]

In **England** können sich Aktionäre ohne Rücksicht auf die Interessen der Gesellschaft oder nicht beteiligter Aktionäre in einem ABV zusammenschliessen, da das englische Recht das Stimmrecht eines Aktionärs als Teil seines persönlichen Eigentums betrachtet. Die einzige Gefahr besteht bei einem ABV darin, dass die Aktionäre eines ABV als in gemeinsamer Absprache handelnd betrachtet werden

---

593 Vgl. Braschler, C., Abwehrmassnahmen, 1992, S. 262 f., Caytas, I. G. / Mahari, J. I., Investment Banking, 1988, S. 244; Herrmann, M., Abwehrmassnahmen, 1993, S. 188 und 190; Steinmann, M., Abwehrmassnahmen, 1989, S. 111 und 113.

594 Vgl. Steinmann, M., Abwehrmassnahmen, 1989, S. 114 und 128.

595 Vgl. Braschler, C., Abwehrmassnahmen, 1992, S. 262-264 .; Caytas, I. G. / Mahari, J. I., Investment Banking, 1988, S. 244; Herrmann, M., Abwehrmassnahmen, 1993, S. 188-190; Steinmann, M., Abwehrmassnahmen, 1989, S. 111-113, 129 und 132.

könnten. Sie könnten dann die Angebotspflicht gemäss Rule 9.1 (b) City Code zum Erwerb der restlichen Aktien auslösen. Allerdings betrachtet der Panel Aktionärsgruppen, die nur bei bestimmten Beschlüssen als Gruppe wählen, nicht als eine abgestimmt handelnde Gruppe; ein anschliessender Kauf eines Mitglieds dieser Gruppe könnte aber nach Note 2 zu Rule 9.1 City Code die Aufkaufpflicht auslösen.[596]

In der **Schweiz** werden ABV ebenfalls durch die Grenzen des allgemeinen Vertragsrechts begrenzt. Beispielsweise sind ABV, die den Willen der Aktionäre an jenen der Gesellschaft binden, als unrechtmässig zu betrachten. Ebenso wie in England besteht aber auch hier die Gefahr, dass die Aufkaufpflicht nach Art. 32 BEHG ausgelöst werden könnte. Allerdings ist dazu die Praxis abzuwarten.[597]

Insgesamt sind ABV ein sehr nützliches Instrument, um Aktionärsgruppen zu koordinieren, zu bündeln und ihre Interessen durchzusetzen. Um der Gefahr zu begegnen, dass die Mitglieder des ABV auch bei der Aufkauf- oder Meldepflicht als eine gemeinsame Gruppe aufgefasst werden, müsste vorgängig die Genehmigung der jeweiligen Aufsichtsbehörde eingeholt werden. Grundsätzlich sind die Gruppenmitglieder aber bei jedem Abschluss eines neuen ABV, bei jeder Veränderung eines bereits bestehenden ABV, insbesondere bei Ein- und Austritten von Mitgliedern und bei einer Veränderung der Positionen, und bei der Auflösung eines ABV stets in der Gefahr, als Gruppe oder einzeln melde- oder aufkaufpflichtig zu werden.

4.3.1.6 Beschränkung der Stimmrechtsvertretung

Eine eigene Übernahmetechnik, die insbesondere in den USA verbreitet ist, stellen die sog. Proxy-Fights dar, bei denen sich der potentielle Übernehmer um die Vertretung von möglichst vielen Stimmen anderer Aktionäre bemüht, um sich an der Generalversammlung die Mehrheit der Stimmen zu sichern. Dabei versucht er, die Stimmenmehrheit allein durch eine Vertretungsvollmacht und nicht durch Erwerb zu erlangen. Um dieser Gefahr zu begegnen, kann das Management eine Beschränkung der Stimmrechtsvertretung mittels Statutenänderung einzuführen versuchen.[598]

Eine Beschränkung der Stimmrechtsvertretung ist nur bei Namenaktien sinnvoll, da sie bei Inhaberaktien „den Sinn und Zweck des Papieres in Frage stellen“[599] würde. Zu beachten ist ferner, dass das Recht auf Vertretung in der Generalversammlung ein wohlerworbenes Recht ist und damit eine zu starke Einschränkung der Vertretungsbefugnisse einem Stimmenausschluss gleichkäme. Aus Sicht des Bieters besteht auch ein grosser Nachteil von Proxy-Fights darin, dass die

---

[596] Vgl. Herrmann, M., Abwehrmassnahmen, 1993, S. 189 f. und 254; Stedman, G., Takeovers, 1993, S. 416.

[597] Vgl. Böckli, P., Aktienrecht, 1996, S. 888; Müller, R. / Lipp, L., Handbuch, 1994, S. 335.

[598] Vgl. Strazzer, R., Übernahmeangebot, 1993, S. 169.

[599] Steinmann, M., Abwehrmassnahmen, 1989, S. 92.

zugrundeliegenden Aktien beliebig weiterverkauft werden können oder das Mandat gekündigt werden kann, selbst wenn die Verträge über die Stimmrechtsvertretung erhebliche Sanktionen für diesen Fall vorsehen können. Proxy-Fights sind damit in erster Linie nur für einzelne Generalversammlungen sinnvoll.[600]

In **England** kann ein Aktionär nach s. 372 CA 1985 seine Aktien an der Generalversammlung durch einen Dritten vertreten lassen. Die Stimmrechtsvertretung wird in einem Vertrag zwischen den beiden Parteien (Proxy Form) festgelegt, in dem auch die Weisungen des Vertretenen an den Vertreter, beispielsweise eine Bank, enthalten sind. In England ist eine Beschränkung der Stimmrechtsvertretung möglich, solange dem Aktionär mindestens eine Stimme verbleibt (s. 370 (6) CA 1985).[601]

Der Einsatz von Proxies in einem Übernahmekampf wird durch Rule 18 City Code eingeschränkt. Danach darf ein Bieter einen Aktionär bei der Annahme seines Angebotes nicht dazu zwingen, einen Vertreter zu ernennen, der das Stimmrecht oder andere Rechte des Aktionärs ausübt. Will ein Bieter einen solchen Vertrag mit einem Aktionär abschliessen, so muss die Ernennung des Vertreters an bestimmte Bedingungen gebunden sein. Zum einen darf die Stimmrechtsvertretung solange nicht ausgeübt werden, wie das Angebot noch an andere Bedingungen (insbesondere das Erreichen von 50 Prozent der Stimmrechte) gebunden ist. Zum anderen dürfen die Stimmen nur ausgeübt werden, um die Bedingungen des Angebots zu erfüllen. Zudem erlischt die Ernennung eines Vertreters sofort, wenn die Annahme des Übernahmeangebotes zurückgezogen wird. Schliesslich bezieht sich die Ernennung nur auf Aktien, die dem Übernahmeangebot zugestimmt haben.[602]

Durch die Vorschriften des City Code unterliegen Proxy-Fights erheblichen Einschränkungen. Aus Sicht des Aktionärs ist es vor allem bedeutsam, dass er aufgrund von Rule 18 City Code selbst bestimmen kann, ob seine Aktien auf dem Wege der Stimmrechtsvertretung als Angriffsmittel eingesetzt werden.

In der **Schweiz** ist es nach Art. 689 Abs. 2 OR für den Aktionär möglich, seine Aktien an der Generalversammlung durch einen Dritten vertreten zu lassen. Es ist auch möglich, die Vertretung des Stimmrechtes in den Statuten zu beschränken, solange jeder Aktionär noch mindestens eine Stimme besitzt.[603] Ebenso können die Statuten vorschreiben, dass ein Aktionär sich an der Generalversammlung nur durch einen anderen Aktionär vertreten lassen kann.[604] Wird mit der Stimmrechtsvertretung eine Umgehung einer Stimmrechtsbeschränkung beabsichtigt, so

---

600 Vgl. Caytas, I. G. / Mahari, J. I., Investment Banking, 1988, S. 245; Steinmann, M., Abwehrmassnahmen, 1989, S. 92.

601 Vgl. Keenan, D., Students, 1996, S. 364 f.; Knoll, H.-C., Übernahmen, 1992, S. 131; Maeijer, J. M. M. / Geens, K., Defensive Measures, 1990, S. 223.

602 Vgl. Holland, P., Provisions, 1995, S. 112 f.; Knoll, H.-C., Übernahmen, 1992, S. 131.

603 Art. 627 Ziff. 10 OR und Art. 692 Abs. 2 OR.

604 Vgl. Böckli, P., Aktienrecht, 1996, S. 621.

ist die Vertretung allerdings unstatthaft.[605] Da ausserdem ein Angreifer bis zur Einführung des BEHG keine Möglichkeit hatte, die Identität der anderen Aktionäre zu ermitteln, waren Proxy-Fights in der Schweiz bisher kein übliches Angriffsmittel. Aus diesem Grund war auch die Beschränkung der Stimmrechtsvertretung kein wichtiges Abwehrmittel, da durch Vinkulierung, Stimmrechtsbeschränkung oder Stimmrechtsaktien ein ausreichender Schutz gegeben war. Sie stellte lediglich eine ergänzende Abwehrmassnahme dar.[606]

Auch unter dem BEHG werden wohl Proxy-Fights keine besondere Bedeutung erlangen, da zwar ein potentieller Übernehmer durch die Meldepflichten der Art. 20 und 31 BEHG an die Namen der Aktionäre mit Beteiligungen von über 5 Prozent der Stimmrechte käme und diese kontaktieren könnte, der Bieter aber weiterhin die Stimmrechtsvertretung nicht zur Umgehung der Vinkulierung und von Stimmrechtsbeschränkungen einsetzen kann. Da eine Beschränkung der Stimmrechtsvertretung einer Statutenänderung bedarf, diese aber keinen wichtigen Beschluss nach Art. 704 OR darstellt, muss lediglich die absolute Mehrheit der vertretenen Aktienstimmen an der Generalversammlung zustimmen und ein objektiv verstandenes Gesellschaftsinteresse vorliegen. Eine Zementierung der Machtposition einzelner Aktionäre oder des Verwaltungsrates ist durch die Beschränkung der Stimmrechtsvertretung nicht möglich. Damit haben die Aktionäre die Möglichkeit, über die Einführung dieser Abwehrmassnahme selbst zu bestimmen.[607]

Insgesamt ist die Beschränkung der Stimmrechtsvertretung sowohl in England als auch in der Schweiz nur ein ergänzendes Abwehrmittel. Dies resultiert in England aus den Vorschriften des City Code zur Stimmrechtsvertretung und in der Schweiz aus der weitverbreiteten Vinkulierung und der Stimmrechtsbeschränkung in Verbindung mit dem Verbot, diese durch eine Stimmrechtsvertretung zu umgehen. In beiden Ländern hat der Aktionär die Möglichkeit, den Einsatz der Beschränkung der Stimmrechtsvertretung als Abwehrmittel zu beeinflussen, da in beiden Ländern die Zustimmung der Aktionäre erforderlich ist.

4.3.2 Schutzmassnahmen des Managements

4.3.2.1 Staffelung der Mandate

Glaubt die Bietergesellschaft über eine Stimmenmehrheit zu verfügen, so kann sie die Einberufung einer ausserordentlichen Generalversammlung verlangen, um durch

---

605 Art. 691 Abs. 1 OR.

606 Vgl. Braschler, C., Abwehrmassnahmen, 1992, S. 173 und 241; Huguenin Jacobs, C., Gleichbehandlung, 1994, S. 169; Kurer, P. / Schärer, H., Switzerland, 1991, S. 113; Steinmann, M., Abwehrmassnahmen, 1989, S. 91.

607 Vgl. Braschler, C., Abwehrmassnahmen, 1992, S. 241 f.; Schmitt, P., Verwaltung, 1991, S. 97; Steinmann, M., Abwehrmassnahmen, 1989, S. 91.

Abwahl des alten Verwaltungsrates bzw. des Boards of Directors die Kontrolle über die Zielgesellschaft zu erlangen. Dieses Vorgehen kann durch eine Staffelung der Mandate (Staggered Board) unterbunden werden. Dabei werden die Amtsperioden so gestaffelt, dass nur ein Teil der Mitglieder des Verwaltungsrates oder des Boards pro Jahr abgelöst werden kann und eine gesamthafte Auswechslung des Managements nicht möglich ist. Dadurch verlieren die Aktionäre selbst aber auch ein gewisses Mass an Flexibilität, da sie einen unliebsamen Verwaltungsrat, der für eine von den Aktionären nicht befürwortete Übernahme ist, nicht vollumfänglich abwählen und als Abwehrmassnahme neue Direktoren bestellen können. Diesem Problem wird allerdings sowohl in England als auch in der Schweiz Rechnung getragen.[608]

In **England** ist eine Staffelung der Mandate durchaus möglich, da der Companies Act keine vollständige Regelung hinsichtlich der Ernennung und Abberufung der Directors trifft. Folglich müssen Ernennung und Abberufung in den Articles geregelt werden. So wird in Art. 73 des Table A Companies Regulation 1985 festgelegt, dass jeweils ein Drittel der Directors rotationsmässig in der Generalversammlung zurücktritt und ausscheidet. Da aber die Directors durch einfachen Beschluss der Generalversammlung und insbesondere ohne wichtigen Grund abgewählt werden können,[609] verliert das Staggerd Board als Abwehrmassnahme an Griffigkeit und ist somit in England auch wenig verbreitet. Abweichende Bestimmungen zu den Articles oder eine Vereinbarung zwischen der Gesellschaft und einem Director, die die Abberufungsmöglichkeiten einschränken, haben keine Wirkung.[610] „Hinter dieser Vorschrift steht der Gedanke der grundsätzlichen Kontrolle der Aktionäre als Eigentümer über das Management, die über dieses uneingeschränkte Abberufungsrecht ausgeübt werden kann."[611]

Allerdings kann die Ernennung neuer Directors durch die Articles frei bestimmt werden. Dies eröffnet einer Zielgesellschaft neue Verteidigungsmöglichkeiten. So kann die Generalversammlung verwaltungstreuen Dritten die Entsendung von Directors einräumen. Sogar eine Vorschrift, nach der das Board die Directors ernennt, wäre in den Articles möglich. Abgesehen davon, dass in jedem Fall eine vorherige Zustimmung der Generalversammlung erfolgen muss, sind zudem die Vorschriften des Institutional Shareholders' Committee zu beachten, nach denen die Wahl eines Directors in erster Linie durch die GV erfolgen sollte. Die Richtlinien halten zudem fest, dass ein Drittel der Directors in jedem Jahr ausgewechselt werden

---

[608] Vgl. Herrmann, M., Abwehrmassnahmen, 1993, S. 201; Schade, M., Internationalisierung, 1990, S. 39; Ruback, R. S., Takeover, 1988, S. 56.

[609] S. 303 CA 1985.

[610] Vgl. Güthoff, J., Gesellschaftsrecht, 1993, S. 32; Herrmann, M., Abwehrmassnahmen, 1993, S. 201 und 254; Keenan, D., Students, 1996, S. 282; Knoll, H.-C, Übernahmen, 1992, S. 227 f; Lüttmann, R., Kontrollwechsel, 1992, S. 50.

[611] Knoll, H.-C., Übernahmen, 1992, S. 228.

sollte und dass die Articles eine Minimal- und Maximalzahl an Directorstellen vorsehen sollten.[612]
In der **Schweiz** ist eine Staffelung von Verwaltungsratsmandaten ebenfalls möglich. Seine Wirksamkeit als Abwehrmittel wird allerdings - wie in England - aufgrund des unentziehbaren und unverzichtbaren Rechts der Generalversammlung auf jederzeitige Wegwahl einzelner oder aller Verwaltungsratsmitglieder nach Art. 705 Abs. 1 OR erheblich eingeschränkt. Dieses Recht kann allerdings durch erhöhte Quorumsvorschriften eingeschränkt werden. In den Nestlé-Statuten etwa ist ein qualifiziertes Präsenz- und Mehrheitsquorum für die Abberufung von mehr als einem Drittel der Verwaltungsratsmitglieder vorgeschrieben.[613] Nach Ansicht des Bundesgerichtes[614] widerspricht eine solche Erschwerung der Beschlussfassung solange nicht dem unabdingbaren Recht der Generalversammlung, den Verwaltungsrat jederzeit abzuwählen, wie eine Abwahl möglich bleibt.[615]
Um zu verhindern, dass ein Bieter die Kontrolle über den Verwaltungsrat dadurch erhält, dass er zu den bisherigen Verwaltungsratsmitgliedern eigene Mitglieder hinzuwählen lässt, kann die Zahl der Verwaltungsratsmitglieder nach oben begrenzt werden. So schreiben die Nestlé-Statuten vor, das der Verwaltungsrat aus wenigstens sieben und höchstens neunzehn Mitgliedern bestehen darf.[616]
Eine Staffelung der Mandate kann demnach sowohl in England als auch in der Schweiz als Abwehrmassnahme eingesetzt werden. Eine erhebliche Einschränkung erfährt sie allerdings durch das Recht der Aktionärsversammlung auf jederzeitige Abwahl der Verwaltung, das in der Schweiz nur geringfügig durch Quorumsvorschriften umgangen werden kann. Für die Aktionäre bedeutet dies, dass sie bei einer entsprechenden Beteiligungsquote auch weiterhin die ausschlaggebende Kraft bei der Wahl und Abwahl der Verwaltung sind und ihnen gegen ihren Willen keine Rechte entzogen werden können.[617]

4.3.2.2 Langfristige Arbeitsverträge

Durch langfristige Arbeitsverträge der Directors bzw. der Verwaltungsratsmitglieder kann die Kontrollübernahme durch einen Bieter erschwert werden. Der Abschluss langfristiger Arbeitsverträge ist in **England** das häufigste Präventivmit-

---

[612] Vgl. Diskussionspapier der ABI zu „The Role and Duties of Directors - A Discussion Paper", das von dem Institutional Shareholders' Committee in dieser Form als Richtlinie übernommen wurde; Herrmann, M., Abwehrmassnahmen, 1993, S. 203 und 254.

[613] Vgl. Art. 17 der Statuten der Nestlé AG.

[614] Vgl. BGE 117 II 291.

[615] Vgl. Forstmoser, P., Spielraum, 1991, S. 594; Meier-Schatz, C. J., Verteidigung, 1988, S. 110; Steinmann, M., Abwehrmassnahmen, 1989, S. 116; Vogt, N. P. / Watter, R., M&A, 1993, S. 45; Watter, R., Unternehmensübernahmen, 1990, S. 358.

[616] Vgl. Art. 22 der Statuten der Nestlé AG; Forstmoser, P., Spielraum, 1991, S. 594.

[617] Vgl. Knoll, H.-C., Übernahmen, 1992, S. 336.

tel, mit dem sich das Management gegen unfreundliche Übernahmen schützt. Sie stehen meist in Verbindung mit entsprechenden Entschädigungsvereinbarungen. Da die Amtszeiten durch den Companies Act nicht festgelegt werden, ist ihre Regelung den Articles überlassen. Damit sind sogar Ernennungen auf Lebenszeit möglich. Der Grund für die Dauer der Amtszeit darf allerdings nicht auf der Abwehr von Übernahmeangeboten oder dem alleinigen Interesse der Directors beruhen, sondern muss im wohlverstandenen Interesse der Gesellschaft liegen. Zudem bedarf jeder Arbeitsvertrag mit einer Laufzeit von über fünf Jahren gemäss s. 319 CA 1985 der vorherigen Zustimmung durch die Generalversammlung, wobei beispielsweise die Association of British Insurers (ABI) eine obligatorische Zustimmmung der GV bereits bei Laufzeiten von mehr als drei Jahren verlangt, damit sie in ein Unternehmen überhaupt investieren.[618] Auch müssen bei börsenkotierten Unternehmen die Dienstverträge der Directors gemäss Chapter 16.9 Listing Rules von den Aktionären überprüft werden können.[619]
Aufgrund der Möglichkeit einer jederzeitigen Abwahl der Directors durch die Generalversammlung nach s. 303 CA wird den Aktionären in England das Recht eingeräumt, über den Einsatz von langfristigen Arbeitsverträgen als Abwehrmassnahme selbst zu entscheiden. Dies trifft auch für die **Schweiz** zu. Allerdings bestehen hier die Höchstwahlfristen des Art. 710 Abs. 1 OR, nach denen die Amtsdauer des Verwaltungsrates sechs Jahre nicht übersteigen darf. Es ist aber den schweizerischen Aktionären im Gegensatz zu den englischen Aktionären nicht möglich, hohe Abfindungszahlungen der Verwaltungsratsmitglieder (Golden Parachutes) in Erfahrung zu bringen. Diese Golden Parachutes werden nachfolgend behandelt.[620]

4.3.2.3 Golden Parachutes

Golden Parachutes oder goldene Fallschirme, die insbesondere in den USA ein häufig eingesetztes Abwehrmittel sind, sichern dem Management im Falle einer Übernahme hohe Abfindungszahlungen zu. Watter[621] und Bär[622] beziehen auch noch neue, langfristige und sehr lukrative Arbeitsverträge, die in dieser Arbeit unter 4.3.2.2 bereits behandelt wurden, in die Definition von Golden Parachutes mit ein.[623]

---

618 Vgl. Richtlinien der ABI zu „Long Term Remuneration for Senior Executives".
619 Vgl. Knoll, H.-C., Übernahmen, 1992, S. 227 und 231 f.; Spearing, N. et al., Hostile Takeovers, 1990, S. 74; Stedman, G., Takeovers, 1993, S. 422.
620 Vgl. Müller, R. / Lipp, L., Handbuch, 1994, S. 154.
621 Vgl. Watter, R., Unternehmensübernahmen, 1990, S. 357.
622 Vgl. Bär, T., Finanzierung, 1990, S. 115.
623 Vgl. Lüttmann, R. Kontrollwechsel, 1992, S. 62 f.; Spearing, N. et al., Hostile Takeovers, 1990, S. 72.

Der Einsatz von Golden Parachutes als Abwehrmassnahme ist umstritten. So argumentieren die Befürworter von Golden Parachutes, dass sie dem Management die Möglichkeit geben, ohne wirtschaftliche Abhängigkeit über eine Übernahmeofferte zu verhandeln. Auch würden durch Golden Parachutes Kontrollwechsel sogar erleichtert, da das Management dann ein persönliches Interesse an einem solchen habe. Gerade der Nutzen eines solchen Eigeninteresses ist aber aus Sicht der Aktionäre sehr zweifelhaft. So sollten Übernahmen eben nicht aus einem Eigeninteresse des Managements stattfinden, sondern nur dann, wenn ein wirtschaftlicher Nutzen für die Unternehmen und Aktionäre zu erwarten ist. Aus diesem Grund bieten auch Golden Parachutes häufig Munition für negative Publicity. Wird aber die Abfindungszahlung aus Angst vor negativer Publicity sehr niedrig angesetzt, so dürfte dies wohl kaum einen Bieter an einer Übernahme hindern, da dann der auszuschüttende Betrag im Vergleich zu den Gesamtübernahmekosten nur von untergeordneter Bedeutung ist.[624]

In **England** sind Abfindungszahlungen an die Directors gemäss s. 312 CA 1985 nur dann zulässig, wenn sie durch die Articles vorgesehen sind, der Betrag gegenüber der Generalversammlung offengelegt und durch einen ordentlichen Beschluss abgesegnet wurde. Auch müssen die Directors Zahlungen, die sie im Zusammenhang mit Übernahmeofferten erlangen, unter Androhung einer Busse offenlegen.[625] Dabei werden auch „Zuwendungen an Directors der Zielgesellschaft innerhalb eines Jahres vor und zwei Jahren nach der Abgabe eines Übernahmeangebotes gemäss s. 316 (1) CA 1985 widerleglich als in Verbindung mit diesem Übernahmeangebot erfolgt angesehen."[626] Zudem haben die Aktionäre das Recht, Kopien von Dienstverträgen der Directors am Gesellschaftssitz einzusehen,[627] und jede Gesellschaft muss nach Sched. 6 CA 1989 in ihrer Jahresbilanz sämtliche Einkünfte, Pensions- und Abfindungsansprüche der Directors offenlegen. Eine weitere wichtige Bestimmung ist Rule 25.4 City Code, nach der die Dienstverträge der Directors in der ersten Stellungnahme des Boards der Zielgesellschaft im Detail offengelegt werden müssen. Insbesondere müssen Verträge, die in den letzten sechs Monaten vor Veröffentlichung des Übernahmeangebotes eingegangen oder geändert wurden, detailliert beschrieben werden. Durch diese umfassenden Bestimmungen erhalten die Aktionäre auf jeden Fall Kenntnis von und Kontrolle über Golden Parachutes in ihrem Unternehmen.[628]

---

[624] Vgl. Caytas, I. G. / Mahari, J. I., Investment Banking, 1988, S. 237; Lüttmann, R., Kontrollwechsel, 1992, S. 62 f.; Röhrich, M., Feindlich, 1992, S. 70; Watter, R., Unternehmensübernahmen, 1990, S. 357.

[625] S. 314 CA 1985.

[626] Herrmann, M., Abwehrmassnahmen, 1992, S. 207.

[627] S. 318 CA 1985.

[628] Vgl. Herrmann, M., Abwehrmassnahmen, 1992, S. 208; Keenan, D., Company Law, 1987, S. 243 und 393; Keenan, D., Students, 1996, S. 302 f.; Peck, A., Documents, 1995, S. 129; Stedman, G., Takeovers, 1993, S. 423.

Trotz dieser erheblichen Einschränkungen werden Golden Parachutes in England eingesetzt. Ein Beispiel für einen Golden Parachute sind die Abfindungszahlungen, die der Chef von EMI, Jim Fifield, erhielte, falls er ein Jahr nach einem Kontrollwechsel das Unternehmen verliesse. Sie belaufen sich insgesamt auf £ 12 Mio., die sich zum grössten Teil aus dem dreifachen Betrag seines Grundgehaltes und seines durchschnittlichen Jahresbonus zusammensetzen.[629]
Will das Board of Directors sich mit Golden Parachutes gegen unfreundliche Übernahmen absichern, so sollte dies vor einem Übernahmeangebot erfolgen, da ansonsten Rule 21 City Code in Kraft tritt. Nach deren Note 6 muss jede Veränderung der Arbeitsverträge der Directors durch die Generalversammlung bewilligt werden, wenn sie nicht mehr im ordentlichen Geschäftsgang erfolgt und eine ungewöhnliche Steigerung der Einkünfte der Directors mit sich bringt. Dies ist bei Golden Parachutes definitionsgemäss der Fall. Da ausserdem die Einholung der Generalversammlungsbewilligung während eines Übernahmeangebotes sehr zeitaufwendig wäre, hält Lüttmann[630] den Einsatz von Golden Parachutes während eines konkreten Übernahmeangebotes für ausgeschlossen.[631]
Unabhängig davon, ob Golden Parachutes vor oder während eines Übernahmeangebotes eingeführt werden, bedarf es auf jeden Fall der Zustimmung der Generalversammlung. Damit haben die Aktionäre in England die Möglichkeit, über den Einsatz von Golden Parachutes selbst zu bestimmen.
Auch in der **Schweiz** sind Abfindungszahlungen für Geschäftsleitungs- und Verwaltungsratsmitglieder möglich.[632] Im Gegensatz zu England müssen sie aber nicht durch die Generalversammlung abgesegnet werden und finden damit ihre Grenze wohl nur im Gesamtinteresse des Unternehmens. Dies bedeutet, dass der Verwaltungsrat bei dem Einsatz von Golden Parachutes nach Treu und Glauben annehmen muss, dass dieser im Interesse der Mehrheit der Aktionäre liegt. Eine Berechtigung, einen Golden Parachute einzusetzen, wird der Verwaltungsrat allerdings nur annehmen dürfen, „wenn die Höhe der versprochenen Leistungen in einem angemessenen Verhältnis zum Schaden der vom Kontrollwechsel Betroffenen steht."[633] Watter[634] geht davon aus, dass Golden Parachutes im Interesse der Aktionäre liegen, da Kontrollwechsel im Ganzen erleichtert werden. Nach Ansicht des Autors ist es allerdings sinnvoller, den Einsatz von Golden Parachutes durch die Generalversammlung absegnen zu lassen, als ein prinzipielles Interesse der Aktionäre an Golden Parachutes vorauszusetzen. Auch wird von Müller[635] eingewendet, dass Golden

---

[629] Vgl. Rawsthorn, A., Parachute, 1996, S. 19.
[630] Vgl. Lüttmann, R., Kontrollwechsel, 1992, S. 62 f.
[631] Vgl. Craven, J. H., Abwehr, 1991, S. 63; Harvey, N., Conduct, 1995, S. 147; Lüttmann, R., Kontrollwechsel, 1992, S. 62 f.
[632] Art. 705 Abs. 2 OR.
[633] Watter, R., Unternehmensübernahmen, 1990, S. 358.
[634] Vgl. Watter, R., Unternehmensübernahmen, S. 358.
[635] Vgl. Müller, R. / Lipp, L., Handbuch, 1994, S. 335.

Parachutes die Gesellschaft eindeutig wirtschaftlich schädigen und damit als Abwehrmassnahme nicht in Betracht gezogen werden sollten. Böckli[636] bezeichnet Golden Parachutes gar als börsenrechtswidrig und rein aktienrechtlich unzulässig. „Im typischen Fall sind die Summen enorm; ihre Höhe geht über eine wirtschaftlich gerechtfertigte und anständige Abfindung weit hinaus.“[637]
Ein besonderer Nachteil entsteht für die Aktionäre daraus, dass Abfindungszahlungen nicht offengelegt werden müssen. Die Aktionäre können nur durch das Institut der Sonderprüfung Aufschluss über die Existenz von Golden Parachutes verlangen. Wie bereits unter 3.5 angesprochen wurde, ist es jedoch fraglich, ob sie mit der Sonderprüfung zum Ziel kämen. Aufgrund der fehlenden Offenlegungspflichten lassen sich auch keine Aussagen über die Verbreitung von Golden Parachutes in der Schweiz treffen. Da aber Golden Parachutes ihre Wirkung erst dann entfalten, wenn sie allen potentiellen Bietern bekannt sind, ist anzunehmen, dass sie in der Schweiz als Abwehrmassnahme eher von untergeordneter Bedeutung sind.
Während eines Übernahmeangebotes erfahren Golden Parachutes in der Schweiz insofern eine Einschränkung, als ihr Einsatz nach Art. 34 V-UEK der Übernahmekommission vor ihrem Einsatz angezeigt werden müsste, sie im Bericht des Verwaltungsrates aufgeführt werden müssten, falls sie wesentliche Elemente sind, die die Stellungnahme beeinflusst haben[638], und sie ebenfalls im Bericht offengelegt werden müssten, wenn sie Interessenkonflikte für den Verwaltungsrat oder die oberste Geschäftsleitung mit sich bringen.[639] Auch wenn Golden Parachutes in der nichtabschliessenden Aufzählung von Art. 31 Abs. 2 V-UEK nicht aufgeführt sind, so müssen sie nach der hier vertretenen Meinung auf jeden Fall offengelegt werden. Dann müsste der Bericht des Verwaltungsrates die Massnahmen aufzeigen, die die Zielgesellschaft getroffen hat, um zu vermeiden, dass sich diese Interessenkonflikte zum Nachteil der Empfänger des Angebotes auswirken.[640]
Insgesamt besteht sowohl in England als auch in der Schweiz die Möglichkeit, mittels Sonderkonditionen für das Management eine Übernahme abzuwehren. Besonders effektiv könnten sich langfristige Arbeitsverträge in Verbindung mit hohen Abfindungszahlungen erweisen. Allerdings bedarf dabei jede Massnahme der Zustimmung der Aktionäre. Im Gegensatz zu England erhalten die Aktionäre in der Schweiz im allgemeinen keine Kenntnis von bestehenden Golden Parachutes. Auch wenn die schweizerischen Aktionäre von einer Sonderprüfung oder ihrem Recht auf Abwahl der Verwaltungsratsmitglieder Gebrauch machen könnten, so sind doch die Einflussmöglichkeiten schweizerischer Aktionäre auf den Einsatz von Golden Parachutes vor einem Übernahmeangebot als ausgesprochen gering zu beurteilen. Dies bessert sich erst, wenn ein Übernahmeangebot

---

636 Vgl. Böckli, P., Aktienrecht, 1996, S. 887 f.
637 Böckli, P., Aktienrecht, 1996, S. 887 f.
638 Art. 29 Abs. 4 V-UEK.
639 Art. 31 Abs. 1 V-UEK.
640 Art. 31 Abs. 3 V-UEK.

erfolgt ist, da dann die oben beschriebenen Vorschriften des Börsengesetzes und der Verordnungen greifen. Allerdings bleibt auch abzuwarten, wie diese Vorschriften in der Praxis umgesetzt werden.

4.3.3 Poison Pills

Giftpillen sind insbesondere in den USA ein beliebtes Abschreckmittel, wo zwei Drittel der Unternehmen aus dem Standard & Poor's 500 Index eine Poison Pill zur präventiven Abwehr von unfreundlichen Bietern einsetzen.[641] „Die typische Giftpille ist eine programmierte Verwässerung oder Verschlechterung ausstehender Papiere."[642] Ihr Ziel ist es, die Kosten der Übernahme erheblich zu steigern. Dieses Ziel können sie auf mehreren Wegen erreichen, wobei allen Formen von Giftpillen gemeinsam ist, dass sie bei Eintreten eines bestimmten Ereignisses, beispielsweise wenn ein Aktionär 20 Prozent der Stimmrechte auf sich vereinigt oder bei der Ankündigung eines Übernahmeangebotes, in Kraft gesetzt werden und dabei ein potentieller Bieter von den Sonderrechten des Optionsplanes ausgeschlossen wird.[643]

Die üblichsten Formen der Giftpille sind der sog. Flip-over-Plan und der Flip-in-Plan. Bei einem Flip-over-Plan wird eine Option als Stock-Dividende an die Altaktionäre ausgegeben, die sie zum Bezug einer Stammaktie berechtigt. Dabei kann der Verwaltungsrat die Optionen jederzeit rückgängig machen. Tritt nun das übernahmerelevante Ereignis ein, so können alle Altaktionäre - mit Ausnahme des neuen, übernahmewilligen Grossaktionärs - von sehr günstigen Optionsbedingungen profitieren. Beispielsweise können sie die Aktien zu einem sehr tiefen Preis oder sogar gratis beziehen. Dadurch wird der Kapitalanteil des Bieters verwässert und der Kontrollerwerb erheblich verteuert. Bei einem Flip-in-Plan erhalten die Zielgesellschaftsaktionäre das Recht, ihre Aktien im Falle einer Übernahme zu einem hohen Aufschlag an die Gesellschaft zurückzuverkaufen. Dabei wird der Bieter von dem Rückkauf ausgeschlossen. Durch den hohen Aufschlag muss auch der Bieter seinen Angebotspreis erhöhen, da anderenfalls sein Übernahmeangebot an Attraktivität verliert.[644]

Zusätzlich zu den vorstehend beschriebenen Formen von Giftpillen können sie aber auch so ausgestaltet sein, dass bei Eintreten des besagten Ereignisses das

---

[641] Vgl. Urry, M., Device, 1996, S. 12.

[642] Böckli, P., Aktienrecht, 1996, S. 887.

[643] Vgl. Böckli, P., Aktienrecht, 1996, S. 887; Meier-Schatz, C. J., Verteidigung, 1988, S. 114; Röhrich, M., Feindlich, 1992, S. 71; Schade, M., Internationalisierung, 1990, S. 39; Weston, J. F. / Chung, K. S. / Hoag, S. E., Restructuring, 1990, S. 508.

[644] Vgl. Farrar, J. H., Takeovers, 1993, S. 382; Jenkinson, T. / Mayer, C., Takeovers, 1994, S. 33; Mayr, S., Takeovers, 1989, S. 18; Meier-Schatz, C. J., Verteidigung, 1988, S. 108; Ruback, R. S., Takeover, 1988, S. 58 f.; Steinmann, M., Abwehrmassnahmen, 1989, S. 117; Weston, J. F. / Chung, K. S. / Hoag, S. E., Restructuring, 1990, S. 506.

Wandelrecht in sämtlichen ausgegebenen Wandelobligationen sofort fällig wird, die vollständige Tilgung aller Kredite erfolgen muss oder die Rücknahme von Obligationen zu einem fixierten Preis vereinbart ist. Oft werden als Giftpillen auch Crown-Jewels Options bezeichnet, bei denen einem Dritten im Falle einer Übernahme ein Kaufrecht auf besonders interessante Vermögensteile eingeräumt wird. Die Crown Jewels Options werden unter 4.4.3.1 eingehend behandelt.[645]
Einige Autoren[646] ordnen auch die Golden Parachutes den Giftpillen zu. Am allgemeinsten definiert dabei die Botschaft des Bundesrates zum BEHG Poison Pills. Sie vesteht unter Poison Pills vertragliche Vereinbarungen, durch die bei einem unfreundlichen Kaufangebot „gewisse Transaktionen in der Weise [ausgelöst werden], dass eine Übernahme für den Anbieter uninteressant wird.“[647]
In dieser Arbeit werden im Bereich der Giftpillen nur die Flip-in- und die Flip-over-Plans behandelt.
Giftpillen sind ausgesprochen umstritten. Die Gegner befürchten insbesondere, dass das Management die Giftpillen zur Sicherung ihrer Position benutzen könnte. Auch erreichen die Giftpillen ihr Ziel nur durch eine gezielte Ungleichbehandlung eines Aktionärs: des Bieters. Befürworter von Giftpillen argumentieren, dass sie einen Bieter zwingen, mit dem Management in Verhandlungen zu treten. Dabei könne das Management dann einen höheren Preis erzielen. Allerdings gibt es sicherlich noch andere, nicht so zweifelhafte Wege, einen höheren Preis zu erlangen.[648]
Aus der Sicht des Aktionärs sind Giftpillen als eindeutig negativ zu bewerten, da sie zu ihrer Inkraftsetzung keiner weiteren Zustimmung von seiten der Aktionäre bedürfen, sobald sie einmal von der Generalversammlung abgesegnet wurden. Vielmehr ist es das Management, das über den Einsatz von Giftpillen entscheidet. Aus diesem Grund sind auch Flip-in und Flip-over-Pläne, die auch unter 4.4.1.1 (Kapitalerhöhung unter Ausschluss des Bezugsrechtes) und unter 4.4.1.2 (Erwerb eigener Aktien) behandelt werden, in **England** ohne Zustimmung der Aktionäre nicht möglich, da sie vom Panel als angebotsvereitelnde Massnahme aufgefasst werden. Auch in der **Schweiz** ist der Einsatz von Flip-in- und Flip-over-Plänen nicht möglich, da er aufgrund der gezielten Ungleichbehandlung des Bieters gegen den Gleichbehandlungsgrundsatz des Aktienrechtes verstossen würde.[649]
Zudem könnte aufgrund des hohen Aufschlages beim Aktienrückerwerb oder aufgrund des hohen Abschlages bei der Optionsausgabe dem Management der

---

645 Vgl. Caytas, I. G. / Mahari, J. I., Investment Banking, 1988, S. 242; Schade, M., Internationalisierung, 1990, S. 39 f.
646 Vgl. Schade, M., Internationalisierung, 1990, S. 40.
647 Botschaft des Bundesrates vom 24. Februar 1993, BBl. 1993 I, Ziff. 25.6.
648 Vgl. Röhrich, M., Feindlich, 1992, S. 71; Weston, J. F. / Chung, K. S. / Hoag, S. E., Restructuring, 1990, S. 508 f..
649 Art. 717 Abs. 2 OR.

Zielgesellschaft eine absichtliche wirtschaftliche Schädigung der Gesellschaft vorgeworfen werden.[650]

4.3.4 Betriebswirtschaftliche Abwehrmassnahmen

Nach Caytas/Mahari ist „das sicherste Mittel gegen eine unerwünschte Takeover-Offerte, erst gar keine zu bekommen."[651] Dabei spielt das Kursniveau, wie bereits unter 2.1 erwähnt, eine grosse Rolle. Ist das Kursniveau dem Gewinn- und Ausschüttungspotential und der Unternehmenssubstanz angemessen, so ist dies „die beste Defensive"[652] gegen Übernahmen. So zeigte sich, dass Unternehmen, die jahrelang unterbewertet waren, häufig Opfer eines Übernahmeversuches wurden.[653]
Betriebswirtschaftliche Abwehrmassnahmen zielen darauf ab, die Unterbewertung eines Unternehmens an der Börse langfristig zu beheben. Dies kann auf verschiedenen Wegen erfolgen. So kann, um kurzfristig einen angemessenen Börsenkurs zu erreichen, der Gewinn pro Aktie durch Kapitalherabsetzungen, Aktienrückkäufe oder erhöhte Ausschüttungen gesteigert werden. Damit könnte überschüssige Liquidität abgebaut werden. Langfristig ist allerdings nach Craven[654] die bestmögliche Verteidigung gegen Übernahmen eine gute Unternehmensstrategie, die langfristig ausgerichtet ist und von den finanziellen und managerialen Ressourcen erreicht werden kann. Ein solche Unternehmensstrategie führt zu einem Kursniveau, das dem inneren Wert der Anteile angemessen ist. Es sind aber auch Verbesserungen auf der operativen Ebene denkbar, beispielsweise Steigerung der Produktivität oder ein strafferes Kostenmanagement. Zudem könnten nicht-betriebsnotwendige Vermögensteile, beispielsweise ungenutzte Liegenschaften, veräussert werden.[655]
Die Vorteile der betriebswirtschaftlichen Abwehrmassnahmen liegen darin, dass sie alle betroffenen Interessengruppen[656] zufriedenstellen können, da in der Regel alle Interessengruppen von einer Wertsteigerung des Unternehmens profitieren. Allerdings stellen betriebswirtschaftliche Abwehrmassnahmen keinen absoluten Schutz vor Übernahmen dar. So kann ein Bieter aufgrund von erwarteten Synergiegewinnen bereit sein, einen den inneren Wert des Unternehmens übersteigenden Übernahmepreis zu zahlen. Zudem müssen die betriebswirtschaftlichen

---

[650] Vgl. Böckli, P., Aktienrecht, 1996, S. 881 und 887; Stedman, G., Takeovers, 1993, S. 10; Watter, R., Unternehmensübernahmen, 1990, S. 356.
[651] Caytas, I. G. / Mahari, J. I., Investment Banking, 1988, S. 226.
[652] Caytas, I. G. / Mahari, J. I., Investment Banking, 1988, S. 226.
[653] Vgl. Braschler, C., Abwehrmassnahmen, 1992, S. 216; Schade, M., Internationalisierung, 1990, S. 43 f.
[654] Vgl. Craven, J. H., Abwehr, 1991, S. 62.
[655] Vgl. Craven, J. H., Abwehr, 1991, S. 62; Schade, M., Internationalisierung, 1990, S. 4.
[656] Von denen die wichtigesten die Aktionäre, die Arbeitnehmer, Kunden, Fremdkapitalgeber, Lieferanten und der Staat sind.

Abwehrmassnahmen auch der Öffentlichkeit, den Aktionären, Kunden und Mitarbeitern kommuniziert werden. Dies bedingt gute Beziehungen zu den Aktionären, die insbesondere in der Schweiz bisher nicht so ausgebaut waren wie in England. In diesem Zusammenhang spielt neben der Börsenkursentwicklung die Dividendenpolitik eine grosse Rolle. „Die Tatsache, wonach eine faire Dividenden Politik - aller schönen wissenschaftlichen Thesen über die Neutralität der Dividenden für die Börsenkursentwicklung zum Trotz - ein wesentliches Instrument der Kapitalmarktpflege darstellt, ist nicht zu leugnen."[657] So hatte sich auch La Suisse vor dem unfreundlichen Übernahmeangebot durch Tito Tettamanti dadurch ausgezeichnet, dass sie von allen Versicherungsgesellschaften im Zehnjahresvergleich die kümmerlichste Dividendenentwicklung aufwies.[658] Zudem müssen sich gute Leistungen nicht unbedingt in einem angemessenen Aktienkurs widerspiegeln. So können auch das konjunkturelle Umfeld, eine unattraktive Branche und psychologische Gründe eine Unterbewertung des Unternehmens mit sich bringen. Dem Management der Zielgesellschaft bleibt dann bei Abgabe eines unfreundlichen Übernahmeangebotes nur der Hinweis auf seine eigenen Leistungen. Schliesslich entscheiden die Aktionäre, ob diese Leistung anerkannt wird.[659]

Die oben beschriebenen betriebswirtschaftlichen Abwehrmassnahmen, die eine Unterbewertung des Unternehmens beheben sollen, werden auch im Zusammenhang mit der Steigerung des Shareholder Value eingesetzt. Dabei bedeutet Shareholder Value die nachhaltige und kontinuierliche Steigerung des Unternehmenswertes.[660] Der Shareholder Value kann in zusätzlich ausgeschütteten Dividenden oder einer Steigerung der Börsenkurse zum Ausdruck kommen. Eine zentrale Rolle bei der Steigerung des Shareholder Value spielen nach Rappaport[661] die fünf Wertgeneratoren, deren operative und strategische Beeinflussung eine Wertsteigerung des Unternehmens bewirken. Diese sind namentlich Umsatzwachstum, Gewinnmarge, Steuerrate, Nettoumlauf-/Anlagevermögen und Kapitalkosten. Werden diese Wertgeneratoren beispielsweise mit denen von Konkurrenten verglichen, so kann aufgezeigt werden, wo im Unternehmen noch Handlungsbedarf besteht. Durch ein Ausnützen der Potentiale dieser Wertgenera-

---

[657] Boemle, M., La Suisse, 1988, S. 1.

[658] Vgl. Boemle, M., La Suisse, 1988, S. 1.

[659] Vgl. Boemle, M., La Suisse, 1988, S. 1; Craven, J. H., Abwehr, 1991, S. 62.

[660] Die Messung einer Steigerung des Shareholder Value kann durch verschiedene Methoden erfolgen. Diese beruhen alle auf der Idee, dass sich der Wert eines Unternehmens aus der Addition aller zukünftigen Erträge ergibt, wobei diese mit Marktzinssätzen für alternative Anlagemöglichkeiten abgezinst werden. Die bekanntesten Modelle zur Berechnung des Shareholder Value ist die Free-Cash-Flow-Methode und das Modell des „Eonomic Value Added" (EVA) (zu den Berechnungsmodellen siehe auch: Cathomen, I., Praxis, 1996, S. 50; Samsinger, B. / Stubenrauch, A., Shareholder Value, 1996, S. 30).

[661] Vgl. Rappaport, A., Shareholder Value, 1986, S. 76.

toren kann dann der Unternehmenswert gesteigert werden. Damit sind sie auch als betriebswirtschaftliche Abwehrmassnahmen einsetzbar.[662]
Der Shareholder-Value-Ansatz ist insbesondere in der Schweiz ausgesprochen umstritten, da er oft mit einer reinen Ausrichtung auf Aktionärsinteressen gleichgesetzt wird. Auch wenn natürlich - aus der Optik eines Managements, das eine unfreundliche Übernahme befürchtet - den Aktionären die wichtigste Rolle zukommt, so ist doch der Unternehmenswert ohne Berücksichtigung der Stakeholder nicht nachhaltig zu steigern. Dass sich auch in der Schweiz der Shareholder-Value-Ansatz langsam durchsetzt, zeigt sich bereits darin, dass Unternehmen von Investoren auf die Verwirklichung des Shareholder-Value-Ansatzes geprüft werden.[663]
In **England** sind betriebswirtschaftliche Abwehrmassnahmen häufig die einzige Verteidigungsmöglichkeit eines Unternehmens. Dies ergibt sich zum einen aus der dort vorherrschenden Mentalität, die Übernahmen als einen wesentlichen Bestandteil zur Kontrolle des Managements ansieht und damit jegliche Form von Abwehrmassnahmen als unangebracht betrachtet, und zum anderen aus den sehr strengen Vorschriften des City Code, die während eines Übernahmekampfes fast keine Abwehrmassnahmen ohne Zustimmung der Aktionäre zulassen. „Therefore, the most effective means of resisting unwelcome takeovers is to ensure that the shareholders are happy with the company's performance under its existing management."[664] Damit hat auch die Kommunikation zwischen dem bestehenden Management und den Aktionären und die Vorbeugung von Übernahmen durch Transparenz und Effizienz einen besonderen Stellenwert.[665] „Der Unterbewertung von Anteilen wird durch die Sicherung der maximalen Leistungsfähigkeit entgegengetreten."[666]
In der **Schweiz** ist eine Unterbewertung von börsenkotierten Unternehmen besonders dadurch möglich, dass unter dem OR immer noch stille Reserven gebildet werden können, Stimmrechtsaktien weit verbreitet sind und die Vinkulierung börsenkotierter Namenaktien Übernahmen, bei denen eine Unterbewertung aufgedeckt werden könnte, verhindert.[667]
Zudem hatten grosse schweizerische Publikumsgesellschaften lange Zeit die Risikokapitalgeber nur ausnahmsweise nötig, da die Finanzierung aus zurückbehaltenen Gewinnen eine besonders grosse Rolle spielte. Konnte der Kapitalbedarf nicht mehr durch Selbstfinanzierung gedeckt werden, so wurde das Kapital auf einem stets sehr flüssigen Kapitalmarkt beschafft. Dies wurde auch durch das

---

662 Vgl. Forstmoser, P., Sicht, 1996, S. 9; Gomez, P., Shareholder Value, 1991, S. 15; Samsinger, B. / Stubenrauch, A., Shareholder Value, 1996, S. 30.
663 Vgl. Samsinger, B. / Stubenrauch, A., Shareholder Value, 1996, S. 30.
664 Maeijer, J. M. M. / Geens, K., Defensive Measures, 1990, S. 224.
665 Vgl. Maeijer, J. M. M. / Geens, K., Defensive Measures, 1990, S. 224.
666 Schade, M., Internationalisierung, 1990, S. 104.
667 Vgl. Böckli, P., Kapitalmarkt, 1990, S. 38.

schweizerische System der Unternehmensbesteuerung verstärkt, das sich „durch eine einseitige steuerliche Begünstigung der systematischen Gewinnrückhaltung, eine entsprechende steuerliche Benachteiligung der ausgeschütteten Gewinne, durch steuerliche Vorteile für Unternehmen mit niedriger Eigenkapitalrendite, eine steuerliche Absegnung des Spiels mit Warenlagerreserven“[668] auszeichnet und eine Minimierung der Dividendenausschüttung nach sich zieht.[669]
Doch diese Welt ist seit einigen Jahren in der Schweiz in der Auflösung begriffen. Durch erhöhte Transparenzanforderungen an die Rechnungslegung, aber auch durch die neuen Offenlegungspflichten des BEHG, durch die vermehrte - vom Kapitalmarkt erzwungene - Ausrichtung am Shareholder Value und durch die wachsende Bedeutung institutioneller Investoren wird es dem Management von Unternehmen immer schwerer, ohne Berücksichtigung insbesondere der Aktionärsinteressen ihr Unternehmen zu führen. Vielmehr erhöht sich der Druck auf das Management, Mehrwert zu schaffen. Damit wird auch die Bedeutung von betriebswirtschaftlichen Abwehrmassnahmen zunehmen, zumal die üblichen Abwehrmassnahmen wie die Vinkulierung, Höchststimmrechte oder Stimmrechtsaktien immer mehr unter Beschuss geraten.
Im folgenden Kapitel soll nun der Einfluss des Aktionärs bei Abwehrmassnahmen, die während eines Übernahmeangebotes eingesetzt werden können, analysiert werden.

4.4. Der Einfluss des Aktionärs beim Einsatz von Abwehrmassnahmen während eines Übernahmeangebotes

In diesem Kapitel sollen die Abwehrmassnahmen, die das Management nach Abgabe eines Übernahmeangebotes ergreifen kann und die damit unter die speziellen Vorschriften der jeweiligen Übernahmeregelung fallen, beschrieben werden. Für England gelten die speziellen Vorschriften des City Code bereits dann, wenn sichere Anzeichen bestehen, dass ein ernsthaftes Übernahmeangebot bevorsteht. Es werden dabei sowohl Abwehrmassnahmen, die ohne Zustimmung der Aktionäre ergriffen werden können, als auch solche, die der Zustimmung der Aktionäre bedürfen, betrachtet.

4.4.1 Einflussnahme auf die Stimmkraft und die Übertragbarkeit der Aktien

4.4.1.1 Kapitalerhöhungen unter Ausschluss des Bezugsrechtes

Durch eine Kapitalerhöhung wird die Anzahl umlaufender Aktien mit dem Effekt erhöht, dass der Wert der bestehenden Aktien dreifach verwässert wird: es erfolgt eine Kapitalverwässerung, da der Reserveanteil pro Aktie sinkt, falls die Aktien

---

[668] Böckli, P., Kapitalmarkt, 1990, S. 39.
[669] Vgl. Böckli, P., Kapitalmarkt, 1990, S. 38.

bei einem Börsenkurs, der über dem Nennwert der Aktien liegt, zu pari ausgegeben werden; es erfolgt eine Gewinnverwässerung, da sich mehr Aktien in denselben Reingewinn teilen; und es erfolgt eine Stimmrechtsverwässerung, solange der Altaktionär seine Stimmrechtsquote nicht durch Kauf der neuen Aktien erhält oder erhalten kann. Da eine Verwässerung ihrer Beteiligung für die Altaktionäre ausgesprochen negativ ist, wird ihnen sowohl in England als auch in der Schweiz ein Bezugsrecht auf die neuen Aktien gesetzlich zugestanden. Mit dem Bezugsrecht erhalten die Altaktionäre das Recht, entweder neue Aktien zu erwerben oder das Bezugsrecht über die Börse zu verkaufen. Das Bezugsrecht dient dann als finanzieller Ausgleich für die Verwässerung.[670]

Eine Kapitalerhöhung kann insofern einen unerwünschten Bieter abwehren, als sie die Übernahme durch die erhöhte Anzahl umlaufender Aktien erschwert und verteuert. Dies kann allerdings nur finanzschwache Bieter abschrecken. Ein finanzstarker Bieter muss lediglich sein Bezugsrecht auf die neuen Aktien ausüben. Wenn dieses Bezugsrecht aber durch das Management aufgehoben werden kann, so kann es durch eine Kapitalerhöhung die Beteiligungsquote eines unerwünschten Bieters vermindern.[671]

Der Ausschluss des Bezugsrechts kann zur Bildung eines festen Aktionärskernes, der dem Management der Zielgesellschaft freundlich gesinnt ist, eingesetzt werden. Beispielsweise versuchte die La Suisse im Jahre 1988 durch eine Kapitalerhöhung unter Ausschluss des Bezugsrechtes der Altaktionäre einen festen Aktionärskreis zu schaffen, der sie gegen Übernahmen weitgehend immunisieren sollte. Die Aktien, deren Ausgabepreis weit unter dem Börsenkurs lag, sollte der Schweizerische Bankverein erhalten, dem ein fünfjähriges Veräusserungsverbot auferlegt werden sollte. Die Kapitalerhöhung wurde zwar aufgrund des heftigen, öffentlichen Protestes nicht durchgeführt, der Vorschlag des Verwaltungsrates der La Suisse zeigte aber deutlich, welche Gefahren für die Aktionäre bestehen, wenn das Bezugsrecht ohne ihre Zustimmung ausgeschlossen werden kann. Unter anderem aus diesem Grund ist eine solche Vorgehensweise im neuen Aktienrecht, das die unsachliche Benachteiligung von Aktionären verbietet, nicht mehr möglich.[672]

Neben einer Ausgabe von Aktien im Rahmen einer Kapitalerhöhung kann das Kapital auch dadurch erhöht werden, dass Options-, Wandel- und Bezugsrechte auf Aktien ausgegeben werden. Bei jeder der genannten Kapitalerhöhungsformen ist zu beachten, dass sie sowohl in England als auch in der Schweiz vom Management der Zielgesellschaft ohne Zustimmung der Generalversammlung nur eingesetzt werden

---

[670] Vgl. Boemle, M., Unternehmungsfinanzierung, 1993, S. 248-253; Planta, T., Schutz, 1992, S. 15.

[671] Vgl. Herrmann, M., Abwehrmassnahmen, 1993, S. 153; Röhrich, M., Feindlich, 1992, S. 73 f.

[672] Vgl. Bär, T., Finanzierung, 1990, S. 112 f.; Boemle, M., La Suisse, 1988, S. 10; Boemle, M., Zusammenschlüsse, 1990, S. 359; Schade, M., Internationalisierung, 1990, S. 181.

können, solange noch kein Übernahmeangebot abgegeben wurde; in England besteht ein solches Verbot bereits, falls das Board der Zielgesellschaft Grund zur Annahme hat, dass ein Bona-fide-Angebot bevorsteht.[673] Neben diesem Zustimmungserfordernis der Generalversammlung müssen die Aktionäre insbesondere auch bei einer Kapitalerhöhung unter Ausschluss des Bezugsrechts ihre Zustimmung geben. Eine solche Kapitalerhöhung ist besonders strengen Anforderungen unterworfen, wie sie nachfolgend beschrieben werden.

In **England** können die Directors nach s. 80 CA 1985 eine Kapitalerhöhung durchführen, wenn sie entweder durch die Generalversammlung oder durch die Articles dazu berechtigt wurden. Dabei erfasst s. 80 CA 1985 sowohl die Ausgabe von Aktien als auch die Ausgabe von Rechten zum Bezug auf Aktien und zur Umwandlung in Aktien. Unter derselben Section können die Directors zudem autorisiert werden, in einem Zeitraum von maximal 5 Jahren die Kapitalerhöhung durchzuführen (genehmigte Kapitalerhöhung). Gemäss s. 80 (4)(8) CA 1985 können die Aktionäre die Ermächtigung durch einen ordentlichen Beschluss jederzeit zurückziehen oder abändern.[674]

Nach s. 89 CA 1985 muss den Aktionären bei jeder Kapitalerhöhung ein Bezugsrecht auf die neuen Aktien eingeräumt werden. Das Bezugsrecht kann durch eine Special Resolution (Mehrheit von 75 Prozent) oder durch die Articles maximal für fünf Jahre aufgehoben werden.[675] Bei kotierten Gesellschaften kann das Bezugsrecht lediglich für 15 Monate aufgehoben werden.[676] Werden bei einer Kapitalerhöhung die Bezugsrechte von Altaktionären ohne eine Ermächtigung seitens der Articles oder eines Generalversammlungsbeschlusses missachtet, so ist die Gesellschaft und jede Person, die den Verstoss gegen den Companies Act zugelassen hat, dem betroffenen Aktionär nach s. 92 CA 1985 schadenersatzpflichtig. Die Aktienzuteilung selbst wird aber nicht unwirksam.[677]

In England müssen die Directors einen Bezugsrechtsauschluss nur dann begründen, wenn sie durch einen Beschluss der Generalversammlung zur Kapitalerhöhung ermächtigt wurden.[678] Bei einer generellen Ermächtigung durch die Articles entfällt die Begründungspflicht vor der Durchführung eines Bezugsrechtsausschlusses. Eine solche generelle Ermächtigung zum Bezugsrechtsausschluss kann aber nach s. 80 (4) CA 1985 ebenso wie die generelle Ermächtigung zur Kapitalerhöhung jederzeit

---

[673] Art. 36 Abs. 2 Verordnungsentwurf der Übernahmekommission vom 22.2.1996; Rule 21 City Code.

[674] Vgl. Güthoff, J., Gesellschaftsrecht, 1993, S. 26; Herrmann, M., Abwehrmassnahmen, 1993, S. 154; Maeijer, J. M. M. / Geens, K., Defensive Measures, 1990, S. 220.

[675] S. 95 CA 1985.

[676] Chapter 9.20 Listing Rules.

[677] Vgl. Herrmann, M., Abwehrmassnahmen, 1993, S. 155; Keenan, D., Students, 1996, S. 195; Maeijer, J. M. M. / Geens, K., Defensive Measures, 1990, S. 221; Stedman, G., Takeovers, 1993, S. 24.

[678] S. 95 (5) CA 1985.

widerrufen werden. Allerdings kann die Möglichkeit zum Widerruf durch die Aktionäre selbst eingeschränkt werden, da sie die Konditionen einer Kapitalerhöhung nach s. 80 (4) (8) CA 1985 durch einen ordentlichen Beschluss jederzeit ändern können. Wird die generelle Ermächtigung zum Bezugsrechtsausschluss zur Bildung eines festen Aktionärskernes oder zur Abwehr eines feindlichen Übernehmers eingesetzt, so muss dies ausdrücklich vorgesehen sein.[679]

Bei einer Kapitalerhöhung sind die Directors durch ihre Treuepflichten dazu verpflichtet, im Interesse der Gesellschaft zu handeln; eine sachliche Rechtfertigung muss nicht vorliegen. Gleiches gilt für einen Bezugsrechtsausschluss, durch den Aktien einzelnen Personen zugeteilt werden. Hat die Generalversammlung einer Kapitalerhöhung oder einem Bezugsrechtsauschluss erst einmal zugestimmt, so ist es für einen Aktionär nicht mehr möglich, die Directors auf eine Verletzung ihrer Treuepflichten zu verklagen, da dies nach dem Urteil von Foss v. Harbottle[680] nur der Gesellschaft selbst zusteht und das Bezugsrecht bisher nicht als unentziehbares, persönliches Mitgliedschaftsrecht angesehen wird. Hat der Director im eigenen oder im Drittinteresse gehandelt, so ist die Kapitalerhöhung oder der Bezugsrechtsausschluss unwirksam. Ein Nachweis ist allerdings schwer zu erbringen.[681]

Insgesamt stellt es für ein Board einer englischen Company kein Problem dar, vor einem Übernahmeangebot oder bevor es sichere Anzeichen gibt, dass ein solches bevorstehen könnte, eine Kapitalerhöhung unter Ausschluss des Bezugsrechtes durchzuführen. Versucht es durch diese Kapitalerhöhung, eine Beteiligung von mehr als 30 Prozent der Stimmrechte in einer ihm genehmen Aktionärsgruppe zu konzentrieren, so benötigt es einen Whitewash[682] seitens des Takeover Panels.[683] Das Board kann allerdings ohne Unterstützung der anderen Aktionäre keinen festen Aktionärskern bilden, da die Aktionäre nach ss. 80-96 CA 1985 umfangreiche Mitbestimmungsrechte haben. So müssen bei jedem Ausschluss des Bezugsrechts - sei es über einen GV-Beschluss oder über die Articles - 75 Prozent der Aktionäre zustimmen, wobei bei einer kotierten Gesellschaft der Ausschluss des Bezugsrechtes faktisch (aufgrund von Chapter 9.12 Listing Rules) jedes Jahr erneut bestätigt werden muss.[684]

Ab dem Zeitpunkt, ab dem die Vorschriften des City Code, insbesondere Rule 21 City Code, greifen, besteht für das Board nur noch ein sehr kleiner Spielraum. Der Panel wird zwar normalerweise erlauben, dass Optionen eines bereits bestehenden Optionsplanes in Übereinstimmung mit der bisherigen Praxis der Zielgesellschaft

---

679 Vgl. Herrmann, M., Abwehrmassnahmen, 1993, S. 155.

680 [1843] 2 Hare 461.

681 Vgl. Herrmann, M., Abwehrmassnahmen, 1993, S. 159 und 163 f.; Lüttmann, M., Feindlich, 1992, S. 72 und 81.

682 Anhang 1 City Code.

683 Siehe auch 3.3.3.1.

684 Vgl. Lüttmann, M., Feindlich, 1992, S. 57; Stedman, G., Takeovers, 1993, S. 23 und 417 f.

ausgegeben werden,[685] ansonsten ist dem Board aber jede andere Kapitalerhöhung ohne Zustimmung der Generalversammlung verboten. Aufgrund der Vorschriften des Companies Act und des City Code kann also ein Board mit Zustimmung von 75 Prozent der Stimmen im Vorfeld einer Übernahme einen festen Aktionärskern bilden, es kann aber ohne Zustimmung der Aktionäre keinem Bieter die Übernahme durch eine Kapitalerhöhung verteuern, erschweren oder sein Stimmrecht verwässern. Trotz dieser Möglichkeiten sind Kapitalerhöhungen mit und ohne Ausschluss von Bezugsrechten aber keine besonders häufige Abwehrmassnahme, weder vor noch während eines Übernahmeangebotes. Der Grund dafür liegt in den Richtlinien, die institutionelle Investoren wie die ABI und die NAPF in bezug auf Kapitalerhöhungen aufgestellt haben. Danach investieren sie nur in Gesellschaften, bei denen Kapitalerhöhungen mit Ausschluss des Bezugsrechtes weniger als 5 Prozent des ausgegebenen Aktienkapitals und die Ermächtigung der Directors, Aktien auszugeben, weniger als ein Drittel des ausgegebenen Aktienkapitals ausmacht.[686]

In der **Schweiz** muss nach Art. 704 OR bei einer genehmigten oder einer bedingten[687] Kapitalerhöhung und bei der Einschränkung oder Aufhebung des Bezugsrechts ein Beschluss der Generalversammlung, der mindestens zwei Drittel der vertretenen Stimmen und die absolute Mehrheit der vertretenen Aktiennennwerte auf sich vereinigt (qualifizierte Mehrheit), vorliegen. Bei einem Ausschluss oder einer Einschränkung des Bezugsrechts muss zudem ein wichtiger Grund nach Art. 652b Abs. 2 OR vorliegen. Als Beispiele werden die Übernahme von Unternehmen, Unternehmensteilen oder Beteiligungen sowie die Beteiligung der Arbeitnehmer aufgeführt. Auch darf durch die Aufhebung des Bezugsrechtes niemand in unsachlicher Weise begünstigt oder benachteiligt werden.[688]

In der Schweiz besteht demnach nicht - wie in England - die Möglichkeit, einen generellen Ausschluss des Bezugsrechts festzulegen und einen Bezugsrechtsausschluss ohne sachliche Rechtfertigung durchzuführen. Vielmehr muss sich der Bezugsrechtsausschluss auf den Einzelfall beziehen. Das Aktienrecht schreibt allerdings nicht vor, dass die Einschränkung oder der Ausschluss des Bezugsrechtes ausdrücklich begründet wird. Damit muss der „wichtige Grund“, der in Art. 652b Abs. 2 OR gefordert wird, nicht unbedingt offengelegt werden. Dies steht im Gegen-

---

[685] Note 7 zu Rule 21 City Code.

[686] Vgl. Richtlinien der ABI und der NAPF zu „Directors' Powers to Allot Share Capital and Disapply Shareholders' Preemption Rights“; Spearing, N. et al., Hostile Takeovers, 1990, S. 74; Stedman, G., Takeovers, 1993, S. 402.

[687] Die bedingte Kapitalerhöhung ist nach Art. 653 OR ausschliesslich für Wandel- oder Optionsanleihen sowie für die Beteiligung von Arbeitnehmern vorgesehen. Den Aktionären steht ein Vorwegzeichnungsrecht auf die Wandel- oder Optionsanleihen zu, nicht jedoch ein Bezugsrecht auf die Aktien selbst (Art. 653b und 653c OR). Die Vorschriften für Einschränkung und Aufhebung des Vorwegzeichnungsrechtes entsprechen denen für das Bezugsrecht.

[688] Vgl. Huguenin Jacobs, C., Gleichbehandlung, 1994, S. 121.

satz zu der Situation in England, wo ein Bezugsrechtsausschluss nur bei einer generellen Ermächtigung durch die Articles nicht begründet werden muss.[689]
Der „wichtige Grund“, der einen Bezugsrechtsausschluss rechtfertigt, muss „objektiv nützlich oder unternehmerisch sinnvoll, also im Gesamtinteresse der Gesellschaft gerechtfertigt sein.“[690] Das ausdrücklich in Art. 652b Abs. 2 OR aufgeführte Beispiel der Übernahme von Unternehmen, Unternehmensteilen oder Betriebsteilen bezieht sich allein darauf, dass die kapitalerhöhende Gesellschaft übernehmen will. Ob ein Bezugsrechtsausschluss zur Bildung eines festen Aktionärskernes möglich ist, ist in der Literatur bisher umstritten. So hält beispielsweise Huguenin-Jacobs[691] einen solchen Bezugsrechtsausschluss, insbesondere wenn er auf die Konzentration des Stimmrechtes auf verwaltungstreue Aktionäre abzielt, für unzulässig, da er die ausgeschlossenen Aktionäre unsachlich benachteilige. Ein solcher Generalversammlungsbeschluss sei nach Art. 706 OR anfechtbar.[692]
Planta[693] hingegen betrachtet einen Bezugsrechtsausschluss für zulässig, solange er die Erhaltung der Eigenständigkeit der Gesellschaft bezwecke. In eine ähnliche Richtung geht das Bundesgerichtsurteil im Falle Canes contra Nestlé, in dem der Ausschluss der Altaktionäre vom Bezug von Vorratsaktien als gerechtfertigt beurteilt wird. Insgesamt besteht bei der Bildung eines festen Aktionärkernes vor einem Übernahmeangebot noch keine eindeutige Rechtslage. Es ist aber auf jeden Fall zu beachten, dass die Kapitalerhöhung im Gesamtinteresse des Unternehmens liegen muss und der Verwaltungsrat nicht eigene oder Drittinteressen verfolgen kann.
Während eines Übernahmeangebotes ist es dem Verwaltungsrat nach Art. 35 Abs. 2 lit. d V-UEK ausdrücklich erlaubt, Aktien aufgrund eines genehmigten Kapitals ohne Bezugsrecht der Aktionäre auszugeben, solange der Beschluss der Generalversammlung, der das genehmigte Kapital schafft, ausdrücklich die Ausgabe von Aktien im Fall eines Angebotes vorsieht.[694] Gleiches gilt für die Ausgabe von Obligationen mit Wandel- oder Optionsrechten aufgrund eines bedingten Kapitals ohne Vorwegzeichnungsrecht der Aktionäre. Dies ermöglicht zwar dem Verwaltungsrat einen grossen Verteidigungsraum und es wäre sicherlich zu begrüssen, wenn eine weitere Abstimmung der Generalversammlung verlangt worden wäre, ist aber nach der hier vertretenen Meinung akzeptabel, da immerhin eine qualifizierte Mehrheit für den Beschluss erforderlich ist und die

---

689 Vgl. Kalss, S. / Wessely, K., Aktionärsrechte, 1994, S. 113; Meier, R., Aktiengesellschaft, 1994, S. 141; Planta, T., Schutz, 1992, S. 72.
690 Huguenin Jacobs, C., Gleichbehandlung, 1994, S. 127.
691 Vgl. Huguenin Jacobs, C., Gleichbehandlung, 1994, S. 127-130.
692 Vgl. Huguenin Jacobs, C., Gleichbehandlung, 1994, S. 127-130; Strazzer, R., Übernahmeangebot, 1993, S. 18.
693 Vgl. Planta, T., Schutz, 1992, S. 108.
694 Vgl. Böckli, P., Aktienrecht, 1996, S. 880.

Ermächtigung für genehmigtes Kapital nur für zwei Jahre gültig ist. Allerdings kann der Verwaltungsrat durch das bedingte Kapital, bei dem kein Zeitraum angegeben wird, ungerechtfertigte Übernahmehürden aufbauen. Die Aktionäre müssen zwar auch hier nach Art. 653b Abs. 2 OR bei Ausschluss des Vorwegzeichnungsrechtes den Voraussetzungen für die Ausübung der Wandel- oder der Optionsrechte zustimmen, es wäre aber gerade in diesem Fall wünschenswert, wenn sie bei einer konkreten Übernahme nochmals abstimmen könnten. Aktionäre, die mit solchen Generalversammlungsbeschlüssen nicht einverstanden sind, können diese nach Art. 706 OR innerhalb von zwei Monaten nach der Generalversammlung anfechten.

Insgesamt ist es dem Management weder in England noch in der Schweiz möglich, ohne Zustimmung der Generalversammlung während eines Übernahmeangebotes eine Kapitalerhöhung unter Bezugsrechtsausschluss vorzunehmen. Jedoch sind die Regelungen in der Schweiz schwächer ausgestaltet, da es dort möglich ist, für den Fall eines Übernahmeangebotes bedingtes oder genehmigtes Kapital zu schaffen, ohne bei ihrem Einsatz nochmals die Zustimmung der Aktionäre einzuholen.

4.4.1.2 Erwerb eigener Aktien

Das Gegenstück zu einer Kapitalerhöhung ist der Erwerb eigener Aktien durch das Zielunternehmen, der meist durch Börsenrückkäufe oder - seltener - durch ein öffentliches Rückkaufangebot erfolgt. Sie kann sowohl vor als auch während eines Übernahmeangebotes eingesetzt werden. Der Einsatz dieses Abwehrmittels ist insbesondere dann sinnvoll, wenn eine unmittelbare Bedrohung durch einen Bieter bevorsteht. Bei einem Einsatz als präventives Abwehrmittel hätte der Erwerb der Aktien kaum die gewünschten langfristigen Auswirkungen, da zurückgekaufte Aktien weder in der Schweiz[695] noch in England[696] stimmberechtigt sind und damit ein potentieller Bieter nicht abgeschreckt werden könnte. Allerdings könnte durch den Erwerb der Börsenkurs der betroffenen Aktien steigen und ein allfälliger Streubesitz verringert werden. Werden liquide Mittel für den Rückkauf eingesetzt, so vermindert sich auch die Attraktivität der Gesellschaft für einen potentiellen oder aktuellen Bieter. Allerdings kann sich dann auch der Handlungsspielraum des Zielunternehmens einschränken.[697]

Am sinnvollsten ist der Erwerb eigener Aktien folglich dann, wenn Anzeichen bestehen, dass dem Unternehmen ein Übernahmeangebot bevorsteht, der potentielle Bieter aber noch kein grosses Stimmenpaket besitzt. Besitzt der Bieter bereits ein grosses Paket, so verstärkt der Rückkauf eigener Aktien nur noch seine Position.

---

695 Art. 659a Abs. 1 OR.

696 Ss. 146 (2) und 160 (4) CA 1985.

697 Vgl. Braschler, C., Abwehrmassnahmen, 1992, S. 260; Herrmann, M., Abwehrmassnahmen, 1993, S. 175.

Dieser Effekt kann allerdings auch genutzt werden, um die Stellung eines White Knights zu stärken. Entscheidend für die Effektivität dieser Abwehrmassnahme ist demnach die Verteilung der Stimmrechte auf die verschiedenen Parteien vor dem Rückkauf.[698]
Bewirkt der Erwerb eigener Aktien eine Steigerung des Börsenkurses, so könnte der Bieter gezwungen werden, sein Angebot zu erhöhen, falls es unter dem durch die Zielgesellschaft angekündigten oder angebotenen Rückkaufpreis liegt. Dies geschah während des Übernahmekampfes um den Hotelkonzern Forte, der von der Granada Group im November 1995 mit einem unfreundlichen Übernahmeangebot konfrontiert worden war. Das Forte-Management machte dabei an die Aktionäre ein Rückkaufsangebot für ein Fünftel seines Aktienkapitals, dessen Preis deutlich über dem Angebotspreis von Granada lag. Damit war Granada gezwungen, sein Angebot zu erhöhen. Der Rückkauf der Aktien im Gesamtwert von £ 800 Mio. sollte dem Forte-Management zudem dazu dienen, den Gewinn je Aktie zu steigern. Letztendlich hat aber auch diese Abwehrmassnahme die Übernahme durch Granada nicht verhindern können.[699]
Grundsätzlich ist es einem Unternehmen in **England** nach s. 143 CA 1985 untersagt, eigene Aktien zu erwerben. Es sind allerdings auch Ausnahmen von dieser Regel vorgesehen, wobei aber jeder Erwerb durch die Articles genehmigt sein muss. So können die Articles gemäss s. 143 (3) CA 1985 den Erwerb im Rahmen einer zulässigen Kapitalherabsetzung oder gemäss ss. 159-161 und 170 CA 1985 die Ausgabe von rückerwerbbaren Aktien (Redeemable Shares) vorsehen. Die Bezahlung darf dabei nur aus den zur Ausschüttung bestimmten Gewinnen oder aus dem Erlös von neu ausgegebenen Anteilen erfolgen.[700] Zudem müssen die Aktien voll einbezahlt sein.[701]
Werden die Aktien nicht an der Börse erworben (Off-Market Purchase), so sind gemäss s. 164 (2) CA 1985 die Vertragsbedingungen vor Abschluss des Vertrages durch die Generalversammlung mit einer Mehrheit von drei Vierteln der vertretenen Stimmrechte (Special Resolution) erforderlich. Die Genehmigung ist für 18 Monate gültig. Erfolgt der Erwerb an der Börse (Market Purchase), so muss zumindest ein Generalversammlungsbeschluss mit einfacher Mehrheit vorliegen, in dem die Höchstzahl der zu erwerbenden Aktien, ein Mindest- und ein Maximalpreis und ein Enddatum der Ermächtigung, die maximal 18 Monate dauern darf, festgelegt wird.[702]

---

[698] Vgl. Herrmann, M., Abwehrmassnahmen, 1993, S. 175-177 und 217; Stedman, G., Takeovers, 1993, S. 402.
[699] Vgl. o.V., Forte, 1996, S. 21; Pope, K., Granada, 1996, S. 3.
[700] S. 160 CA 1985.
[701] Vgl. Güthoff, J., Gesellschaftsrecht, 1993, S. 30; Keenan, D., Students, 1996, S. 140; Herrmann, M., Abwehrmassnahmen, 1993, S. 175; Lüttmann, R., Kontrollwechsel, 1992, S. 61.
[702] S. 166 CA 1985.

Sind diese Voraussetzungen erfüllt, so kann das Board eigene Aktien auch ohne sachliche Rechtfertigung im Gesellschaftsinteresse erwerben.[703]

Bei börsenkotierten Unternehmen sind daneben die Vorschriften der London Stock Exchange zu beachten. Deren Listing Rules schreiben in Capter 15 vor, dass bei einem Erwerb eigener Aktien, der innerhalb von 12 Monaten mehr als 15 Prozent der Aktien umfasst und nicht auf einer eigenen Genehmigung der Aktionäre beruht, zumindest ein Teilangebot an alle Aktionäre erfolgen muss. Solche Pro-rata-Käufe stellen jedoch einen Off-Market-Purchase dar, der von einem Bieter mit einer Beteiligung von über 25 Prozent der Stimmrechte aufgrund der obligatorischen Special Resolution (siehe oben) verhindert werden kann.[704]

Der Erwerb eigener Aktien kann als Abwehrmittel gegen eine unfreundliche Übernahme eingesetzt werden, indem das Board sich die Genehmigung der Generalversammlung für einen Market Purchase einholt. Da diese Genehmigung generell oder unter bestimmten Bedingungen gegeben werden kann, ist es durchaus denkbar, dass sich das Board eine durch die Abgabe eines Übernahmeangebotes bedingte Ermächtigung zum Erwerb eigener Aktien einholt. "Der feindliche Übernehmer kann aber den Effekt eines potentiellen Erwerbs eigener Aktien durch die Zielgesellschaft abschätzen, da der entsprechende Ermächtigungsbeschluss nach ss. 166 (7), 380 CA 1985 von der Zielgesellschaft innerhalb von 15 Tagen an den Registrator zu übersenden ist."[705] Soll der Erwerb ausserhalb der Börse erfolgen, so ist zudem zu beachten, dass der Vertrag über den Kauf der Aktien 15 Tage vor der Aktionärsversammlung, an der dieser genehmigt werden soll, den Aktionären zur Überprüfung zur Verfügung gestellt werden muss. Ein weiteres Problem bei einem Erwerb ausserhalb der Börse ist - wie bereits oben angemerkt - das Erfordernis einer Mehrheit von 75 Prozent. Verfügt der Bieter über eine Sperrminorität, so kann er den Rückkauf verhindern. Nach s. 169 CA 1985 ist ein Erwerb eigener Aktien einschliesslich seiner Einzelheiten innerhalb von 28 Tagen anzuzeigen.[706]

Soll der Erwerb eigener Aktien während eines Übernahmeangebotes oder bei den ersten sicheren Anzeichen, dass ein Übernahmeangebot bevorsteht, erfolgen, so ist der Rückkauf gemäss Rule 37.3 City Code an die vorherige Zustimmung der Generalversammlung gebunden. "Dann aber dürfte ein Erwerb eigener Aktien regelmässig zu spät kommen, um die Übernahme zu verhindern."[707] Rule 8 i.V.m. Rule 37.3 City

---

[703] Vgl. Herrmann, M., Abwehrmassnahmen, 1993, S. 264; Keenan, D., Students, 1996, S. 140 f.; Lüttmann, R., Kontrollwechsel, 1992, S. 61.

[704] Vgl. Herrmann, M., Abwehrmassnahmen, 1993, S. 176 f.; Holland, P., Provisions, 1995, S. 117; Spearing, N. et al., Hostile Takeover, 1990, S. 74 f.

[705] Herrmann, M., Abwehrmassnahmen, 1993, S. 176.

[706] Vgl. Herrmann, M., Abwehrmassnahmen, 1993, S. 175 f. und 217; Keenan, D., Company Law, 1987, S. 106.

[707] Lüttmann, R., Kontrollwechsel, 1992, S. 61 f.

Code schreiben darüber hinaus vor, dass das Zielunternehmen alle Aktienrückkäufe der letzten 12 Monate vor Abgabe des Übernahmeangebotes offenlegen muss.[708] Insgesamt sind die Möglichkeiten eines Unternehmens, eigene Aktien zu erwerben, von der Zustimmung der Aktionäre abhängig. Holt sich das Board des Zielunternehmens aber rechtzeitig die Bewilligung von den Aktionären zum Erwerb ein, so kann der Erwerb eigener Aktien durchaus als Abwehrmassnahme eingesetzt werden. Zu beachten sind dabei wiederum die Vorschriften der institutionellen Investoren. So müssen Unternehmen nach den Anforderungen der ABI[709] die Erlaubnis für den Erwerb eigener Aktien jedes Jahr erneuern lassen und eine obligatorische Special Resolution - anstatt einer Ordinary Resolution - vorsehen. Zudem sollte ein Erwerb eigener Aktien nur durchgeführt werden, falls dies den Gewinn pro Aktie erhöht und allgemein im Interesse der Aktionäre ist. Durch diese Vorschriften der ABI erhalten die Aktionäre eine zusätzliche Sicherung, dass der Erwerb eigener Aktien nicht im Eigeninteresse des Managements oder ohne ihre Zustimmung erfolgen kann.
In der **Schweiz** besteht von seiten des Obligationsrechtes keine Pflicht der Zielgesellschaft, bei einem Erwerb eigener Aktien die Zustimmung der Aktionäre einzuholen. Der Rückkauf muss lediglich nach Art. 659 OR unter der Bedingung erfolgen, dass frei verwendbares Eigenkapital in der Höhe der dafür nötigen Mittel vorhanden ist und der Nennwert der Aktien 10 Prozent des Aktienkapitals nicht übersteigt. Bei einem Erwerb von Namenaktien aufgrund von Übertragbarkeitsbeschränkungen beträgt die Höchstgrenze 20 Prozent. Die Gesellschaft ist dabei verpflichtet, einen dem Anschaffungswert der eigenen Aktien entsprechenden Betrag gesondert als Reserve für eigene Aktien auszuweisen. Im Anhang sind nach Art. 663b Ziff. 10 OR die Transaktionen in eigenen Aktien und die Anzahl der eigenen Aktien von der Gesellschaft und ihren Tochtergesellschaften zusammen mit den Bedingungen, zu denen die Gesellschaft sie erworben oder veräussert hat, offenzulegen.[710]
Ein wesentlicher Nachteil des Erwerbs eigener Aktien ist allerdings, dass er bisher von der Steuerbehörde als versteckte Teilliquidation betrachtet wird, falls die zurückgekauften Aktien nicht innerhalb von zwei Jahren wieder veräussert werden. In einem solchen Fall unterliegt die Differenz zwischen dem Rücknahmepreis und dem Nennwert der Verrechnungssteuer. Die daraus resultierende hohe steuerliche Belastung wird im Rahmen einer Reform der Unternehmensbesteuerung, die am 10. Oktober 1997 von den eidgenössischen Räten verabschiedet wurde und im Jahre 1998 in Kraft treten soll, insofern gemindert werden, als die Haltefrist auf sechs Jahre ausgedehnt werden soll.[711]

---

[708] Vgl. Holland, P., Provisions, 1995, S. 116 und 118; Stedman, G., Takeovers, 1993, S. 402.
[709] Vgl. Anforderungen der ABI zu „Own Share Purchase".
[710] Vgl. Braschler, C., Abwehrmassnahmen, 1992, S. 258; Giger, E., Eigene Aktien, 1996, S. 147.
[711] Vgl. Boemle, M., Unternehmungsfinanzierung, 1993, S. 578; o.V. Aktienrückkauf, 1996, S. 29; o.V., Ration Screening, 1997, S. 12.

Ein Erwerb eigener Aktien kann in der Schweiz insbesondere dann als Abwehrmassnahme eingesetzt werden, wenn die Statuten der Zielgesellschaft schärfere Quoren als im OR vorsehen. So kann der Erwerb eigener Aktien für einen Bieter insbesondere dann zum Problem werden, wenn die Statuten beispielsweise für die Ablösung des Verwaltungsrates auf Stimmquoren und nicht auf Anwesenheitsquoren wie im OR abstellen. Ein solcher Rückkauf müsste dann aber nach Art. 29 Abs. 2 BEHG als eine bedeutende Veränderung des Aktiv- oder Passivbestandes der Gesellschaft betrachtet werden und wäre damit der Zustimmung der Generalversammlung unterworfen, auch wenn der Erwerb eigener Aktien in der Verordnung keine ausdrückliche Erwähnung findet. Um ganz sicher zu gehen, müsste sich das Management der Zielgesellschaft die Zustimmung der Generalversammlung für einen Aktienrückkauf im voraus einholen. Dabei müsste die Bewilligung ausdrücklich für den Fall einer Übernahme erteilt werden.[712]

Insgesamt ist es weder in der Schweiz noch in England möglich, während eines Übernahmeangebotes (oder in England bereits wenn es sichere Anzeichen gibt, dass ein solches bevorsteht), einen Aktienrückkauf ohne Zustimmung der Aktionäre durchzuführen. Der Aktienrückkauf kann nur noch im Vorfeld eines Übernahmeangebotes - mit den eingangs erwähnten Folgen für den Börsenkurs und die Liquidität - eingesetzt werden. Als präventive Abwehrmassnahme taugt er besonders in der Schweiz aufgrund der dort herrschenden steuerlichen Situation zur Zeit noch wenig.

4.4.1.3 Der Einsatz eines White Knight

Um ein unfreundliches Übernahmeangebot abzuwehren, kann das Management auch versuchen, ein drittes Unternehmen (White Knight, Weisser Ritter) zu finden, das ihm als Bieter mehr zusagen würde. Dieses dritte Unternehmen kann entweder Aktien des Zielunternehmens kaufen oder ein freundliches Übernahmeangebot abgeben, das den Aktionären vom Management der Zielgesellschaft empfohlen wird und in Konkurrenz zu dem unfreundlichen Übernahmeangebot steht. Damit das freundliche Übernahmeangebot für die Aktionäre attraktiver wird, liegt der Preis des freundlichen Angebotes zumeist über dem des unfreundlichen. Damit kann eine preistreibende Auktion ausgelöst werden, die für den Aktionär von grossem Vorteil ist. So war der erste Angebotspreis, den Hoffmann-La Roche im Jahre 1988 für Sterling Drug Inc. bot, noch bei $ 72 je Aktie, wurde dann aber sukzessive auf $ 76 und dann auf $ 81 erhöht. Der Basler Chemiekonzern erhielt dennoch nicht den Zuschlag von den Aktionären, da Eastman Kodak mit einem Angebot in der Höhe von $ 89,5 als „Weisser Ritter“ schliesslich siegte (siehe auch 4.1). Voraussetzung dafür, dass sich für den Aktionär eine weitere Veräusserungsmöglichkeit bietet, ist allerdings, dass der unfreundliche Bieter noch kein so grosses Paket besitzt,

[712] Vgl. Böckli, P., Aktienrecht, 1996, S. 880.

dass die Zahl der am Markt verfügbaren Titel zu gering für einen Erfolg des Konkurrenzangebotes sind.[713]

Da der Einsatz eines White Knights für den Aktionär meist nur Vorteile bringen kann, steht der City Code in **England** dem Einsatz eines White Knights positiv gegenüber, ja fördert den Einsatz eines White Knights noch dadurch, dass das Management der Zielgesellschaft bei einem Erwerb von Zielgesellschaftsaktien durch dritte Unternehmen keiner Zustimmung der Generalversammlung nach Rule 21 City Code bedarf. Dabei sind die Möglichkeiten des Boards der Zielgesellschaft, den White Knight finanziell zu unterstützen, durch die Kapitalerhaltungsvorschriften der ss. 151-158 CA 1985 weitgehend eingeschränkt. Sie verbieten es der Zielgesellschaft, einen Dritten, der Aktien des Zielunternehmens erwerben will, während des Erwerbes finanziell direkt oder indirekt zu unterstützen,[714] solange es nicht im Interesse des Unternehmens geschieht.[715] Damit kann die Zielgesellschaft nur im Rahmen dieser strengen Vorschriften nach einem White Knight suchen.[716]

Ein Aktionär, der bereits das erste Angebot angenommen hat, aber dem Angebot des White Knights den Vorzug geben will, kann nach Rule 34 City Code von seiner Annahme 21 Tage nach dem First Closing Date zurücktreten, solange das Angebot noch nicht für unbedingt in bezug auf Annahmen erklärt wurde (unconditional as to acceptances)[717]. Dabei ist der First Closing Date der Tag, bis zu dem ein Übernahmeangebot mindestens für Annahmen offen sein muss und ist nach Rule 31.1 City Code der 21. Tag nach Verschicken des Übernahmeangebotes per Post (Posting Date). Ein Aktionär kann demnach frühestens 42 Tage nach dem Posting Date seine Annahme widerrufen.[718]

Nach Rule 31.6 City Code darf ein Übernahmeangebot höchstens 60 Tage offenbleiben. Diese Vorschrift wird durchbrochen, falls vor Ablauf der Frist ein konkurrierender Bieter auftritt. Im letzteren Fall bekommt der Zeitplan des zweiten Bieters auch Gültigkeit für den ersten.[719] Durch die Verlängerung der Angebotsfrist über die ursprünglichen 60 Tage verstärkt sich zwar der Druck, der durch das Übernahmeangebot auf der Zielgesellschaft lastet, es wird aber auch dem Aktionär die Möglichkeit gegeben, an dem konkurrierenden Übernahmeangebot teilzunehmen. Dies wird dadurch erreicht, dass der Zeitraum, in dem der Aktionär zurücktreten kann, sich bis

---

[713] Vgl. Gruber, M., Pflicht, 1996, S. 111 f.; Herrmann, M., Abwehrmassnahmen, 1993, S. 243 und 246; Lüttmann, R., Kontrollwechsel, 1992, S. 62; Schade, M., Internationalisierung, 1990, S. 27; Todd, R. / Lynchehan, M., United Kingdom, 1992, S. 65 f.

[714] S. 151 (1) CA 1985.

[715] S. 153 (1) CA 1985.

[716] Vgl. Herrmann, M., Abwehrmassnahmen, 1993, S. 243; Lüttmann, R., Kontrollwechsel, 1992, S. 62; Spearing, N. et al., Hostile Takeovers, 1990, S. 78.

[717] Ein Angebot ist dann unbedingt in bezug auf Annahmen (unconditional as to acceptances), wenn die obligatorische Bedingung, dass 50 Prozent der Stimmrechte das Angebot akzeptiert haben, erfüllt wurde.

[718] Vgl. Stedman, G., Takeovers, 1993, S. 283 f. und 301.

[719] Rule 31.6 City Code.

zu dem Tag erstreckt, an dem entweder das Angebot für unbedingt in bezug auf Annahmen erklärt wird oder bis zu dem endgültigen Schlusstag, der nach Rule 31.6 City Code höchstens 60 Tage nach dem Posting Date liegt.[720]

Kann der erste Bieter demnach sein Angebot nicht bis zum 42. Tag nach Verschikken seines Angebotes für unbedingt in bezug auf Annahmen erklären, so ist er für einen konkurrierenden Bieter besonders anfällig, da ab diesem Tag die Aktionäre ihr Angebot sofort zurückziehen können. Gelingt es ihm, sein Angebot vor dem 42. Tag oder vor dem Auftreten eines anderen Bieters für unbedingt in bezug auf Annahmen zu erklären, so haben die Aktionäre keine Möglichkeit mehr, ihre Annahme zu widerrufen. Das Angebot bleibt dann für die Aktionäre, die das Angebot noch nicht angenommen haben, bis zu 14 Tagen nach dem Schlussdatum zur Annahme offen.[721] Ein konkurrierender Bieter hat dann keine Chance mehr.[722]

Bei dem Einsatz eines White Knights sind weitere Vorschriften zu Konkurrenzofferten zu beachten. So verlangt Rule 20.2 City Code, dass die Informationen, die an einen bevorzugten Bieter gegeben wurden, auch jedem anderen Bieter zur Verfügung zu stellen sind. Der Bieter kann allerdings nicht verlangen, dass ihm pauschal alle Informationen zur Verfügung gestellt werden, sondern muss konkrete Fragen stellen.[723] Mit den Vorschriften der Rule 20.2 City Code soll verhindert werden, dass den Aktionären ein verbessertes Angebot vorenthalten wird, nur weil einem der Unternehmen Informationen fehlten. Eine Pflicht zur Informationsweitergabe besteht auch bei einem potentiellen Bieter. Beispielsweise wurde im Jahre 1992 die Midland Bank aufgefordert, alle Informationen, die sie der Hong Kong and Shanghai Banking Corporation (HSBC) gegeben hatte, auch an die Lloyds Bank als einem potentiellen Bieter zu geben. Den Argumenten der Midland Bank, dass die Aktionäre durch die Weitergabe der Information an einen Konkurrenten wie die Lloyds Bank gefährdert würden, begegnete der Panel damit, dass die Midland Bank sich das vor der Weitergabe der Information an die HSBC Holding hätte überlegen müssen.[724]

Ebenso wie in England steht auch in der **Schweiz** dem Einsatz eines White Knights nichts entgegen. Ein bekannter Einsatz eines White Knights war beispielsweise das Übernahmeangebot der InterTech Group beim Übernahmekampf um die Holvis. Nach deren Rückzug trat die BBA als White Knight auf den Plan, die den Übernahmekampf letztendlich für sich entschied. Dabei spielte der Verkauf der Fiberweb, die das sog. Kronjuwel der Holvis war, die ausschlaggebende Rolle (siehe auch 4.4.3.1).[725]

---

[720] Vgl. Stedman, G., Takeovers, 1993, S. 283-301.

[721] Rule 31.4 City Code.

[722] Vgl. Knoll, H.-C., Übernahmen, 1992, S. 126; Stedman, G., Takeovers, 1993, S. 288 und 301.

[723] Aus diesem Grund nehmen die Fragekataloge dann auch enorme Ausmasse an.

[724] Vgl. Harvey, N., Conduct, 1995, S. 145 f.; Staple, W., Panel, 1995, S. 3.

[725] Vgl. o.V., Kurssprung, 1995, S. 33; o.V., Schlacht, 1995, S. 26.

Nach Art. 30 Abs. 1 BEHG müssen die Aktionäre zwischen konkurrierenden Angeboten frei wählen können. Dies bedeutet vor allem, dass ein Aktionär bei Veröffentlichung eines konkurrierenden Angebotes seine Annahmeerklärung bezüglich des vorhergehendes Angebotes bis zu dessen Ablauf widerrufen kann.[726] Das vorhergehende Angebot kann nicht freiwillig verlängert werden, sondern nur noch bis zum fünften Börsentag vor seinem Ablauf widerrufen oder abgeändert werden.[727] Es wird auch nicht, wie in England, der Zeitplan des Konkurrenzangebotes für beide Angebote gültig. Vielmehr soll das konkurrierende Angebot gleich lang wie das vorhergehende Angebot dauern, mindestens jedoch zehn Börsentage.[728] Da ein konkurrierendes Angebot bis spätestens am dritten Börsentag vor Ablauf des vorhergehenden Angebotes veröffentlicht werden muss (und nicht wie in England bis zum Schlusstag des vorhergehenden Angebotes abgewartet werden kann), muss das vorhergehende Angebot entsprechend verlängert werden, wenn es vor dem konkurrierenden Angebot abläuft.[729] Es kann demnach, wenn das konkurrierende Angebot erst am dritten Börsentag vor Ablauf des vorhergehenden Angebotes abgegeben wird, um höchstens 7 Tage verlängert werden.[730]
Die Gesamtangebotsfrist von 40 Tagen in der Schweiz ist kürzer als die im City Code aufgestellte maximale Gesamtangebotsfrist von 60 Tagen.[731] Kommt ein Angebot zustande, so muss es noch weitere 10 Tage (und nicht 14 wie in England) offenbleiben.[732] Der Zeitplan in der Schweiz ist damit in diesem Punkt etwas straffer als in England.
Allen Bietern sind von seiten der Zielgesellschaft die gleichen Informationen zur Verfügung zu stellen, wobei eine Ungleichbehandlung nur mit Zustimmung der Übernahmekommission möglich ist und die Zielgesellschaft ein überwiegendes Gesellschaftsinteresse nachweisen muss.[733] Auch wenn die Zielgesellschaft der Übernahmekommission die Gesellschaftsinteressen, die eine Ungleichbehandlung rechtfertigen, darlegen muss, so muss erst die Praxis zeigen, ob der oben beschriebene Fall der Midland Bank gleich streng entschieden worden wäre.
Die Vorschriften zu Konkurrenzangeboten, insbesondere zu White Knights, sind in England und in der Schweiz weitgehend identisch. Unterschiede bestehen darin, dass in der Schweiz bei dem Auftreten eines konkurrierenden Bieter das vorhergehende Angebot um maximal 7 Tage verlängert wird, während es in England um 60 Tage verlängert werden kann. Zudem kann in der Schweiz ein Aktionär bei Eintreten eines

---

[726] Art. 50 Abs. 2 V-UEK.
[727] Art. 51 Abs. 1 V-UEK.
[728] Art. 49 Abs. 3 V-UEK.
[729] Art. 49 Abs. 1 V-UEK.
[730] Vgl. Strazzer, R., Börsengesetz, 1995, S. 724; Tschäni, R. Übernahmeangebote, 1994, S. 313.
[731] Art. 14 Abs. 4 V-UEK.
[732] Art. 14 Abs. 5 V-UEK.
[733] Art. 48 Abs. 2 V-UEK.

konkurrierenden Bieters sofort seine Annahme des Angebotes zurücknehmen, während er dies in England erst 42 Tage nach dem Verschicken des ersten Angebotes kann. Dadurch ist der Druck, der durch das Übernahmeangebot auf der Zielgesellschaft lastet, in der Schweiz geringer und Konkurrenzangebote leichter.
Durch den in beiden Ländern straffen Zeitplan könnte das Management versucht sein, einen Zeitgewinn bei der Suche nach einem White Knight zu erreichen. Beispielsweise kann es durch einen Rechtsstreit oder die Einschaltung von Wettbewerbsbehörden einem ungeliebten Bieter zusätzliche Hürden schaffen. Es ist dann fraglich, ob dies noch im Interesse der Aktionäre ist.

4.4.2 Aufbau von juristischen Hindernissen

Mit dem Aufbau von juristischen Hindernissen kann eine Zielgesellschaft sich selbst und ihren Aktionären eine Verschnaufpause verschaffen, die beispielsweise dazu genutzt werden kann, nach einem White Knight zu suchen oder alternative Abwehrstrategien zu entwickeln. Zudem kann das Management in dieser Zeitspanne versuchen, ihren Aktionären mehr Informationen zu liefern und sie stärker an sich zu binden. Nicht zu übersehen ist auch, dass viele Übernahmeangebote von der Schnelligkeit und der Überrumpelung der Zielgesellschaft profitieren. Durch eine Verzögerung „verliert das ganze Vorhaben rasch dramaturgische Dynamik und Publi-kumsinteresse."[734]
Die üblichsten Methoden zum Aufbau von juristischen Hindernissen sind Gerichtsklagen und Beschwerden bei Institutionen des Kapitalmarktes, die insbesondere in den USA eine der gängigsten Abwehrmassnahmen sind, und die Einschaltung von Wettbewerbsbehörden. Diese Strategien werden häufig mit einer negativen Publicity gegen den Bieter kombiniert, um eine ablehnende Haltung der Aktionäre gegenüber dem Bieter hervorzurufen.[735]

4.4.2.1 Gerichtsklagen und Beschwerden bei Institutionen des Kapitalmarktes

In **England** sind Gerichtsklagen eher selten. Dies lässt sich zum einen dadurch erklären, dass die Gerichte grundsätzlich nicht bereit sind, während der Dauer eines Übernahmeangebotes einzugreifen. So wies ein Gericht im Jahre 1990 bei dem Übernahmekampf zwischen Plessey und General Electric Co. (GEC) eine Eingabe von Plessey, mit der GEC an der Abgabe eines Übernahmeangebotes gehindert werden sollte, ab, da durch die Eingabe der Zeitplan von GEC nicht mehr hätte eingehalten werden können und GEC damit gegen die Regeln des City Code verstossen hätte.[736] Da die Gerichte erst bereit sind, nach einer erfolgten Übernahme einzugreifen, sind taktische Gerichtsklagen nach eigenen Aussagen des

---

[734] Caytas, I. G. / Mahari, J. I., Investment Banking, 1988, S. 252.
[735] Vgl. Röhrich, M., Feindlich, 1992, S. 77.
[736] Vgl. Rice, R., Takeover, 1996, S. 24.

Takeover Panels in der Übernahmepraxis Englands nicht üblich („tactical litigation ist no part of UK takeover practice“[737]).
Im Gegensatz zu Gerichtsklagen sind Beschwerden bei Institutionen des Kapitalmarktes (beispielsweise beim Takeover Panel oder bei der LSE) häufig anzutreffen. Sie sind meist die einzige Abwehrmassnahme, die ein Zielunternehmen ergreifen kann. Allerdings wird ihr Einsatz, ebenso wie der von Gerichtsklagen, durch die Vorschriften des City Code eingeschränkt. Klagen und Beschwerden werden zwar nicht selbst durch Rule 21 City Code erfasst, wohl aber dann, wenn auf den Sinn und Zweck des City Code abgestellt wird und sobald sie als eine angebotsvereitelnde Handlung aufgefasst werden können. In diesem Fall muss das Board der Zielgesellschaft die Zustimmung der Aktionäre zu der Klage oder Beschwerde einholen. Aufgrund von GP 7 City Code wurden beispielsweise im Jahre 1989 die Directors der Consolidated Gold Fields (Consgold) durch den Panel daran gehindert, während des Übernahmeangebotes von Minorco eine Anit-Trust-Klage in den USA anzustrengen, da dies das Übernahmeangebot von Minorco vereitelt hätte. Dies geschah, obwohl die Consgold rein rechtlich eigentlich das Recht gehabt hätte, einen solchen Rechtsstreit zu beginnen. Den Directors der Consgold wurde vom Panel auferlegt, die Zustimmung der Generalversammlung für die Anti-Trust-Klage einzuholen. Problematisch war allerdings, dass die Newmont Mining Corporation, an der die Consgold zu 49 Prozent beteiligt war, ebenfalls eine Anti-Trust-Klage einreichte. Da in diesem Falle GP 7 City Code nicht greifen konnte, verfiel das Angebot von Minorco aufgrund von Überschreitungen des Zeitplanes.[738]
Die Gründe, eine Gerichtsklage anzustrengen oder eine Beschwerde bei einer Institution wie dem Panel oder der LSE einzureichen, können vielfältig sein. Beliebt sind dabei Vorwürfe der Verwendung von Insiderinformationen, wie sie beispielsweise im Jahre 1988 bei dem Übernahmeangebot von Hoffmann-La Roche für Sterling Drug Inc. auftraten, oder auch Verstösse gegen die Anforderungen an die Genauigkeit, Vollständigkeit und Integrität der offenzulegenden Informationen. So klagte Forte, als es gegen das unfreundliche Übernahmeangebot von Granada anfangs 1996 kämpfte, gegen den Finanzvorstand von Granada, da dieser in einem Interview mit der Times geäussert hatte, Fortes Angebotsprospekt sei irreführend konzipiert. Damit warf er der Forte implizit einen Verstoss gegen s. 47 FSA 1986 (Misleading Statements and Practices) vor.[739]
Aufgrund der ablehnenden Haltung der Gerichte und des Takeover Panels gegenüber Gerichtsklagen können die Gefahren für die Aktionäre der Zielgesellschaft, dass von ihnen nicht erwünschte Übernahmehürden errichtet werden, als

---

[737] Calcutt, D., Panel, 1990, S. 7.
[738] Vgl. Cardale, M., United Kingdom, 1991, S. 123; Lüttmann, R., Kontrollwechsel, 1992, S. 54; Staple, W., Panel, 1995, S. 4 f.; Stedman, G., Takeovers, 1993, S. 403 und 435.
[739] Vgl. Pope, K., Granada, 1996, S. 3; Schade, M., Internationalisierung, 1990, S. 30.

sehr gering betrachtet werden. Könnte die Gerichtsklage oder Beschwerde potentiell ein Angebot verteiteln, so ist ihre Zustimmung erforderlich. Wird die Zustimmung unter Verstoss gegen GP 7 City Code nicht eingeholt, so können die Aktionäre den Panel anrufen.

In der **Schweiz** sind Gerichtsklagen oder Beschwerden von seiten der Zielgesellschaft während eines Übernahmeangebotes nicht besonders üblich, da für den Verlauf eines Übernahmeangebotes Vinkulierung, die Beschränkung des Höchststimmrechtes und Stimmrechtsaktien weitaus entscheidender sind und Übernahmen in der Schweiz in der Regel freundliche Übernahmen sind. Als Abwehrmassnahmen kommt ihnen nur eine geringe Bedeutung zu. Gerichtsklagen von seiten des Bieters sind dafür - auch aufgrund der Vinkulierung - sehr viel häufiger. Allerdings sind sie ausgesprochen selten von Erfolg gekrönt. So klagte IP bei dem Übernahmekampf um Holvis erfolglos vor Basler Gerichten, dass die Holvis durch den Verkauf der Fiberweb unter anderem eine Teilliquidation und eine Zweckänderung ohne Zustimmung der Aktionäre durchgeführt habe. Eine Beschwerde vor der Kommission für Regulierungsfragen wurde ebenfalls abgewiesen. Ebenso strengte Denner-Chef Karl Schweri, der im Jahre 1987 versuchte, die Usego-Trimerco Holding AG (UTH) zu übernehmen, zahlreiche Gerichtsklagen an. Auch hier verliefen die meisten Klagen erfolglos.[740]

Im neuen Börsengesetz und seinen Verordnungsentwürfen werden potentiell angebotsvereitelnde Gerichtsklagen und Beschwerden nicht erwähnt. Sie sind auch schwerlich unter Art. 29 BEHG zu subsumieren, da sie weder den Aktiv- oder Passivbestand in bedeutender Weise verändern noch eine vertragliche Verpflichtung darstellen. Allein die hohen Gerichtskosten könnten eine Unterstellung von Gerichtsklagen und Beschwerden unter Art. 29 BEHG erforderlich machen. Es ist allerdings unwahrscheinlich, dass die Höhe der Gerichts- und Beschwerdekosten vor dem Prozess abgeschätzt werden können.

Folglich ist davon auszugehen, dass Gerichtsklagen und Beschwerden auch in Zukunft uneingeschränkt möglich sein werden. Allerdings muss erst die Praxis zeigen, ob sie trotz einer fehlenden Erwähnung im BEHG nicht doch durch Art. 29 BEHG erfasst werden könnten. Selbst wenn sie nicht durch das BEHG erfasst werden sollten, so können sie doch nur in dem Masse eingesetzt werden, als es widerrechtlich ist, sachlich ungerechtfertigte Verfahren einzuleiten.[741] Dabei ist ein Verfahren dann sachlich ungerechtfertigt, „wenn von vornherein keine begründete Hoffnung besteht, einen Prozess zu gewinnnen, sondern damit nur andere Zwecke verfolgt werden.“[742]

---

[740] Vgl. Braschler, C., Abwehrmassnahmen, 1992, S. 173; o. V., Schlacht, 1995, S. 26; Shearlock, P., Holvis, 1995, S. 22; Steinmann, M., Abwehrmassnahmen, 1989, S. 33.

[741] Vgl. Watter, R., Unternehmensübernahmen, 1990, S. 360.

[742] Tschäni, R., Übernahmen, 1991, S. 237.

Zusammenfassend ist festzustellen, dass Gerichtsklagen in England seltener als in der Schweiz sind, da die Gerichte in England eine ablehnende Haltung gegenüber Gerichtsklagen einnehmen. Beschwerden bei Institutionen des Kapitalmarktes sind hingegen in England ein übliches Mittel, um einen unfreundlichen Bieter abzuwehren oder wenigstens sein Angebot zu verzögern. Während sie dort allerdings häufig von Erfolg gekrönt werden, verlaufen viele Beschwerden in der Schweiz erfolglos. In England muss die Zustimmung der Aktionäre bei angebotsvereitelnden Gerichtsklagen und Beschwerden eingeholt werden. Im Gegensatz dazu bedürfen sie in der Schweiz nicht der Zustimmung der Aktionäre. Auch wenn die endgültige Behandlung in der Praxis noch abgewartet werden muss, so könnten sich doch hier Möglichkeiten für das Management ergeben, ohne die Zustimmung der Aktionäre einen Bieter abzuwehren. Dabei wird sich auch herausstellen, ob die schweizerischen Institutionen - insbesondere die EBK und die Übernahmekommission - eine auch nur annähernd so grosse Durchsetzungskraft wie der Takeover Panel oder die LSE besitzen.

4.4.2.2 Einschaltung von Wettbewerbsbehörden

Da Unternehmen in **England** durch die strengen Vorschriften des City Code bei ihren Abwehrmassnahmen stark eingeschränkt sind, hat sich insbesondere bei grösseren Übernahmen die Anrufung des Office of Fair Trading (OFT) zur „praktisch wichtigsten Abwehrmöglichkeit gegen unfreundliche Übernahmen entwickelt"[743], durch die in der Vergangenheit schon zahlreiche Übernahmeangebote gescheitert sind. Das Management muss dabei versuchen, eine Überweisung durch das Office of Fair Trading (OFT) an die Monopolies and Mergers Commission (MMC) zu erwirken. Da eine Voranmeldung für eine Übernahme nicht erforderlich ist, das OFT aber eingreifen muss, sobald es Informationen über eine bevorstehende Übernahme erhält, kann es im Interesse des Boards liegen, dem OFT eben diese Informationen zu beschaffen. Ist ein Übernahmeangebot erst einmal veröffentlicht, so verbleiben dem Board der Zielgesellschaft noch sechs Wochen, in denen es eine Überweisung an die MMC erwirken kann. Innerhalb dieser sechs Wochen kann die Zielgesellschaft versuchen, Gründe für das Eingreifen des OFT zu finden. Im Gegensatz zu einem Rechtsstreit, der immer in der Gefahr steht, dass der Panel ihn als angebotsvereitelnde Handlung unter GP 7 einstuft, wird eine Informationsweitergabe an das OFT als legitim angesehen.[744]

Eine Überweisung verschafft einem Target insofern eine Verschnaufpause, als ein Übernahmeangebot gemäss Rule 12 (a) City Code automatisch erlöscht, falls es die Bedingungen für eine Überweisung an die MMC erfüllt und diese Überweisung vor

---

[743] Schade, M., Internationalisierung, 1990, S. 112.

[744] Vgl. Herrmann, M., Abwehrmassnahmen, 1993, S. 241; Maeijer, J. M. M. / Geens, K., Defensive Measures, 1990, S. 220; Schade, M., Internationalisierung, 1990, S. 30; Stedman, G., Takeovers, 1993, S. 435.

dem ersten Schlusstag (First Closing Date) oder vor dem Datum, an dem das Übernahmeangebot unbedingt in bezug auf Annahmen wird, erfolgt. Gleiches gilt bei einem Untersuchungsverfahren der Europäischen Kommission. Während der Untersuchungsphase ist es dem Bieter und seinen Tochtergesellschaften gemäss s. 75 (4A) FTA 1973 nicht erlaubt, Anteile des Targets zu erwerben. Da die Untersuchungsphase bis zu sechs Monaten dauern kann, kann eine Überweisung an die MMC den Druck auf die Zielgesellschaft erheblich mindern und ihr genügend Zeit geben, um die Zustimmung ihrer Aktionäre zu bestimmten Abwehrmassnahmen einzuholen oder nach einem freundlichen Bieter zu suchen.[745]

Eine Überweisung an die MMC ist insbesondere dann wahrscheinlich, wenn eine Einschränkung des Wettbewerbes oder eine Beeinträchtigung des öffentlichen Interesses befürchtet wird. So ist wohl das Übernahmeangebot der Hong Kong and Shanghai Banking Corporation für die Royal Bank of Scotland Group Limited nur deswegen an die MMC überwiesen worden, weil eine Übertragung der Kontrolle über einen Teil des Clearing Bank Systems ausserhalb Grossbritanniens mit Argwohn betrachtet wurde. Allein die Grösse eines Übernahmeangebotes (bei mehr als 25 Prozent des Marktanteils ist der Asset Test zur Überweisung an die MMC erfüllt) scheint aber nicht unbedingt zu einer Überweisung an die MMC führen zu müssen. So wurde auf eine Überweisung im Falle der Übernahme der Distillers Company Plc. durch die Guinness Plc. verzichtet, nachdem Guinness Vorschläge angekündigt hatte, die die Beschränkung des Wettbewerbes auf dem Whisky-Markt verringern sollten.[746]

Ist ein Übernahmeangebot an die MMC überwiesen, so prüft die MMC gemäss s. 73 (1) (a) 1973 FTA zuerst, ob die Bedingungen für eine Untersuchung erfüllt sind oder erfüllt sein werden und, falls dies der Fall sein sollte, ob die Übernahme gegen das öffentliche Interesse verstösst oder verstossen könnte. Dabei wird gemäss s. 84 (1) FTA 1973 alles untersucht, was in dem vorliegenden Fall relevant erscheint. So untersucht das MMC, ob das Übernahmeangebot den Wettbewerb erheblich einschränken könnte. Besonders problematisch sind in diesem Zusammenhang horizontale Zusammenschlüsse, d.h. Zusammenschlüsse zwischen zwei Konkurrenten. Stellt die MMC fest, dass von einem horizontalen Zusammenschluss Beschränkungen des Wettbewerbes zu erwarten sind, so untersucht sie desweiteren, ob von dem Zusammenschluss irgendwelche Vorteile zu erwarten sind, die die Nachteile des reduzierten Wettbewerbes aufwiegen könnten.[747]

Anschliessend untersucht das MMC, ob eine Effizienzsteigerung, die von der Bietergesellschaft zumeist als Grund für die Übernahme angegeben wird, in der

---

[745] Vgl. Freshwater, T. / Boardman, N., Restrictions, 1995, S. 67; Herrmann, M., Abwehrmassnahmen, 1993, S. 235 f.; Schade, M., Internationalisierung, 1990, S. 112; Stedman, G., Takeovers, 1993, S. 300; Todd, R. / Lynchehan, M., United Kingdom, 1992, S. 66.

[746] Vgl. Paines, A. / Reynolds, M., Merger Control, 1988, S. 195 f.

[747] Vgl. Cooke, T. E., M&A, 1989, S. 387; Paines, A. / Reynolds, M., Merger Control, 1988, S. 200 und 204.

Praxis realisiert werden könnte und, falls dies der Fall sein sollte, ob sie die Schäden für das öffentliche Interesse ausgleicht. Desweiteren wird untersucht, ob der Zusammenschluss eine ausgeglichene Verteilung der Arbeit in Grossbritannien gewährleistet. So wurde der Zusammenschluss zwischen Charter Consolidated Plc. und Anderson Strathclyde Plc. abgelehnt, da dadurch negative Effekte auf die Arbeitssituation in einem strukturell schwachen Teil Grossbritanniens erwartet wurden. In diesem Fall wurde der ablehnende Bericht des MMC allerdings vom Secretary of State nicht unterstützt und der Zusammenschluss erlaubt.[748]

Neben den bisher aufgezählten Bereichen wird ausserdem untersucht, ob der Zusammenschluss irgendwelche negativen Effekte auf die Zahlungsbilanz Grossbritanniens haben könnte und ob der Konsumentenschutz gewährleistet werden kann. Allein aufgrund einer Bedrohung öffentlicher Interessen konnte beispielsweise die Consolidated Gold Fields einen Zusammenschluss mit der südafrikanischen Minorco verhindern, da sie die MMC davon überzeugen konnte, dass die südafrikanische Kontrolle über den Handel mit Metallen strategisch unerwünscht sei.[749]

Empfiehlt die Kommission eine Übernahme zur Ablehnung, so liegt es im Ermessen des Secretary of State, dieser Empfehlung zu folgen und die Übernahme zu verbieten oder Desinvestitionsauflagen zu machen oder - was ausgesprochen selten vorkommt - der Empfehlung nicht zu folgen und den Zusammenschluss zu gestatten (wie im Falle von Charter Consolidated Plc. und Anderson Strathclyde Plc.).[750]

Auch wenn eine Übernahme unter englischem Recht genehmigt worden ist, so besteht immer noch die Möglichkeit, dass das EU-Recht, insbesondere die Art. 85 und 86 des Vertrages von Rom, greift. Ebenso bedeutet die Genehmigung durch die EU-Behörden nicht, dass die Übernahme auch durch die nationalen Behörden genehmigt wird. Allerdings können Art. 85 und 86 des Vertrages von Rom erst nach einer erfolgten Übernahme angewendet werden und Art. 86 nur dann, wenn eine Partei eine beherrschende Stellung innehat. Eine Anrufung der EU-Kommission aufgrund einer Verletzung von Art. 85 (1) EWG-Vertrag erfolgte im Jahre 1988 durch die Irish Distillers, die damit das Übernahmeangebot von GC&C Brands Ltd. abzuwehren versuchte.[751]

Eine weitere wichtige Norm stellt die europäische Fusionsverordnung[752] dar. Falls bei einem Übernahmeangebot die Gefahr besteht, dass die europäische Kommission ein Verfahren gemäss Art. 6 (1) (C) Fusionsverordnung einleitet oder ein Übernahmeangebot den britischen Wettbewerbsbehörden gemäss Art. 9 (1) Fusionsverord-

---

[748] Vgl. Paines, A. / Reynolds, M., Merger Control, 1988, S. 206 f.

[749] Vgl. Maeijer, J. M. M. / Geens, K., Defensive Measures, 1990, S. 219; Paines, A. / Reynolds, M., Merger Control, 1988, S. 207; Schade, M., Internationalisierung, 1990, S. 111.

[750] Vgl. Cooke, T. E., M&A, 1989, S. 387; Schade, M., Internationalisierung, 1990, S. 112.

[751] Vgl. Herrmann, M., Abwehrmassnahmen, 1993, S. 238; Paines, A. / Reynolds, M., Merger Control, 1988, S. 219 und 221; Stedman, G., Takeovers, 1993, S. 442.

[752] Verordnung Nr. 4064/89 des Rates vom 21.12.1989

nung zwangsweise vorlegt, so muss es nach Rule 12 (b) City Code die Bedingung enthalten, dass es in einem solchen Fall verfällt.[753]

Erfolgt eine Einschaltung nationaler und/oder europäischer Wettbewerbsbehörden, so wird ein Übernahmeangebot gemäss Rule 12 Note 1 und Rule 21 Note 4 City Code unwirksam und das Verbot angebotsvereitelnder Massnahmen für das Management gilt nur noch eingeschränkt. Das Board of Directors darf dann mit Genehmigung des Panels Aktien ausgeben, die das stimmberechtigte Kapital um nicht mehr als 15 Prozent erhöhen. Zudem darf es Vermögenswerte (Assets)[754] kaufen oder verkaufen, deren Wert - anstatt der sonst geltenden 10 Prozent - 15 Prozent der Assets der Zielgesellschaft nicht übersteigt.[755]

Wurde eine Übernahme abgelehnt, so kann der Bieter nach Rule 35.1 (a) City Code erst ein Jahr nach dem Unwirksamwerden des Angebotes ein neues, wesentlich geändertes Übernahmeangebot stellen. Wurde sie hingegen sowohl von der EU als auch von der MMC bewilligt, so gibt der Panel gemäss Rule 35 Note a (iii) City Code üblicherweise die Erlaubnis, ein neues Übernahmeangebot innerhalb von 21 Tagen nach der Verkündigung der Genehmigung abzugeben. Eine besondere Situation tritt dann ein, wenn eine Überweisung an eine andere Wettbewerbsbehörde als die englische oder die europäische erfolgt. Hat der Bieter keine eigene Klausel für diesen Fall aufgenommen, so kann er nach Rule 35.1 City Code bei einer Überweisung, unabhängig vom Ausgang des Verfahrens, für zwölf Monate kein Übernahmeangebot aufgeben, solange er vom Panel keine Befreiung erhält. Eine solche Befreiung wurde Hoylake bei seinem Übernahmeangebot für BAT im Jahre 1989 erteilt, nachdem die Auswirkungen einer Übernahme auf eine amerikanische Tochtergesellschaft der BAT von den amerikanischen Aufsichtsbehörden überprüft worden war. In diesem Falle wurde vom Panel auch entschieden, dass das Lobbying von Politikern und anderen Personen, von denen BAT einen Einfluss auf den Übernahmeprozess erwartete, nicht als angebotsvereitelnde Massnahme nach GP 7 City Code betrachtet werden könne.[756]

Die Möglichkeiten des Boards der Zielgesellschaft, durch die Einschaltung von Wettbewerbsbehörden eine Übernahme zu verhindern, wird allerdings durch GP 7 City Code eingeschränkt, die fordert, dass das Board der Zielgesellschaft ohne Zustimmung der Generalversammlung keine Massnahmen ergreifen darf, die ein Bona-fide-Übernahmeangebot vereiteln könnten. Auch wenn eine Informationsweitergabe an eine Wettbewerbsbehörde mit dem Ziel, eine Überweisung des Angebotes

---

[753] Vgl. Stedman, G., Takeovers, 1993, S. 300 und 435.

[754] Nach Rule 21 Note 2 bedeutet „Assets" in diesem Zusammenhang Anlagevermögen plus Umlaufvermögen minus kurzfristige Verbindlichkeiten.

[755] Vgl. Freshwater, T. / Boardman, N., Restrictions, 1995, S. 66; Herrmann, M., Abwehrmassnahmen, 1993, S. 235; Stedman, G., Takeovers, 1993, S. 403.

[756] Vgl. Freshwater, T. / Boardman, N. Restrictions, 1995, S. 67; Harvey, N., Conduct, 1995, S. 148; Herrmann, M., Abwehrmassnahmen, 1993, S. 239 f.; Pearson, C., Offers, 1995, S. 94 f.; Stedman, G., Takeovers, 1993, S. 409.

an die Wettbewerbsbehörden zu erreichen, als legitim angesehen wird, besteht trotzdem immer ein Risiko, dass die Anrufung der Wettbewerbsbehörde in Konflikt mit GP 7 kommt.[757]

In der **Schweiz** hat die Einschaltung von Wettbewerbsbehörden als Abwehrmassnahme eine geringere Bedeutung als in England, da die Meldung des Zusammenschlusses - im Gegensatz zu der Situation in England - obligatorisch ist, wenn der Jahresumsatz der beteiligten Unternehmen 2 Mrd. Fr. weltweit oder 500 Mio. Fr. in der Schweiz sowie der inländische Umsatz von zwei der beteiligten Unternehmen je 100 Mio. Fr. beträgt.[758] Dabei müssen die betroffenen Unternehmen vor Vollzug des Zusammenschlusses diesen nach Art. 32 und 35 revKG selbst melden. Ferner muss auch ein Übernahmeangebot, das unter dem BEHG abgegeben wird, keine Klausel enthalten, dass es verfällt, sollte eine Überweisung an die nationalen Wettbewerbsbehörden oder die EU-Kommission erfolgen. Eine solche Bedingung ist - im Gegensatz zu den Vorschriften des City Code - unter dem BEHG freiwillig. Aus diesem Grund können Übernahmen, bei denen die Kriterien für eine Meldung nicht erfüllt sind, ohne Probleme durchgeführt werden. Dann besteht allerdings stets die Gefahr, dass der Zusammenschluss der Unternehmen im nachhinein untersagt wird oder den zusammengeschlossenen Unternehmen im nachhinein Bedingungen auferlegt werden.[759]

Da in der Schweiz keine obligatorische Klausel, dass das Übernahmeangebot bei Überweisung an eine Wettbewerbsbehörde verfällt, vorgesehen werden muss und die Meldung für Unternehmenszusammenschlüsse erst ab einer bestimmten Grösse obligatorisch ist, können Übernahmen, bei denen die Kriterien für eine Meldung nicht erfüllt sind, ohne die Gefahr durchgeführt werden, dass sie durch eine Einschaltung der Wettbewerbsbehörden verhindert werden. Zudem sind die Kriterien für die Meldung für eine kleine Volkswirtschaft wie die Schweiz einigermassen hoch angesetzt, so dass nur die wenigsten Übernahmen eine obligatorische Meldung erforderlich machen. Damit bleibt dem Management der Zielgesellschaft, das eine Übernahme abzuwehren versucht, lediglich die Möglichkeit, zu beweisen, dass der Zusammenschluss eine marktbeherrschende Stellung, durch die wirksamer Wettbewerb[760] beseitigt werden kann, begründet oder verstärkt und keine Verbesserung der Wettbewerbsverhältnisse in einem anderen Markt bewirkt, welche die Nachteile der marktbeherrschenden Stellung überwiegt. Treffen diese Bedingungen zu, so kann der Zusammenschluss durch die Wettbewerbskommission nach Art. 10 revKG untersagt werden. Da jedoch in den seltensten Fällen „wirksamer Wettbewerb“ beseitigt wird,

---

757 Vgl. Herrmann, M., Abwehrmassnahmen, 1993, S. 238 und 242; Stedman, G., Takeovers, 1993, S. 508.

758 Art. 9 revKG.

759 Vgl. Stoffel, W. A., Kartellrecht, 1996, S. 115 f.

760 Wirksamer Wettbewerb liegt nach Art. 12 Abs. 2 Preisüberwachungsgesetz (PüG) dann vor, wenn die Abnehmer die Möglichkeit haben, ohne erheblichen Aufwand auf vergleichbare Angebote auszuweichen (vgl. Stoffel, W. A., Kartellrecht, 1996, S. 112).

kann die Einschaltung von Wettbewerbsbehörden in der Schweiz nicht als Abwehrmassnahme betrachtet werden, zumal der wichtigste Vorteil - der Zeitgewinn für die Zielgesellschaft - in der Schweiz nicht erreicht wird. Aus diesem Grund besteht auch für die Aktionäre in der Schweiz ein minimales Risiko, dass eine von ihnen erwünschte Übernahme verhindert wird. Sollte dies allerdings der Fall sein, so haben sie keinen Einfluss auf diese Abwehrmassnahme, da eine Zustimmung der GV nicht erforderlich ist.
Insgesamt wird die Einschaltung von Wettbewerbsbehörden in der Schweiz unter dem neuen Kartellgesetz keinen so hohen Stellenwert wie in England erlangen, da in der Schweiz - im Gegensatz zu England - die Meldung von Unternehmenszusammenschlüssen ab einer bestimmten Grösse obligatorisch ist, das Übernahmeangebot aber bei einer Überweisung an die Wettbewerbskommission nicht zwangsläufig verfällt.

4.4.3 Defensiver Kauf oder Verkauf von Vermögenswerten

Durch eine Veränderung der Vermögensstruktur der Zielgesellschaft kann das Management versuchen, das Unternehmen für einen Bieter unattraktiv zu machen. Massnahmen, die die Vermögensstruktur verändern, wären beispielsweise der Verkauf von Vermögenswerten, die für den Bieter attraktiv sind, (Crown Jewels Option) oder der Kauf von unattraktiven Vermögenswerten (Fat-Man-Strategy).[761]
Bei einem defensiven Kauf oder Verkauf wesentlicher Vermögenswerte besteht für die Aktionäre und die Gesellschaft die Gefahr, dass die verkauften Werte zu billig verkauft oder die gekauften Werte zu teuer gekauft werden. Dabei wird die Gesellschaft direkt und der Aktionär indirekt über den Kursverlust seiner Aktien geschädigt. Da das Management in einem solchen Falle gegen seine Treue- und Sorgfaltspflicht verstösst, scheint eine Verantwortlichkeitsklage der Aktionäre, insbesondere wenn das Management im Eigeninteresse und ohne Zustimmung der Generalversammlung handelt, gerechtfertigt.[762]

4.4.3.1 Verkauf der Crown Jewels

Die Crown Jewels oder Kronjuwelen sind das für den Bieter wichtigste und attraktiveste Aktivum der Zielgesellschaft; sie könnten beispielsweise in einer Beteiligung oder in einer Immobilie bestehen. Wird dieses Aktivum nun verkauft oder wird Dritten eine Option auf den Kauf der Crown Jewels eingeräumt, so verliert die gesamte Zielgesellschaft an Attraktivität und kann einen potentiellen Übernehmer damit abwehren, solange die dafür erzielten liquiden Mittel das Unternehmen nicht noch attraktiver machen. Werden die Crown Jewels nicht nur verkauft, sondern sogar

---

[761] Vgl. Ruback, R. S., Takeover, 1988, S. 64.
[762] Vgl. Bär, T., Finanzierung, 1990, S. 113; Watter, R., Unternehmensübernahmen, 1990, S. 363.

liquidiert, so spricht man von Scorched Earth Policy. Diese ist in England und in der Schweiz bisher nicht üblich, unter anderem weil sie mit der Pflicht des Managements, im Gesamtinteresse des Unternehmens zu handeln, kollidiert.[763]

In **England** ist der Kauf oder Verkauf wesentlicher Vermögensteile nicht im CA 1985 geregelt. Damit stellt sich allein die Frage, ob dem Management grundsätzlich die Kompetenz übertragen wird, wesentliche Vermögensteile zu kaufen oder zu verkaufen. Die Befugnis zu solchen Transaktionen hängt vornehmlich von der Ausgestaltung der Articles ab. Dabei kann davon ausgegangen werden, dass die Directors die entsprechenden Kompetenzen zum Kauf und Verkauf besitzen, solange die Gesellschaftssatzung nichts Gegenteiliges vorsieht. Beruhen die Articles auf dem standardisierten Table A Companies Regulations Act 1985, so kann die Befugnis zum Kauf oder Verkauf wesentlicher Vermögensteile von den allgemeinen Geschäftsführungsaufgaben, die in Art. 70 Table A festgelegt werden, abgeleitet werden.[764]

Solange die Directors ihre Befugnisse zum Kauf oder Verkauf wesentlicher Vermögensteile aus den Articles herleiten können, verstossen sie nicht gegen Mitgliedschaftsrechte einzelner oder sämtlicher Aktionäre der Zielgesellschaft. Ein Einschreiten der Aktionäre gegen solche Massnahmen wäre vor einem Übernahmeangebot nicht möglich, es sei denn, die Directors würden gegen ihre Treue- und Sorgfaltspflichten gegenüber der Gesellschaft verstossen und nicht im Gesamtinteresse des Unternehmens handeln. Eine Zustimmung der Aktionäre ist nur dann erforderlich, wenn der Kauf oder Verkauf zu einer anderen Zweckbestimmung der Gesellschaft führt.[765]

Liegen allerdings Anzeichen für das unmittelbare Bevorstehen eines ernsthaften Übernahmeangebotes vor oder wurde ein Übernahmeangebot unterbreitet, so ist es den Directors gemäss Rule 21 (d) City Code nicht mehr erlaubt, ohne Zustimmung der Generalversammlung wesentliche Vermögensteile zu kaufen, zu verkaufen, einem Dritten eine Option auf sie einzuräumen oder an eine neu gegründete Gesellschaft zu übertragen. Hat sich die Zielgesellschaft schon vor dem Zeitpunkt, ab dem Rule 21 City Code in Kraft tritt, zu der entsprechenden Vermögensübertragung vertraglich verpflichtet, so kann sie diese ohne Zustimmung der Hauptversammlung erfüllen.[766]

Bei der Anwendung von Rule 21 City Code ist es entscheidend, welche Transaktionen als wesentlich angesehen werden. Kriterien hierfür sind nach Note 2 zu Rule 21

---

[763] Vgl. Assmann et al., H.-D., Übernahmeangebote, 1990, S. 141; Bär, T., Finanzierung, 1990, S. 113; Boemle, M., Unternehmungsfinanzierung, 1993, S. 474; Knoll, H.-C., Übernahmen, 1992, S. 234; Spearing, N. et al., Hostile Takeovers, 1990, S. 72.

[764] Vgl. Herrmann, M., Abwehrmassnahmen, 1993, S. 195; Knoll, H.-C., Übernahmen, 1992, S. 234.

[765] Vgl. Herrmann, M., Abwehrmassnahmen, 1993, S. 264; Knoll, H.-C., Übernahmen, 1992, S. 339.

[766] Vgl. Herrmann, M., Abwehrmassnahmen, 1993, S. 195.

City Code der Wert des Vermögensgegenstandes im Vergleich zum Gesamtwert des Unternehmens, die Gegenleistung für den Vermögensgegenstand sowie die mit dem Vermögensgegenstand zu erzielenden Gewinne im Vergleich zum Gesamtgewinn des Unternehmens. Liegen die so errechneten relativen Zahlen über 10 Prozent, so geht der Panel von der Wesentlichkeit des Vermögensgegenstandes aus, liegt er unter 10 Prozent, so ist er nur dann wesentlich, wenn er eine besondere Bedeutung für die betreffende Zielgesellschaft hat. Der Panel kann zudem mehrere Transaktionen, die allein nicht wesentlich sind, aggregieren und als wesentlich betrachten.[767]

In der **Schweiz** ist das bekannteste Anwendungsbeispiel einer Crown Jewels Option der Verkauf der Fiberweb Group durch die Holvis an die BBA im Jahre 1995. Dieser Verkauf, der auch als Lock-up-Vertrag bezeichnet wurde, sollte im Falle, dass BBA weniger als 50,1 Prozent der Holvis-Aktien erhält oder falls ein Dritter ein höheres Angebot unterbreitet, vonstatten gehen. Die BBA sollte den attraktiven Vliessstoffbereich sogar bei Scheitern ihres Übernahmeangebotes erhalten. Trotz der vehementen Proteste seitens der IP, die bis zu Gerichtsklagen reichten (siehe 4.4.2.1), und trotz der fehlenden Zustimmung der Generalversammlung konnte unter dem alten Übernahmekodex dieser Vertrag nicht angefochten werden. Aufgrund dieses Schachzuges gewann BBA letztendlich den Übernahmekampf.[768]

Unter dem neuen BEHG ist ein Verkauf der Crown Jewels ohne Zustimmung der Generalversammlung nicht mehr möglich. Nach Art. 35 Abs. 2 lit. a V-UEK ist es dem Verwaltungsrat ohne Zustimmung der Generalversammlung untersagt, Betriebsteile mit einem Wert oder zu einem Preis von mehr als 10 Prozent der Bilanzsumme zu kaufen oder zu verkaufen. Eine Aggregierung von mehreren kleinen Transaktionen ist im Gegensatz zum City Code nicht explizit vorgesehen, wodurch Umgehungsmöglichkeiten für das Management entstehen könnten. Ausserdem ist der Verkauf oder die Belastung von Betriebsteilen oder von immateriellen Werten, die zum Hauptgegenstand der Offerte zählen und vom Bieter als solcher bezeichnet werden, ohne Zustimmung der Generalversammlung verboten.

Auch wenn der Verkauf der Crown Jewels während eines Übernahmeangebotes ohne Zustimmung der Generalversammlung verboten ist, so kann doch der Verwaltungsrat sich eine Crown Jewels Option für den Fall einer Übernahme vor der Veröffentlichung eines Übernahmeangebotes durch die Generalversammlung absegnen lassen und bei Veröffentlichung eines Übernahmeangebotes durchführen. Dies steht wiederum im Gegensatz zum englischen City Code, der nur im Falle einer vertraglichen Vereinbarung einen solchen Verkauf zulassen würde.[769]

Insgesamt ist es sowohl in der Schweiz als auch in England nicht mehr möglich, nach Veröffentlichung eines Übernahmeangebotes (oder - in England - falls sichere

---

767 Vgl. Knoll, H.-C., Übernahmen, 1992, S. 235; Stedman, G., Takeovers, 1993, S. 401 f.

768 Vgl. Gruber, M., Pflicht, 1996, S. 15; Meier-Schatz, C. J., Regulierungskommission, 1995, S. 190; o.V., Holvis, 1995, S. 21.

769 Vgl. Böckli, P., Aktienrecht, 1996, S. 882.

Anzeichen bestehen, dass ein solches bevorsteht) wichtige Vermögenswerte zu verkaufen. Wird ein Verkauf allerdings in England vor Eintreten von Rule 21 City Code vertraglich oder in der Schweiz durch einen Beschluss der Generalversammlung festgelegt, so ist eine Crown Jewels Option denkbar. Allerdings sind die Vorschriften in England um einiges strenger, da dort der Verkauf auch dann Gültigkeit hat, wenn gar kein Übernahmeangebot erfolgt, während in der Schweiz der gezielte Einsatz einer Crown Jewels Option im Falle eines Übernahmeangebotes und mit vorheriger Zustimmung der Generalversammlung möglich ist. Für beide Länder gilt allerdings, dass bei einer Zweckänderung der Gesellschaft infolge des Verkaufes die Aktionäre der Statutenänderung zuzustimmen haben, wodurch der Spielraum des Managements in der Schweiz wenigstens etwas eingeengt wird. Es wäre lediglich hinzuzufügen, dass im Falle der Schweiz ein Zustimmungserfordernis der Aktionäre bei einer konkreten Übernahme eingeführt werden sollte.

4.4.3.2 Fat-Man-Strategy

Eine Umkehrung der Crown-Jewels-Strategy ist die Fat-Man-Strategy, die allerdings "wenig rühmlich"[770] ist. Dabei werden unattraktive Vermögensteile hinzugekauft, um den Bieter abzuschrecken. Mit diesen unattraktiven Vermögensteilen kann beispielsweise die Verschuldung erhöht oder die Liquidität gesenkt werden. Das Problem besteht allerdings darin, dass diese Abwehrmassnahme auf Kosten der Aktionäre geht, da der innere Wert ihrer Anteile stark sinken kann.[771] "Solche Selbstmordstrategien sind auch kaum mehr mit der Pflicht der Geschäftsleitung, das Wohl ihrer Aktionäre zu vertreten, vereinbar. Deshalb dürfen solche Massnahmen auch keinen Platz im Repertoire eines verantwortungsvollen Managers haben."[772]

In **England** sind die Vorschriften zum Kauf von Vermögensgegenständen zu denen des Verkaufs von Vermögensgegenständen äquivalent: der Kauf von Vermögensgegenständen ist ohne Zustimmung der GV solange erlaubt, wie er durch die Satzung gedeckt wird und Rule 21 City Code noch nicht angewendet werden muss. Allerdings ist der Kauf von Vermögenswerten, mit dem absichtlich die Gesellschaft geschädigt werden soll, wie dies bei der Fat-Man-Strategie beabsichtigt wird, verboten. Die Directors könnten auf einen Verstoss gegen ihre Treue- und Sorgfaltspflichten verklagt werden.

Auch in der **Schweiz** sind die Vorschriften des OR und des BEHG zum Verkauf wichtiger Vermögenswerte zu denen des Kaufes äquivalent. Auch hier ist es dem Verwaltungsrat verboten, Handlungen, mit denen die Gesellschaft absichtlich geschädigt wird, auszuführen. Bei Verstoss könnte der Verwaltungsrat aufgrund

---

[770] Boemle, M., Unternehmungsfinanzierung, 1993, S. 474.

[771] Vgl. Boemle, M., Unternehmungsfinanzierung, 1993, S. 474; Schade, M., Internationalisierung, 1990, S. 33.

[772] Schade, M., Internationalisierung, 1990, S. 33.

einer Verletzung der Treue- und Sorgfaltspflichten mit einer Verantwortlichkeitsklage zur Rechenschaft gezogen werden.
Damit ist ein Kauf von Vermögensteilen im Sinne der Fat-Man-Strategy in England und der Schweiz weder vor noch nach einem Übernahmeangebot möglich.

4.4.4 Pac-Man-Abwehr

Bei der Pac-Man-Abwehr geht die Zielgesellschaft von der Verteidigung zum Angriff über, indem sie selbst ein Übernahmeangebot für die Bietergesellschaft lanciert. Ziel ist es, den unerwünschten Bieter zu kontrollieren, bevor dieser die Kontrolle über die Zielgesellschaft erlangt. Das klassische Beispiel für eine Pac-Man-Abwehr ist der Kampf zwischen den amerikanischen Gesellschaften Martin Marietta und Bendix im Jahre 1982, bei dem die beiden Unternehmen so viele Titel des jeweils anderen Unternehmens erworben hatten, dass sie schliesslich paralysiert waren. Schliesslich wurde der Angreifer von der Allied Corporation übernommen.[773]
Auch wenn die Pac-Man-Abwehr in den USA eingesetzt wird, so ist sie in England und der Schweiz nach Wissen des Autors bisher noch nie eingesetzt worden. Nach Angaben von Bär[774] hat lediglich die amerikanische Sterling Drug Inc. die Pac-Man-Abwehr erwogen, um das unfreundliche Übernahmeangebot der Hoffmann-La Roche im Jahre 1988 abzuwehren. Sie kam nicht zum Einsatz, da sie sowieso am fest verankerten Familienbesitz des Schweizer Unternehmens gescheitert wäre. Da solche Familiengesellschaften in der Schweiz weit verbreitet sind, ist auch nicht zu erwarten, dass die Pac-Man-Abwehr für die Schweiz eine Bedeutung erhält.[775]
Bei der Pac-Man-Abwehr besteht zudem immer die Gefahr, dass Ressourcen der Unternehmen verschwendet werden. Aus diesem Grund ist es auch zweifelhaft, ob die Pac-Man-Abwehr als zulässige Abwehrmassnahme angesehen werden kann, da sie in der Regel gegen das Interesse der Gesellschaft verstossen wird. Dies macht auch einen Einsatz der Pac-Man-Abwehr in England oder der Schweiz äusserst unwahrscheinlich, zumal die Pac-Man-Abwehr von den jeweiligen Übernahmevorschriften erfasst werden könnte. So ist es in England ausgesprochen wahrscheinlich, dass der Panel diese Abwehrmassnahme unter GP 7 und Rule 21 City Code als angebotsvereitelnde Massnahme erfasst. Auch in der Schweiz könnte die Pac-Man-Abwehr unter das Verbot des Kaufs von wichtigen Vermögensteilen (siehe 4.4.3) fallen. Ohne Zustimmung der Aktionäre wäre demnach die Pac-Man-Abwehr nicht möglich.[776]

---

[773] Vgl. Assmann et al., H.-D., Übernahmeangebote, 1990, S. 145; Caytas, I. G. / Mahari, J. I., Investment Banking, 1988, S. 247; Cooke, T. E., Acquistions, 1986, S. 239; Schade, M., Internationalisierung, 1990, S. 34.
[774] Bär, T., Finanzierung, 1990, S. 114.
[775] Vgl. Bär., T., Finanzierung, 1990, S. 114.
[776] Vgl. Cooke, T. E., Acquistions, 1986, S. 240; Watter, R., Unternehmensübernahmen, 1990, S. 364.

Gegen die Pac-Man-Abwehr spricht auch die Tatsache, dass die Zielgesellschaft dann auf die Anrufung der Wettbewerbsbehörden verzichten muss, da sie ja stillschweigend akzeptiert, dass ein Zusammenschluss unbedenklich ist. Damit würde sich die Zielgesellschaft besonders in England eines der effizientesten Abwehrmittel entledigen.[777]

4.4.5 Pressekampagnen

Eine sowohl in England als auch in der Schweiz ausgesprochen übliche Abwehrmassnahme sind Pressekampagnen, in denen das Management der Zielgesellschaft Einfluss auf die Aktionäre zu nehmen versucht. Dabei kann es beispielsweise die Managementfähigkeiten des Bieters anzweifeln, seine eigenen Fähigkeiten und Leistungen hervorheben, die Auszahlung einer Dividende ankündigen oder die Angemessenheit des Übernahmepreises unter Hinweis auf zu erwartende Gewinne oder unterbewertete Aktiva anzweifeln. Im letzteren Fall kann allerdings dem Management vorgeworfen werden, dass es nicht effizient gearbeitet habe, da es einen Aktienpreis als unangemessen betrachte, der bereits über dem Börsenkurs liege. Ebenso könnten seine Argumente schnell dadurch entkräftet werden, dass der Bieter sein Angebot erhöht. Für die Aktionäre kann allerdings eine Diskussion um die Angemessenheit des Übernahmeangebotes, vorausgesetzt, dass die Informationen wahr und vollständig sind, nur von Vorteil sein.[778]

Einige bekannte Beispiele von Pressekampagnen der letzten Jahre sind der Übernahmekampf zwischen Granada und Forte anfangs 1996 und der Übernahmekampf um die Holvis AG im Jahre 1995. Pressekampagnen werden auch im Vorfeld einer ausserordentlichen GV wie bei dem Übernahmekampf zwischen Denner-Chef Karl Schweri und der UTH im Jahre 1987 gerne eingesetzt. Da der Aktionär bei Pressekampagnen natürlich einer sehr einseitigen Sichtweise ausgesetzt ist, aber auf wahre und umfassende Informationen seitens der Ziel- und der Bietergesellschaften angewiesen ist, enthält insbesondere der City Code Vorschriften zu Äusserungen, die das Management der Zielgesellschaft tätigen darf.[779]

In **England** ist eine Einwirkung auf das Verhalten der Aktionäre zulässig, solange die Informationen der Wahrheit entsprechen. Dies entspricht der Zielsetzung des City Code, der eine umfassende Information der Aktionäre der Zielgesellschaft beabsichtigt. Im Rahmen einer Pressekampagne gibt es zahlreiche Einschränkungen. So enthalten Rule 28 und 29 City Code Vorschriften zu Gewinnvorhersagen und zur Bewertung von Vermögensgegenständen (siehe 3.3.6). Dabei wird als

[777] Vgl. Schade, M., Internationalisierung, 1990, S. 34.

[778] Vgl. Knoll, H.-C., Übernahmen, 1992, S. 237; Maeijer, J. M. M. / Geens, K., Defensive Measures, 1990, S. 224; Morgan, B., Forecast, 1995, S. 163; Stedman, G., Takeovers, 1993, S. 407.

[779] Vgl. Steinmann, M., Abwehrmassnahmen, 1989, S. 33.

Gewinnvorhersage jede Schätzung der finanziellen Resultate der letzten Rechnungsperiode (falls diese noch nicht geprüft wurde), der laufenden oder der zukünftigen Rechnungsperiode betrachtet. Da sowohl die Gewinnvorhersage als auch die Bewertung von Vermögensgegenständen durch einen unabhängigen Gutachter geprüft werden muss, ist der Spielraum des Managements, ein Übernahmeangebot aufgrund einer Unterbewertung von Aktiven oder von zu erwartenden Gewinnen als unangemessen zu beurteilen, stark eingeschränkt.[780]
Nichtsdestotrotz sind gerade Gewinnvorhersagen ein beliebtes Abwehrmittel. So kündigte White Ward während der Laufzeit des Übernahmeangebotes von Boots im Juli 1989 eine Erhöhung der Zwischengewinne vor Steuern für das vorhergehende Jahr an. Auch Red Funnel kündigte während des Übernahmeangebotes von Sally Holdings im Jahre 1989 eine Steigerung der Zwischengewinne vor Steuern um 14 Prozent an und sagte eine weitere Steigerung von 13 Prozent für das nächste Jahr voraus.[781]
Ein weiteres beliebtes Mittel ist die Ankündigung einer Dividende, die in der Regel den Kurs der betroffenen Aktien steigert. So kündigte Consolidated Gold Fields bei dem Übernahmekampf mit Minorco im Jahre 1989 eine Zusatzdividende an, falls ein Gewinn pro Aktie von £ 4 in den nächsten drei Jahren nicht erreicht werde. Eine traditionellere Form der Dividendenankündigung erfolgte von White Ward, das als Antwort auf das Übernahmeangebot von Boots eine Steigerung der Zwischendividende von 20 Prozent ankündigte. Auch bei dem Übernahmekampf zwischen Forte und Granada versprach Forte eine Dividendensteigerung von jeweils mindestens 20 Prozent über die nächsten drei Jahre hinweg.[782]
Da die Entscheidungskompetenz in bezug auf Dividendenausschüttungen nicht im Companies Act geregelt ist, hängt es von der Ausgestaltung der Satzung ab, ob das Board oder die Aktionäre entscheiden dürfen. Enthält sie keine Vorschriften zu Dividendenbeschlüssen, so fällt die Festsetzung der Dividende unter die allgemeine Befugnis des Managements. In englischen Gesellschaften wird aber üblicherweise die Festsetzung der Jahresdividende der Generalversammlung zugesprochen, während das Management die Möglichkeit für zusätzliche Zwischendividenden eingeräumt bekommt. Bei einer solchen Ausgestaltung der Statuten kann das Management die Ankündigung einer Zwischendividende selbst vornehmen. Dabei kann es nach s. 264 (1) CA 1985 maximal die Differenz zwischen dem Nettovermögen der Zielgesellschaft und dem eingezahlten Gesell-

---

[780] Vgl. Knoll, H.-C., Übernahmen, 1992, S. 237; Morgan, B., Forecast, 1995, S. 163; Stedman, G., Takeovers, 1993, S. 409.
[781] Vgl. Jenkinson, T. / Mayer, C., Takeovers, 1994, S. 30.
[782] Vgl. Herrmann, M., Abwehrmassnahmen, 1993, S. 216; Jenkinson, T. / Mayer, C., Takeovers, 1994, S. 30 f.; Knoll, H.-C., Übernahmen, 1992, S. 235; o.V., Forte, 1996, S. 21.

schaftskapital zuzüglich der nicht ausschüttbaren Rücklagen als Dividende ausschütten.[783]

Werden während des für GP 7 und Rule 21 City Code relevanten Zeitraumes Zwischendividenden angekündigt oder ausgeschüttet, die wesentlich von der bisherigen Dividendenpolitk der Zielgesellschaft abweichen, so können sie vom Panel als angebotsvereitelnde Massnahmen aufgefasst werden. Damit bedürfen sie der Zustimmung der Generalversammlung. Bei der Abwägung, ob eine Dividende als angebotsvereitelnd betrachtet werden kann, prüft der Panel, ob sich die Dividendenausschüttung an wirtschaftlichen Erfolgen messen lässt. Bei der Ankündigung einer Dividendenausschüttung ist auch zu beachten, dass nach Rule 28.6 (f) City Code eine Überprüfung durch unabhängige Wirtschaftsprüfer erforderlich ist, sobald sie mit einer Gewinnvorhersage verknüpft ist.[784]

Neben diesen Vorschriften sind auch die Vorschriften zu Interviews im Radio oder Fernsehen nach Rule 19.6 City Code zu beachten. In dieser Rule wird allen beteiligten Parteien vorgeschrieben, dass sie die Veröffentlichung von neuen Informationen in Interviews zu vermeiden haben und dass vor dem Interview die Regeln, nach denen das Interview geführt wird, festgelegt werden sollen.[785]

In der **Schweiz** sind die Vorschriften zu den Informationen, die die Zielgesellschaft im Rahmen einer Pressekampagne herausgeben kann, sehr viel schwächer. So ist sicherlich zu erwarten, dass der Verwaltungsrat wahre und vollständige Informationen abgibt. Ansonsten könnte ihm eventuell Kursmanipulation vorgeworfen werden. Im Gegensatz zu England existieren in der Schweiz aber keine speziell übernahmerelevanten Vorschriften zu Gewinnvorhersagen, zur Bewertung von Vermögensteilen oder zur Ankündigung von Dividenden. Im Gegensatz zu England ist aber auch die Ausschüttung einer Zwischendividende in der Schweiz nicht möglich. Zudem liegt die Verwendung des Reingewinnes ausschliesslich in der Entscheidungskomptenz der Generalversammlung. Im Falle der Pressekampagnen wird wohl aufgrund der fehlenden Behandlung im BEHG die Praxis der Übernahmekommission und der EBK abzuwarten bleiben.

4.5 Zusammenfassung

Auch wenn in der Schweiz die Möglichkeiten des Verwaltungsrates, Abwehrmassnahmen während eines Übernahmeangebotes zu ergreifen, durch das BEHG erheblich eingeschränkt werden, so ist doch eine Umgehung von Art. 29 Abs. 2 BEHG in der Schweiz sehr viel leichter als eine Umgehung der entsprechenden Vorschriften des City Code in England. Zum einen tritt in der Schweiz das

---

[783] Vgl. Herrmann, M., Abwehrmassnahmen, 1993, S. 217; Knoll, H.-C. Übernahmen, 1992, S. 236.

[784] Vgl. Herrmann, M., Abwehrmassnahmen, 1993, S. 216 f.; Knoll, H.-C. Übernahmen, 1992, S. 236; Stedman, G., Takeovers, 1993, S. 409.

[785] Vgl. Harvey, N., Conduct, 1995, S. 142 f.

Verbot erst dann in Kraft, wenn ein Übernahmeangebot veröffentlicht wurde und nicht wie in England bereits bei sicheren Anzeichen, dass ein solches bevorsteht, und zum anderen kann sich der Verwaltungsrat Abwehrmassnahmen vor einem Übernahmeangebot von der Generalversammlung absegnen lassen. Verstossen diese Abwehrmassnahmen nicht gegen das Gesellschaftsrecht, so bedürfen sie bei ihrem Einsatz während eines konkreten Übernahmeangebotes keiner weiteren Zustimmung der Generalversammlung. Deswegen müssen sich die Aktionäre bei der vorherigen Zustimmung zu Abwehrmassnahmen stets der Gefahr, dass diese Situation durch den Verwaltungsrat zur Verfolgung von Eigeninteressen ausgenutzt werden kann, bewusst sein, zumal bei einem Verstoss des Verwaltungsrates gegen Art. 29 Abs. 2 BEHG keine expliziten Sanktionen vorgesehen sind. Vielmehr muss sich die Übernahmekommission auf die Veröffentlichung von Empfehlungen beschränken. Erst bei der Missachtung der Empfehlung kann sie dies der EBK melden, die dann ein Verwaltungsverfahren eröffnen kann.
Trotz dieser Einwände sind die Verbesserungen in bezug auf die Stellung des Aktionärs bei Übernahmen erheblich. Dies gilt besonders im Vergleich zum alten Übernahmekodex, der dem Verwaltungsrat sämtliche Abwehrmassnahmen gestattete, die unter dem Obligationenrecht möglich sind. Will unter dem BEHG ein Verwaltungsrat einen von ihm unerwünschten Bieter ohne Zustimmung der Aktionäre bekämpfen, so verbleiben ihm in erster Linie Gerichtsklagen und Beschwerden, die Einschaltung von Wettbewerbsbehörden, Pressekampagnen und die Suche nach einem White Knight. Gerade die Suche nach einem White Knight kann aber aufgrund der zu erwartenden Auktion für die Aktionäre nur vorteilhaft sein.
Auch wenn damit im Bereich der Abwehrmassnahmen, die während eines Übernahmeangebotes ergriffen werden können, eine weitgehende Angleichung an die Situation in England erfolgte, so ist doch im Bereich der präventiven Abwehrmassnahmen keine Verbesserung erfolgt, da Vinkulierung, Stimmrechtsbeschränkungen und Stimmrechtsaktien weiterhin erlaubt sind. Allerdings ist auch eine solche Regelung im Rahmen von Übernahmeregeln nicht möglich, da beispielsweise bei einem Verbot jeglicher präventiver Abwehrmassnahmen, eine Wertung, ob Übernahmen erwünscht sind oder nicht, erfolgen würde. Dieses ist gerade nicht das Ziel des BEHG, das den Schutz des Anlegers mittels vermehrter Transparenz und der Gleichbehandlung der Anleger bezweckt und die Funktionsfähigkeit der Effektenmärkte gewährleisten will.
Im Zusammenhang mit präventiven Abwehrmassnahmen werden die Mentalitätsunterschiede zwischen England und der Schweiz wohl weiterhin deutlich sichtbar sein. So sind in England Abwehrmassnahmen traditionellerweise verpönt, während in der Schweiz noch heute erhebliche präventive Abwehrmassnahmen bestehen. Dies resultiert wohl auch daraus, dass in der Schweiz - mit Ausnahme des Aktionärs oder der Aktionärsgruppe, die in einer Familiengesellschaft die Mehrheit innehat - die Aktionäre bisher nur als eine von vielen Anspruchsgruppen

betrachtet wurden. Zudem hatte die angelsächsische Auffassung, dass die Kontrolle des Managements auch durch unfreundliche Übernahmen erfolgen könne, bisher keinen Platz in der schweizerischen Welt.

Der Entscheid über präventive Abwehrmassnahmen liegt allerdings auch in der Schweiz letztendlich bei den Aktionären. Sind sie allerdings einmal eingeführt, so kann sich ihre Abschaffung, insbesondere bei Vorhandensein von Stimmrechtsaktien, Stimmrechtsbeschränkungen oder Quoren, als ausgesprochen beschwerlich erweisen. Um den Einfluss des Aktionärs bei Übernahmen, die vom Management als unfreundlich betrachtet werden, von ihm aber erwünscht sind, zu stärken, wäre allerdings die Einführung einer Klausel, dass sämtliche präventive Abwehrmassnahmen hinfällig werden, sobald sich 50 Prozent der Stimmrechte für ihre Abschaffung aussprechen, zu fordern. Damit könnte sich ein Unternehmen zwar allgemein vor Übernahmen schützen, wäre aber im Einzelfall gezwungen, den Willen der Mehrheit zu beachten. Insbesondere Unternehmen, die beispielsweise die Einführung der Vinkulierung oder von Stimmrechtsaktien noch unter dem alten Aktienrecht mit dem absoluten Mehr eingeführt hatten, wären dann nicht mehr gegen Übernahmen immun.[786]

---

[786] Vgl. Tschäni, R., Übernahmeangebote, 1994, S. 313.

5. Fazit

In der Schweiz werden mit der Einführung des Bundesgesetzes über die Börsen und den Effektenhandel (BEHG) erstmals Übernahmen einer gesetzlichen Regelung unterstellt. Auch wenn sich die Vorschriften des BEHG dabei an den englischen City Code anlehnen, sind sie doch insgesamt schwächer und weniger detailliert als die englischen Regeln. Dies resultiert zum Teil daraus, dass der schweizerische Gesetzgeber mit dem BEHG Neuland betritt, während in England der City Code bereits seit 1968 existiert und immer weiter verfeinert werden konnte. Aus diesem Grund kann und sollte wohl auch vieles, was bisher noch nicht im BEHG geregelt wurde, erst nach einer gewissen Praxiserfahrung geregelt werden.

Die schwächere Regulierung von Übernahmen resultiert aber auch aus den frappierenden historischen, mentalen und strukturellen Unterschieden zwischen den beiden Ländern. So ist in der Schweiz die Familiengesellschaft, die von einem Aktionär oder einer Gruppe von Aktionären beherrscht wird, weit verbreitet, während in England die Publikumsgesellschaft vorherrscht. In den schweizerischen Unternehmen, die keine Familiengesellschaften sind, übt zumeist das Management eine uneingeschränkte Kontrolle aus, während in England die Kontrolle in hohem Masse von Aktionären, insbesondere von den mächtigen institutionellen Investoren, ausgeübt wird. Da zudem in England Übernahmen als ein Kontrollmechanismus für das Management angesehen werden, werden Übernahmehindernisse kaum eingesetzt, ja sie sind sogar verpönt. In der Schweiz hingegen verschanzt sich das Management - unbeeindruckt von Ansprüchen anderer Interessengruppen - immer noch hinter Abwehrmassnahmen wie der Vinkulierung oder den Stimmrechtsaktien. Es kann nur zu hoffen sein, dass sich die institutionellen Anleger in der Schweiz, die auch dort in den letzten Jahren erheblich an Gewicht gewonnen haben, auf ihre Möglichkeiten besinnen, zugunsten der Aktionäre und ungeachtet personeller Verflechtungen in der Schweizer Wirtschaft Einfluss auszuüben. Dies wäre auch sicherlich nicht ihrem obersten Ziel der gewinnbringenden Anlage abträglich.

Die historischen und mentalen Unterschiede in England und der Schweiz führen dazu, dass in der Konzeption der Übernahmeregeln ein grundsätzlich unterschiedlicher Ansatz zu beobachten ist. Dies ist besonders bei der Stellung des Aktionärs bei Übernahmen zu beobachten, der sowohl im BEHG als auch im City Code im Mittelpunkt steht. So müssen in England alle Aktionäre nach dem Grundsatz der absoluten Gleichbehandlung behandelt werden. Dieser Grundsatz verhindert beispielsweise die Bezahlung von Paketzuschlägen, die in der Schweiz - aus Rücksicht auf die Familiengesellschaften - in einem begrenzten Ausmasse möglich sind. Damit gilt für die Schweiz lediglich der Grundsatz der relativen Gleichbehandlung. Auch beim Opting-out zeigt sich deutlich, dass den Ansprüchen der Familiengesellschaften in der Schweiz Rechnung getragen wurde: so bleibt es den Gesellschaften selbst überlassen, sich der Unterstellung unter die

Aufkaufpflicht zu entziehen. Eine solche Möglichkeit zum Opting-out oder -up gibt es in England nicht.

Die Stellung des Publikumsaktionärs wird in der Schweiz auch dadurch geschwächt, dass sich der Verwaltungsrat durch einen Generalversammlungsbeschluss im voraus Abwehrmassnahmen, die nach Veröffentlichung eines Übernahmeangebotes ohne Zustimmung der Aktionäre verboten wären, genehmigen lassen kann, ohne dass die Aktionäre bei dem effektiven Einsatz der Abwehrmassnahmen noch einmal abstimmen könnten. Demgegenüber können in England nur Abwehrmassnahmen eingesetzt werden, zu denen eine vertragliche Vereinbarung vorliegt. Trotz dieser Schwäche des BEHG muss auch bei diesem Punkt darauf hingewiesen werden, dass im Vergleich zum alten Übernahmekodex eine erhebliche Verbesserung für den Aktionär vorliegt, da der Verwaltungsrat erstmals explizit keine Abwehrmassnahmen während eines Übernahmeangebotes vornehmen darf und zudem noch einen Bericht abgeben muss, in dem er zu dem Angebot Stellung nimmt. Damit verbessert sich auch die Informationssituation des Publikumsaktionärs.

Durch die Berücksichtigung der Interessen von Familiengesellschaften ist die Stellung des Publikumsaktionärs in der Schweiz schwächer als in England. Hingegen ist die Stellung eines Aktionärs, der allein oder in einer Gruppe eine Familiengesellschaft kontrolliert, in der Schweiz stärker ausgestaltet als in England, da er bei entsprechendem Opting-out oder -up und entsprechenden präventiven Abwehrmassnahmen weniger durch die Übernahmevorschriften betroffen ist. Im Gegensatz zu den Übernahmevorschriften kann er sich aber den Offenlegungspflichten des BEHG nicht entziehen.

In bezug auf die Offenlegungspflichten des BEHG kann wohl von einem Quantensprung hinsichtlich der Transparenz gesprochen werden. Bis zur Einführung des BEHG war es ja für einen Aussenstehenden kaum möglich, ein klares Bild von den Beteiligungsverhältnissen in einer Gesellschaft zu erhalten, eine Situation, die in England bereits seit langer Zeit undenkbar ist. Doch auch bei den Offenlegungspflichten wird den schweizerischen Verhältnissen - überflüssigerweise - Rechnung getragen. So ist nicht einzusehen, wieso die Aktionäre keine Informationen über Gehälter und sonstige Bezüge des Managements erhalten sollten. Auch eine explizit vorgeschriebene Publikation der vom Verwaltungrat und der Geschäftsleitung gehaltenen Aktien und Optionen wäre wünschenswert, da die Offenlegungsvorschriften des Kotierungsreglementes in bezug auf Aktien und Optionen des Managements nur für den Zeitpunkt der Emission gelten. Dieses Problem wird dadurch etwas entschärft, dass diese Tatbestände nach den Verordnungen offengelegt werden müssen, wenn sie ein wesentliches Element darstellen, das die Stellungnahme des Verwaltungsrates beeinflusst hat, oder sie Interessenkonflikte bei dem Verwaltungsrat oder der obersten Geschäftsleitung nach sich ziehen.

Auch wenn in der Schweiz eine stärkere Position der Publikumsaktionäre zu wünschen wäre, hätte sie wohl - in Anbetracht der weit verbreiteten Familiengesellschaften - politisch nicht durchgesetzt werden können.[787] Zudem muss hier auch angemerkt werden, dass in England die Position des Publikumsaktionärs vielleicht stärker sein mag als in der Schweiz, es sich aber auch dort für Publikumsaktionäre aufgrund ihres kleinen Aktienpaketes zumeist nicht lohnt, ihre Rechte beispielsweise gerichtlich durchzusetzen. Jedoch profititieren die Publikumsaktionäre in England von der starken Position institutioneller Investoren, da die Interessen dieser beiden Gruppen von Aktionären in ihrem Hauptziel, der gewinnbringenden Anlage, identisch sind. Eine solche Situation wäre auch in der Schweiz wünschenswert. Allerdings könnten sich hier beispielsweise die Vorschriften zum Paketzuschlag für die Publikumsaktionäre als nachteilig erweisen, falls ein institutioneller Investor einen Paketzuschlag für sich beanspruchte.
Während die Übernahmevorschriften des BEHG die Schweiz aufgrund von präventiven Abwehrmassnahmen und Opting-out-Klauseln wohl nicht in ihren Grundfesten erschüttern werden, so ist doch die erhöhte Transparenz aufgrund von Offenlegungs- und Berichtspflichten eine deutliche Verbesserung, die gerade in der Schweiz dringend notwendig gewesen ist. Es muss sich allerdings erst in der Praxis zeigen, ob die hehren Ziele des BEHG (Sicherstellung von Transparenz und Gleichbehandlung der Anleger) erreicht werden können. Eine skeptische Haltung ist insofern gerechtfertigt, als sich die Mentalität in Schweizer Unternehmen erst langsam in die Richtung der angelsächsischen Grundsätze von Offenlegung und Beachtung der Stellung der Aktionäre entwickelt. Eine entscheidende Rolle wird dabei die Durchsetzungskraft der EBK und insbesondere der Übernahmekommission spielen. Sollten sie sich als ähnlich durchsetzungsfähig wie der Panel on Takeovers and Mergers entwickeln und sollten sie vor allem die Sicherstellung von Transparenz und Gleichbehandlung der Anleger (Art. 1 BEHG) konsequent verfolgen, so dürften einige der aufgezählten Schwächen des BEHG korrigiert werden können. Dann könnte auch erwartet werden, dass mehr Aktionäre die verbesserte Transparenz zu einer grösseren Einflussnahme nutzen und wie in den angelsächsischen Ländern Übernahmen als ein Kontrollmittel des Managements einsetzen. Die Voraussetzungen dazu wurden jedenfalls durch das BEHG geschaffen.
Die Tabelle 5 soll die Minimalanforderungen der Aktionäre bei Übernahmen und ihren Erfüllungsgrad in England und der Schweiz tabellarisch zusammenfassen.

---

[787] So hat im Jahre 1996 die in der Neue Zürcher Zeitung heftig geführte Diskussion um den Shareholder Value einmal mehr gezeigt, dass angelsächsische Modelle nicht ohne Probleme in der Schweiz eingeführt werden können.

Tabelle 5: Minimalanforderungen der Aktionäre

Minimalanforderungen	Erfüllungsgrad in England	Erfüllungsgrad in der Schweiz
Gleichbehandlung der Aktionäre	absolute Gleichbehandlung: alle Aktionäre derselben Gattung werden gleichbehandelt	relative Gleichbehandlung: Grossaktionäre können auch innerhalb derselben Gattung bevorzugt werden
Gleicher Angebotspreis für alle	gegeben, soll dem höchsten im letzten Jahr für Aktien derselben Gattung bezahlten Preis entsprechen	begrenzter Paketzuschlag möglich: der Angebotspreis kann bis zu 25% unter dem höchsten Preis liegen, den der Anbieter in den letzten 12 Monaten für Beteiligungspapiere der Zielgesellschaft bezahlt hat.
Gleiche Informationen für alle	gegeben	gegeben
Angebotsprospekt des Bieters und Stellungnahme des Verwaltungsrates	gegeben	gegeben, allerdings bestehen keine Vorschriften zu Gewinnprognosen und zur Bewertung des Vermögens
Einfluss des Aktionärs auf Abwehrmassnahmen	Zustimmung der Generalversammlung notwendig; hoher Einfluss, da institutionelle Investoren mächtig	Zustimmung der Generalversammlung notwendig; geringerer Einfluss als in England, da die institutionellen Investoren noch sehr zurückhaltend agieren
obligatorische Zustimmung der Aktionäre für eine Übernahme	gegeben, präventive Abwehrmassnahmen sind rechtlich möglich, in der Praxis aber verpönt	teilweise gegeben, da häufig präventive Abwehrmassnahmen (insbesondere die Vinkulierung, Quoren und Stimmrechtsbeschränkungen) Übernahmeversuche verhindern
Transparenz der Aktionärsstruktur	die Meldepflichten nach s. 212 CA 1985 sind stärker als in der Schweiz, da eine Meldung bereits bei einem „material interest“ und dann bei jeder Änderung der Prozentzahl vor dem Komma erfolgen muss	die Meldepflichten nach Art. 20 BEHG greifen frühestens bei einem Stimmrechtsanteil von 5% und dann bei 10, 20, 33 $^{1}/_{3}$, 50 und 66 $^{2}/_{3}$ Prozent

Meldung von Transaktionen während eines Übernahmeangebotes	gegeben	gegeben, allerdings muss das Management nur unter bestimmten Bedingungen eine Meldung abgeben (s. 3.2.3.4)
Transparenz der Jahresabschlüsse und damit Möglichkeit der Unternehmensbewertung	True and Fair View ist Pflicht, allerdings unterscheiden sich UK-GAAP und IAS in einigen Punkten	True and Fair View ist für Unternehmen, die an der Hauptbörse kotiert sind, Pflicht; es muss mindestens nach FER bilanziert werden; bei FER sind allerdings noch viele Wahlrechte und viele Punkte nicht oder nicht so ausführlich wie in den IAS geregelt
Befreiung von der Aufkaufpflicht (Opting-out oder Opting-up) nur mit Zustimmung der Aktionäre	Befreiung von der Aufkaufpflicht nur in Ausnahmefällen	kann in den Statuten vorgesehen werden; dazu muss vorher die Generalversammlung zugestimmt haben
Austrittsrechte von Minderheitsaktionären nach Ablauf des Übernahmeangebotes	unter den Voraussetzungen von s. 430A CA 1985 möglich	nicht möglich, falls die Aktien nicht verkauft werden können
Durchsetzungskraft der Aufsichtsbehörde	gegeben	muss sich noch zeigen

Quelle: eigene Darstellung

Anhang 1: Die wirtschaftliche Bedeutung von Public Companies

Umsatz in Tausend Pfund	Companies and Public Corporations	Sole Proprietors	Partnerships	General Government and Non-Profit Making Bodies
1-49	90'295	236'750	78'590	7'240
50-99	84'150	182'695	97'400	6'705
100-249	105'635	128'560	125'695	8'105
250-499	75'095	33'915	52'045	3'090
500-999	62'680	11'320	22'170	1'135
1000-1999[787]	43'065	4'930	12'235	2'455
2000-4999	32'625	n.a.	n.a.	n.a.
5000-9999	13'050	n.a.	n.a.	n.a.
100000+	16'030	n.a.	n.a.	n.a.
Total	522'620	598'170	388'130	28'725

Quelle: Office for National Statistics

[787] Bei den Sole Proprietors, den General Government und Non-Profit Making Bodies und den Partnerships erfolgen keine detaillierten Angaben ab einem Umsatz von mehr als £ 1'000'000.

Literaturverzeichnis

Aellen, Marcel Livio [Effektenhändler, 1997]: Neue Rahmenbedingungen für die Effektenhändler, in: Finanz und Wirtschaft, Nr. 9, 1.2.1997, S. 23

Aerni, Peter [Börsengesetz, 1992]: Braucht die Schweiz ein Eidgenössisches Börsengesetz?, Basel, 1992 (WWZ-Forschungsbericht, Nr. 4, 1992)

Assmann, Heinz-Dieter et al. [Übernahmeangebote, 1990]: Übernahmeangebote, in: Reinhard Goerdeler et al. (Hrsg.): Zeitschrift für Unternehmens- und Gesellschaftsrecht (Sonderheft 9), Berlin / New York: Walter de Gruyter, 1990

Auerbach, Alan [Takeovers, 1988]: Corporate Takeovers: Causes and Consequences, Chicago / London: The University of Chicago Press, 1988

Bachmann, Raoul-Philip [Übernahmen, 1992]: Mehrstufige Übernahmen schweizerischer Publikumsgesellschaften unter besonderer Berücksichtigung der Zielaktionäre, in: Peter Forstmoser (Hrsg.): Schweizer Schriften zum Handels- und Wirtschaftsrecht, Bd. 147, Zürich: Schulthess Polygraphischer Verlag, 1992

Bahnmüller, Kurt [Einkaufstour, 1995]: Chemie auf Einkaufstour, in: HandelsZeitung (Hrsg.): Wer übernahm wen? Fusionen und Beteiligungen, 1995, S. 7-8

Bahnmüller, Kurt [Fusionen, 1996]: An Schwung verloren, in: HandelsZeitung (Hrsg.): Wer übernahm wen? Fusionen und Beteiligungen, 1996, S. 7-8

Bahnmüller, Kurt [Horizont, 1997]: Auf zu neuen Horizonten, in: HandelsZeitung, Nr. 3, 16.1.1997, S. 45

Bär, Thomas [Finanzierung, 1990]: Die Finanzierung einer Offerte oder deren Abwehr, in: Colloque: Les prises de participations: l'exemple des offres publiques d'achats / Kolloquium: Erwerb von Beteiligungen am Beispiel von öffentlichen Übernahmeangeboten, Lausanne: Payot, 1990, S. 105-116

Bäumer, Helmut [Börsenrecht, 1989]: Das englische Börsenrecht, Frankfurt usw.: Verlag Peter Lang, 1989 (Europäische Hochschulschriften, Reihe II, Bd. 824)

Benz, Ulrich [Vinkulierung, 1993]: Gelockerte Vinkulierung, in: Walter R. Schluep / Peter R. Isler (Hrsg.): Zum 50. Geburtstag von Peter Forstmoser, Zürich: Schulthess Polygraphischer Verlag, 1993 (Neues zum Gesellschafts- und Wirtschaftsrecht), S. 55-68

Berger, Klaus Peter [Unternehmensübernahmen, 1991]: Unternehmensübernahmen in Europa, in: Zeitschrift für Wirtschaftsrecht, Heft Nr. 23-24, 1991, S. 1644-1660

Berle, Adolf Augustus / Means, Gardiner C. [Modern Corporation, 1933]: The Modern Corporation and Private Property, New York: Macmillan, 1933

Blackman, Andrew [Review, 1995]: Review of the Year, in: Acquisitions Monthly - Annual 1995, 1995, S. 14-18

Böckli, Hans Rudolf [Missbräuche, 1994]: Missbräuche erschwert, in: Finanz und Wirtschaft, Nr. 94, 9.11.1994, S. 21

Böckli, Peter [Vinkulierung, 1991]: Wesentliche Änderungen in der Vinkulierung der Namenaktien, in: Der Schweizer Treuhänder, Heft Nr. 11, 1991, S. 583-586

Böckli, Peter [Kapitalmarkt, 1991]: Rechtliche Rahmenbedingungen für einen effizienten Schweizer Kapitalmarkt, in: McKinsey & Company (Hrsg.): Economic Value and Market Capitalisation in Switzerland, Zürich, 1991, S. 36-44

Böckli, Peter [Verwaltungsrat, 1993]: Neuerungen im Verantwortlichkeitsrecht für den Verwaltungsrat, in: Sonderdruck aus der „Schweizerische Zeitschrift für Wirtschaftsrecht", Heft Nr. 6, 1993, S. 1-38

Böckli, Peter [Aktienrecht, 1996]: Schweizer Aktienrecht - Darstellung für den Praktiker, 2. Auflage, Zürich: Schulthess Polygraphischer Verlag, 1996

Boemle, Max [La Suisse, 1988]: Die Lehren aus dem Fall La Suisse, in: Finanz und Wirtschaft, 13. 8.1988, S. 1 und 10

Boemle, Max [Zusammenschlüsse, 1990]: Grundlagen der Unternehmenszusammenschlüsse, in: Hans Siegwart (Hrsg.): Mergers & Acqusitions - Meilensteine im Management, Basel / Frankfurt am Main: Verlag Helbing & Lichtenhahn / Stuttgart: Schäffer Verlag für Wirtschaft und Steuern GmbH, 1990, S. 347-364

Boemle, Max [Jahresabschluss, 1992]: Der Jahresabschluss - Bilanz, Erfolgsrechnung, Anhang, Zürich: Verlag des Schweizerischen Kaufmännisschen Verbandes, 1992

Boemle, Max [Unternehmungsfinanzierung, 1993]: Unternehmungsfinanzierung, 10., neu bearbeitete Auflage, Zürich: Verlag des Schweizerischen Kaufmännischen Verbandes, 1993

Boemle, Max [Rechenschaft, 1996]: Der Jahresabschluss als Instrument der Rechenschaft, Forschungsarbeit Heft Nr. 2, Fribourg, 1996

Bohrer, Andreas [Takeover, 1993]: Eine gesetzliche Takeover-Regelung für die Schweiz - Ordnungspolitische Vorschläge zum Börsengesetz, in: Der Schweizer Treuhänder, Heft Nr. 7-8, 1993, S. 505-512

Borgeaud, Pierre [Vinkulierung, 1991]: Die Vinkulierung aus Sicht der Wirtschaft, in: Der Schweizer Treuhänder, Heft Nr. 11, 1991, S. 587-590

Bosc, Marc / Gallicé, Philippe / Jeux, Marie-Pierre [M&A, 1990]: The M&A Handbook - strategies of the major exponents, London: IFR Publishing Ltd., 1990

Botschaft das Bundesrates vom 1. Mai 1993: Botschaft des Bundesrates zu einem Bundesgesetz über die Börsen und den Effektenhandel vom 24. Februar 1993, BBl. 1993 I

Bradley, Michael / Desai, Anand / Kim E. Han [Interim Tender Offers, 1983]: The Rationale Behind Interim Tender Offers - Information or Synergy?, in: Journal of Financial Economics, Heft Nr. 11, 1983, S. 183-206

Braschler, Christoph [Abwehrmassnahmen, 1992]: Abwehrmassnahmen gegenüber Unfriendly Takeover Bids in den USA und in der Schweiz, Appenzell: Fässler, 1992 (zugl. Diss. rer. pol. Hochschule Sankt Gallen)

Brierly, David [Hostile, 1997]: What now for the hostile bid?, in: The European, 9.1.1997, S. 3

Bruppacher, Peter R. [Konzentration, 1996]: Konzentration statt Diversifikation, in: HandelsZeitung (Hrsg.): Wer übernahm wen? Fusionen und Beteiligungen, 1996, S. 21-23

Burkart, Mike [Kaufangebote, 1994]: Zur Diskussion der Regulierung öffentlicher Kaufangebote - Eine ökonomische Analyse der im BEHG vorgesehenen Übernahmebestimmungen, Basel, 1994 (WWZ-Forschungsbericht, Nr. 1, 1994)

Calcutt, David [Panel, 1990]: The Takeover Panel, Informationsbroschüre des Takeover Panel, London, 1990

Cardale, Mark [United Kingdom, 1991]: United Kingdom, in: International Financial Law Review, Special Supplement January 1991, 1991, S. 116-123

Cathomen, Ivo [Praxis, 1996]: Das Shareholder-value-Konzept in der Praxis, in: Neue Zürcher Zeitung (Hrsg.): NZZ Fokus - Shareholder Value, Zürich, 1996, S. 50-51

Caytas, Ivo G. / Mahari, Julian I. [Investment Banking, 1988]: Im Banne des Investment Banking, Zürich: Verlag Neue Zürcher Zeitung, 1988

Cereghetti, Leonardo [Offenlegung, 1995]: Offenlegung von Unternehmensbeteiligungen im schweizerischen Recht, Zürich: Verlag Rüegger, 1995

Coffee, John C. [Shareholders, 1988]: Shareholders versus Managers; The Strain in the Corporate Web, in: John C. Coffee / Louis Lowenstein / Susan Rose-Ackerman (Hrsg.): Knights, Raiders and Targets - The Impact of the Hostile Takeover, New York / Oxford: Oxford University Press, 1988, S. 77-134

Cooke, Terence E. [Acquisitions, 1986]: Mergers and Acquisitions, Oxford / New York: Basil Blackwell, 1986

Cooke, Terence E. [M&A, 1989]: International Mergers and Acquisitions, Oxford / New York: Basil Blackwell, 1989

Copeland, Tom et al. [Valuation, 1996]: Valuation - Measuring and Managing the Value of Companies, New York etc.: John Wiley & Sons, 1996

Craven, John H. [Abwehr, 1991]: Ad-hoc-Maßnahmen zur Abwehr von Übernahme- und Beteiligungsversuchen am praktischen Beispiel, in: Günter Sieben / Heinz-Gerd Stein (Hrsg.): Unternehmensakquisitionen - Strategien und Abwehrstrategien, Stuttgart: Schäffer-Poeschel Verlag, 1991, S. 57-73

Deneshidru, Scheherazade [Forte, 1996]: Sir Rocco and sister sell £25m of Forte shares, in: Financial Times, 14.2.1996, S. 3

Fama, Eugene F. [Capital Markets, 1970]: Efficient Capital Markets: A Review of Theory and Empirical Work, in: Journal of Finance, Heft Nr. 25, 1970, S. 383-417

Fama, Eugene F. [Agency Problems, 1980]: Agency Problems and the Theory of the Firm, in: Journal of Political Economy, Heft Nr. 88, 1980, S. 288-307

Farrar, John H. [Takeovers, 1993]: Fuzzy Law, the Modernization of Corporate Laws, and the Privatization of Takeover Regulation, in: John H. Farrar (Hrsg.):Takeovers, Institutional Investors, and the Modernization of Corporate Laws, Auckland etc.: Oxford University Press, 1993, S. 1-11

Forstmoser, Peter [Spielraum, 1991]: Welchen Spielraum lässt die neue Vinkulierungsordnung?, in: Der Schweizer Treuhänder, Heft Nr. 11, 1991, S. 592-597

Forstmoser, Peter [Sicht, 1996]: Die Sicht des Gesetzes - Aktionärs- und Arbeitnehmerinteressen im Visier, in: Neue Zürcher Zeitung, Nr. 293, 16.12.1996, S. 9

Frei, Stephan N. [Meldepflicht, 1996]: Meldepflicht und Übernahmeregelung im neuen Börsengesetz - Verbesserte Transparenz und klare Spielregeln, in: Der Schweizer Treuhänder, Heft Nr. 9, 1996, S. 723-732

Freshwater, Tim / Boardman, Nigel [Restrictions, 1995]: Dealings and Restrictions on the Acquisition of Shares and Rights over Shares, in: Maurice Button / Philip Walker (Hrsg.): A Practitioner's Guide to the City Code on Takeovers and Mergers, Surrey: City & Financial Publishing, 1995, S. 33-74

Giger, Ernst [Eigene Aktien, 1996]: Eigene Aktien - Bilanzierung, Berichterstattung und Revision, in: Der Schweizer Treuhänder, Heft Nr. 3, 1996, S. 147-153

Goebel, Andrea [Konzernrechnungslegung, 1994]: Konzernrechnungslegung nach den International Accounting Standards, in: Der Betrieb, Heft Nr. 94, 1994, S. 2457-2464

Gomez, Peter [Shareholder Value, 1991]: Unternehmensakquisitionen vor dem Hintergrund des Shareholder Value, in: Günter Sieben / Heinz-Gerd Stein (Hrsg.): Unternehmensakquisitionen - Strategien und Abwehrstrategien, Stuttgart: Schäffer-Poeschel Verlag, 1991, S. 7-20

Gruber, Marco [Pflicht, 1996]: Die Pflicht zum Übernahmeangebot im neuen Börsenrecht, in: Peter Forstmoser (Hrsg.): Schweizer Schriften zum Handels- und Wirtschaftsrecht, Bd. 168, Zürich: Schulthess Polygraphischer Verlag, 1996

Güthoff, Julia [Gesellschaftsrecht, 1993]: Gesellschaftsrecht in Großbritannien - Eine Einführung mit vergleichenden Tabellen, 1. Auflage, Reh: Verlagsgruppe Jehle-Kehn, 1993

Harvey, Neil [Conduct, 1995]: Conduct during the Offer: Timing and Revision, and Restrictions following Offers, in: Maurice Button / Philip Walker (Hrsg.): A Pracitioner's Guide to the City Code on Takeovers and Mergers, Surrey: City & Financial Publishing, 1995, S. 137-161

Herrmann, Marcus [Abwehrmassnahmen, 1993]: Zivilrechtliche Abwehrmassnahmen gegen unfreundliche Übernahmeversuche in Deutschland und Großbritannien, in: Otto Sandrock (Hrsg.): Abhandlungen zum Recht der Internationalen Wirtschaft, Bd. 28, Heidelberg: Verlag Recht und Wirtschaft, 1993

Högholm, Kenneth [Corporate Control, 1994]: Essays in the Market for Corporate Control - Corporate Acquisitions and Stock Market Introductions, Helsingfors: Multiprint, 1994

Holberton, Simon [Hostile, 1996]: Northern Electric faces new hostile bid, in: The Financial Times, 29.10.1996, S. 1.

Holland, Peter [Provisions, 1995]: Provisions Applicable to all Offers, Partial Offers and Redemption or Purchase by a Company of its Own Securities, in: Maurice Button / Philip Walker (Hrsg.): A Pracitioner's Guide to the City Code on Takeovers and Mergers, Surrey: City & Financial Publishing, 1995, S. 99-117

Hollington, Robin [Rights, 1994]: Minority Shareholders' Rights, 2. Auflage, London: Sweet & Maxwell, 1994

Horber, Felix [Informationsrechte, 1995]: Die Informationsrechte des Aktionärs - Eine systematische Darstellung, Zürich: Schulthess Polyraphischer Verlag, 1995

Horber, Felix [Börsenrecht, 1997]: Vielschichtiger Kotierungsbegriff im Börsenrecht - Divergierende Tatbestandsmerkmale, in: Neue Zürcher Zeitung, Nr. 10, 14.1.1997, S. 23

Huemer, Friedrich [Acquisitions, 1991]: Mergers & Acquisitions - Strategische und finanzielle Analyse von Unternehmensübernahmen, Frankfurt etc.: Peter Lang, 1991 (Europäische Hochschulschriften, Reihe V, Bd. 1205)

Huguenin Jacobs, Claire [Gleichbehandlung, 1994]: Das Gleichbehandlungsprinzip im Aktienrecht, Zürich: Schulthess Polygraphischer Verlag, 1994 (zugl. Diss. Rechtswiss. Univ. Zürich)

Jenkinson, Tim / Mayer, Colin [Takeovers, 1994]: Hostile Takeovers - Defence, Attack and Corporate Governance, London etc.: McGraw Hill Book Company, 1994

Jensen, Michael C. [Organization, 1983]: Organization Theory and Methodology, in: The Accounting Review, Heft Nr. 58, 1983, S. 319-339 und 334f.

Jensen, Michael C. [Controversy, 1988]: The Takeover Controversy: Analysis and Evidence, in: John Coffee / Louis Lowenstein / Susan Rose-Ackerman (Hrsg.): Knights, Raiders, and Targets, New York / Oxford: Oxford University Press, 1988, S. 314-354

Kalss, Susanne / Wessely, Karin [Aktionärsrechte, 1994]: Die Rechte des Aktionärs, Bern: Stämpfli & Cie AG / Wien: Manzsche Verlags- und Universitätsbuchhandlung, 1994

Kaufmann, Hans / Kunz, Beat [Besitzverhältnisse, 1991]: Besitzverhältnisse von Schweizer Aktien, in: Bank Julius Bär (Hrsg.), Nr. 1, 1991

Keenan, Denis [Company Law, 1987]: Smith and Keenan's Company Law, 7. Auflage, London etc.: Pitman Publishing, 1987

Keenan, Denis [Students, 1996]: Smith and Keenan's Company Law for Students, 10. Auflage, London etc.: Pitman Publishing, 1996

Knoll, Heinz-Christian [Übernahmen, 1992]: Die Übernahme von Kapitalgesellschaften - Unter besonderer Berücksichtigung des Schutzes von Minderheitsaktionären nach amerikanischem, englischem und deutschem Recht, in: Ernst-Joachim Mestmäcker (Hrsg.): Wirtschaftsrecht und Wirtschaftspolitik, Bd. 119, Baden-Baden: Nomos Verlagsgesellschaft, 1992

Knüsel, Daniel [Unternehmensbewertung, 1994]: Die Anwendung der Discounted Cash Flow-Methode zur Unternehmensbewertung, in: Schriftenreihe der Treuhand-Kammer, Schweizerische Kammer der Bücher-, Steuer- und Treuhandexperten, Bd. 130, Winterthur: H. Schellenberg, 1994 (zugl. Diss. Staatswiss., Basel, 1994)

Kurer, Peter / Schärer, Heinz [Switzerland, 1991]: Switzerland, in: International Financial Law Review, Special Supplement 1991, 1991, S. 110-115

Kuy, André [Übernahmekampf, 1989]: Der Verwaltungsrat im Übernahmekampf - Eine aktienrechtliche Analyse der Verteidigungsmassnahmen der Zielgesellschaft, in: Peter Forstmoser (Hrsg.): Schweizer Schriften zum Handels- und Wirtschaftsrecht, Bd. 119, Zürich: Schulthess Polygraphischer Verlag, 1989

Lee, Peter T. [Takeover, 1990]: Takeover Regulation in the United Kingdom, in: Colloque: Les prises de participations: l'exemple des offres publiques d'achats / Kolloquium: Erwerb von Beteiligungen am Beispiel von öffentlichen Übernahmeangeboten, Lausanne: Payot, 1990, S. 280-293

Lee, Peter T. [Regulation, 1992]: Takeover Regulation in the United Kingdom, in: Klaus J. Hopt / Eddy Wymeersch (Hrsg.): European Takeovers - Law and Practice, London etc.: Butterworths, 1992, S. 133-142

Lee, Peter T. [Experience, 1993]: Takeovers - The United Kingdom Experience, in: John H. Farrar (Hrsg.): Takeovers, Institutional Investors, and the Modernization of Corporate Laws, Auckland etc.: Oxford University Press, 1993, S. 192-202

Lüttmann, Ruth [Kontrollwechsel, 1992]: Kontrollwechsel in Kapitalgesellschaften - Eine vergleichende Untersuchung des englischen, US-amerikanischen und deutschen Rechts, in: Ernst-Joachim Mestmäcker (Hrsg.): Wirtschaftsrecht und Wirtschaftspolitik, Baden-Baden: Nomos Verlagsgesellschaft, 1992

Maeijer, Josephus Martinus Maria / Geens, K. [Defensive Measures, 1990]: Defensive measures against hostile takeovers in the Common Market, London: Kluwer Academic Publisher, 1990

Manne, Henry G. [Corporate Control, 1965]: Mergers and the Market for Corporate Control, in: Journal of Political Economy, Heft Nr. 73, 1965, S. 110-120

Margolis, Adrienne [Merger, 1997]: BA and BT merger deals held up by European Commission intervention, in: Corporate Money, 5.2.1997, Nr. 176, S. 2

Mayr, Susanna R. L. [Takeovers, 1989]: Take overs im Lichte der Schweizerischen Aktienrechtsreform unter Berücksichtigung besonderer pendenter Fälle, Basel, 1989 (WWZ-Studien, Heft Nr. 11, 1989)

Meier, Robert [Aktiengesellschaft, 1994]: Die Aktiengesellschaft - Ein Rechtshandbuch für die praktische Arbeit in der schweizerischen Aktiengesellschaft, 2. überarbeitete und erweiterte Auflage, Zürich: Schulthess Polygraphischer Verlag, 1994

Meier-Schatz, Christian J. [Verteidigung, 1988]: Aktienrechtliche Verteidigungsvorkehren gegen unerwünschte Unternehmensübernahmen, in: Schweizerische Aktiengesellschaft, Heft Nr. 3, 1988, S. 106-121

Meier-Schatz, Christian J. [Betrachtungen, 1991]: Rechtliche Betrachtungen zu neueren Entwicklungen in der schweizerischen „Takeover-Szene", in: Schweizerische Juristen-Zeitung, Heft Nr. 4, 1991, S. 57-68

Meier-Schatz, Christian J. [Regulierungskommission, 1995]: Besprechung des Entscheides der Regulierungskommission, in: Schweizerische Zeitschrift für Wirtschaftsrecht, Heft Nr. 4, 1995, S. 190-193

Meier-Schatz, Christian J. [Verwaltungsrat, 1995]: Über die Zusammenarbeit des Verwaltungsrats mit der Generalversammlung, in: Der Schweizer Treuhänder, Heft Nr. 10, 1995, S. 823-837

Morf, Peter [Kartellgesetz, 1996]: Das neue Kartellgesetz als Chance für die Schweizer Wirtschaft, in: Finanz und Wirtschaft, Nr. 50, 19.6.1996, S. 21

Morgan, Bill [Forecast, 1995]: Profit Forecasts and Asset Valuations, in: Maurice Button / Philip Walker (Hrsg.): A Practitioner's Guide to the City Code on Takeovers and Mergers, Surrey: City & Financial Publishing, 1995, S. 163-174

Müller, Roland / Lipp, Lorenz [Handbuch, 1994]: Der Verwaltungsrat - Ein Handbuch für die Praxis, Zürich: Schulthess Polygraphischer Verlag, 1994

Müller, Roland [Verwaltungsrat, 1995]: Rechte und Pflichten des Verwaltungsrates - Ihre Bedeutung in der Praxis, in: Der Schweizer Treuhänder, Heft Nr. 10, 1995, S. 807-822

Nobes, Christoper [Comparisons, 1994]: Accounting Comparisons - Comparing UK and IASC rules, in: Coopers & Lybrand (Hrsg.), London: Hobbs the Printers Ltd., 1994

Nobes, Christopher [Study, 1994]: A Study for the International Accounting Standards Committee, in: Coopers & Lybrand (Hrsg.), London: Albert Robbins & Co. Ltd., 1994

O'Brien, Barry [Advice, 1995]: The Aproach, Announcements and Independent Advice, in: Maurice Button / Philip Walker (Hrsg.): A Practitioner's Guide to the City Code on Takeovers and Mergers, Surrey: 1995, S. 13-32

o.V. [M&A, 1993]: Switzerland, in: Lenz & Staehelin (Hrsg.), Mergers & Acquisitions in Europe and in Switzerland, 1993, S. 105-122

o.V. [Accounting Standards, 1994]: Accounting Standards, in: Coopers & Lybrand (Hrsg.), London: Clays Ltd., 1994

o.V. [Survey, 1994]: Survey of critical valuation issues in mergers and acquisitions, in: Coopers & Lybrand (Hrsg.), London, 1994

o.V. [Financial Reporting, 1995]: Financial Reporting - An International Survey, in: Price Waterhouse (Hrsg.), London, 1995

o.V. [Fusionsaktivitäten, 1995]: Anhaltend rege Fusionsaktivitäten in der EU, in: Neue Zürcher Zeitung, Nr. 138, 17./18.6.1995, S. 22

o.V. [Holvis, 1995]: Neue Wende im Übernahme-Poker um Holvis, in: Neue Zürcher Zeitung, Nr. 121, 27./28.5.1995, S. 21

o.V. [Kurssprung, 1995]: Kurssprung der Holvis-Aktien, in: Neue Zürcher Zeitung, Nr. 112, 16.5.1995, S. 33

o.V. [Report, 1995]: The Takeover Panel Report, Informationsbroschüre des Takeover Panel, London, 1995

o.V. [Schlacht, 1995]: Die Schlacht ist geschlagen - Satte Kapitalmehrheit der BBA-Group an Holvis, in: Neue Zürcher Zeitung, Nr. 152, 4.7.1995, S. 26

o.V. [Totalrevision, 1995]: Totalrevision des Kotierungsreglementes, in: Bulletin der Schweizerischen Zulassungsstelle, Heft Nr. 1, 1995

o.V. [Wettbewerbsprinzip, 1995]: Auf dem Weg zum Wettbewerbsprinzip, in: Neue Zürcher Zeitung, 27.11.1995, S. 22

o.V. [Aktienführer, 1996]: Aktienführer Schweiz 1996/1997, in: Verlag Finanz und Wirtschaft (Hrsg.), Zürich, 1996

o.V. [Aktienrückkauf, 1996]: Anstehende Entscheide zum Aktienrückkauf, in: Neue Zürcher Zeitung, Nr. 304, 31.12.1996, S. 29

o.V. [Aktionärsrechte, 1996]: Stärkung der Aktionärsrechte in Grossbritannien, in: Neue Zürcher Zeitung, Nr. 90, 18.4.1996, S. 33

o.V. [Forte, 1996]: Die Londoner City im Bann des Forte-Abwehrkampfs, in: Neue Zürcher Zeitung, Nr. 3, 4.1.1996, S. 21

o.V. [Fusionsfieber, 1997]: Fusionsfieber neu ausgebrochen, in: HandelsZeitung, Nr. 3, 16.1.1997, S. 1

o.V. [Harmonisierung, 1996]: Keine Harmonisierung der EU-Übernahmeregeln - Nur lockere Mindeststandards für den Aktionärsschutz, in: Neue Zürcher Zeitung, Nr. 111, 14.5.1996, S. 33

o.V. [Kotierungsreglement, 1996]: Unterwegs zur „gläsernen" Publikumsgesellschaft - Inkraftsetzung des neuen Kotierungsreglements per 1. Oktober, in: Neue Zürcher Zeitung, Nr. 69, 2.4.1996, S. 33

o.V. [Offerte, 1996]: Erhöhung der Offerte von Granada an Forte - Eindeutige Alternativen für die Aktionäre, in: Neue Zürcher Zeitung, 10.1.1996, Nr. 8, S. 21

o.V. [Prüfung, 1996]: Detaillierte Prüfung der Novartis durch die EU - Wettbewerbsbedenken in Brüssel, in: Neue Zürcher Zeitung, Nr. 103, 4./5.5.1996, S. 25

o.V. [Rolle, 1996]: Überschätzte Rolle institutioneller Anleger?, in: Neue Zürcher Zeitung, Nr. 137, 15/16.6.1996, S. 21

o.V. [Rules, 1996]: New Swiss Exchange rules aim to attract foreigners, in: Financial Times, 22.3.1996, S. 23

o.V. [Schutz, 1997]: Schutz vor Übernahmen, in: Blick durch die Wirtschaft, 21.11.1997, S. 1

o.V. [Steuern, 1996]: Steuern in der Schweiz - Ausgabe 1996, 7. Aufl., in: STG-Coopers & Lybrand (Hrsg.), Bern: Hallwag AG, 1996

o.V. [Übernahmerekord, 1996]: Fusions- und Übernahmerekord in Grossbritannien, in: Neue Zürcher Zeitung, Nr. 3, 5.1.1996, S. 23

o.V. [UK, 1996]: UK M&A, in: Financial Times, 27./28.7.1996, S. 24

o.V. [Börsengesetz, 1997]: Erst gegen Ende Jahr in Kraft - Börsengesetz verzögert sich, in: Finanz und Wirtschaft, Nr. 31, 23.4.1997, S. 2

o.V. [Übernahmewelle, 1997]: Übernahmewelle beschert Bankiers lukrative Bonus-Zahlungen, in: Frankfurter Allgemeine Zeitung, Nr. 4, 6.1.1997, S. 11

o.V. [Ratio Screening, 1997]: Ratio Screening, Aktienrückkäufe, Free Float, in: Bank Vontobel & Co AG Swiss Research, Zürich, 1997

o.V. [Rekord, 1997]: Rekordhohe Übernahme- und Fusionswelle - Schwergewicht im amerikanischen Fernmeldegeschäft, in: Neue Zürcher Zeitung, Nr. 1, 3.1.1997, S. 21

Paines, Anthony / Reynolds, Michael [Merger Control, 1988]: Merger Control in the EEC, Deventer etc.: Kluwer Law and Taxation Publishers, 1988

Palit, Orun [Approach, 1994]: Der angelsächsische und japanische M&A Approach, in: Der Schweizer Treuhänder, Heft Nr. 9, 1994, S. 737-744

Pearson, Christopher [Offers, 1995]: Mandatory and Voluntary Offer and Their Terms, in: Maurice Button / Philip Walker (Hrsg.): A Practitioner's Guide to the City Code on Takeovers and Mergers, Surrey: 1995, S. 75-98

Peck, Andrew [Documents, 1995]: Documents from the Offeror and Offeree Board, in: Maurice Button / Philip Walker (Hrsg.): A Pracitioner´s Guide to the City Code on Takeovers and Mergers, Surrey: City & Financial Publishing, 1995, S. 119-135

Peter, Christoph [Vorschlag, 1996]: Revidierter Vorschlag für eine 13. gesellschaftsrechtliche EU-Richtlinie über Übernahmeangebote, in: Schweizerische Zeitschrift für Wirtschaftsrecht, Heft Nr. 4, 1996, S. 177-197

Planta, Thomas von [Schutz, 1992]: Der Schutz der Aktionäre bei Kapitalerhöhungen unter Berücksichtigung der massgeblichen Bestimmungen des EG-Gesellschaftsrechts, Basel / Frankfurt am Main: Helbing & Lichtenhahn, 1992

Pletscher, Thomas [Börsengesetz, 1994]: Übernahmeregelung im neuen Börsengesetz, in: Der Schweizer Treuhänder, Heft Nr. 3, 1994, S. 170-176

Pope, Kyle [Granada, 1996]: Granada Expected to Boost Forte Takeover Offer Today, in: Wall Street Journal, 9.1.1996, S. 3

Pulver, Urs [Kaufangebote, 1993]: Zur Regelung öffentlicher Kaufangebote, in: Walter R. Schluep / Peter R. Isler: Zum 50. Geburtstag von Peter Forstmoser, Zürich: Schulthess Polygraphischer Verlag, 1993 (Neues zum Gesellschafts- und Wirtschaftsrecht), S. 239-261

Rappaport, A [Shareholder Value, 1986]: Creating Shareholder Value, New York / London: Free Press, 1986

Rawsthorn, Alice [Parachute, 1996]: „Golden parachute" at EMI, in: Financial Times, 23.7.1996, S. 19

Rice, Robert [Takeover, 1996]: Plans unlikely to bite - EU takeover proposals will have little effect on UK practice, in: Financial Times, 7.5.1996, S. 24

Röhrich, Martina [Feindlich, 1992]: Feindliche Übernahmeangebote - Eine wettbewerbspolitische Beurteilung anhand von Fallstudien aus den USA, in: Ernst-Joachim Mestmäcker (Hrsg.): Wirtschaftsrecht und Wirtschaftspolitik, Bd. 123, Baden-Baden: Nomos Verlagsgesellschaft, 1992

Roll, Richard [Hybris Hypothesis, 1986]: The Hybris Hypothesis of Corporate Takeovers, in: The Journal of Business, Volume 59, Nr. 2 Part 1, April 1986, S. 197-216

Romano, Roberta [Takeover, 1992]: A Guide to Takeovers: Theory, Evidence and Regulation, in: Klaus J. Hopt / Eddy Wymeersch (Hrsg.): European Takeovers - Law and Practice, London etc.: Butterworths, 1992, S. 3-48

Ruback, Richard S. [Takeover, 1988]: An Overview of Takeover Defenses, in: Alan J. Auerbach (Hrsg.): Mergers and Acqusitions, Chicago / London: The University of Chicago Press, 1988

Samsinger, Berndt / Stubenrauch, Anja [Shareholder Value, 1996]: Durchbruch des Shareholder Value in der Schweiz, in: Finanz und Wirtschaft, Nr. 94, 30.11.1996, S. 30

Schade, Michael [Internationalisierung, 1990]: Die Internationalisierung des Mergers & Acquisitions-Geschäftes, Bamberg: Difo-Druck, 1990 (zugl. Diss. Hochschule St. Gallen)

Schenker, Urs [Information, 1996]: Kotierungsreglement verpflichtet zur zeitnahen Information, in: Invest - Magazin der Finanz und Wirtschaft, Heft Nr. 8, 1996, S. 37 f.

Schmid, Hans-Rudolf [Aktionär, 1996]: Vor einer Metamorphose des Aktionärs - Gebündelte Eigentümerinteressen mit Wertsteigerungsziel, in: Neue Zürcher Zeitung (Hrsg.): NZZ Fokus - Shareholder Value, Zürich, 1996, S. 6 f.

Schmitt, Petra [Verwaltung, 1991]: Das Verhältnis zwischen Generalversammlung und Verwaltung in der Aktiengesellschaft, in: Peter Forstmoser (Hrsg.): Schweizer Schriften zum Handels- und Wirtschaftsrecht, Bd. 137, Zürich: Schulthess Polygraphischer Verlag, 1991 (zugl. Diss. Rechtswiss. Univ. Basel)

Schultz, Günther [Börsenzulassung, 1994]: Die künftige Regelung der Börsenzulassung, in: Der Schweizer Treuhänder, Heft Nr. 5, 1994, S. 363-368

Senn, Myriam [Meldepflicht, 1993]: Anmerkungen zur zukünftigen Meldepflicht im Börsengesetz - Art. 20 BEHG, in: Schweizerische Zeitschrift für Wirtschaftsrecht, Heft Nr. 5, 1993, S. 227-233

Shearlock, Peter [Holvis, 1995]: Keep it in the familiy - The Holvis takeover highlights failings of the Swiss law, in: The Banker, Heft Nr. 7, 1995, S. 20-23

Spearing, Nicholas et al. [Hostile Takeovers, 1990]: Defensive Tactics against Hostile Takeovers in Eight EEC Countries, Mailand: Dott. A. Giuffrè Editore, 1990

Speck, Kurt [Reichtum, 1997]: Fusionen ohne Innovationen schaffen keinen Reichtum, in: HandelsZeitung, Nr. 3, 16.1.1997, S. 2

Staple, William [Panel, 1995]: The Takeover Panel, in: Maurice Button / Philip Walker (Hrsg.): A Practitioner's Guide to the City Code on Takeovers and Mergers, London: 1995, S. 1-12

Stedman, Graham [Takeovers, 1993]: Takeovers, London: Longman Law, Tax and Finance, 1993

Steinmann, Markus [Abwehrmassnahmen, 1989]: Präventive Abwehrmassnahmen zur Verhinderung unfreundlicher Übernahmen mit Mitteln des Aktienrechts, Zürich: Verlag Rüegger, 1989 (Reihe Handels- und Wirtschaftsrecht, Bd. 21)

Stoffel, Walter A. [Kartellpolitik, 1996]: Neurorientierung der Schweizer Kartellpolitik - Funktionsschutz des Wettbewerbs, in: Neue Zürcher Zeitung, Nr. 140, 19.6.1996, S. 23

Stoffel, Walter A. [Kartellrecht, 1996]: Das schweizerische Kartellrecht 1996: Neues und Altes bei der Wachtablösung nach zehn Jahren, in: Schweizerische Zeitschrift für Wirtschaftsrecht, Heft Nr. 3, 1996, S. 106-121

Strazzer, René [Übernahmeangebot, 1993]: Das öffentliche Übernahmeangebot im Kapitalmarktrecht der Schweiz - unter besonderer Berücksichtigung des Verhältnisses zwischen Bieter und Aktionär, Zürich: Schulthess Polygraphischer Verlag, 1993 (zugl. Diss. Rechtswiss. Univ. Zürich)

Strazzer, René [Börsengesetz, 1995]: Die Takeover-Regelung des neuen Börsengesetzes - Ein Überblick über das künftige schweizerische Übernahmerecht, in: Der Schweizer Treuhänder, Heft Nr. 9, 1995, S. 721-729

Sudarsanam, Sudi [Essence, 1995]: The Essence of Mergers and Acquisitions, London etc.: Prentice Hall, 1995

Todd, Rory / Lynchehan, Martin [United Kingdom, 1992]: United Kingdom, in: International Financial Law Review, Special Supplement 1992, 1992, S. 63-69

Tschäni, Rudolf [Übernahmen, 1991]: Unternehmensübernahmen nach Schweizer Recht - Ein Handbuch zu Übernahmen, Fusionen und Unternehmenszusammenschlüssen, 2., stark überarbeitete und ergänzte Auflage, Basel / Frankfurt am Main: Verlag Helbing & Lichtenhahn, 1991

Tschäni, Rudolf [Übernahmeangebote, 1994]: Öffentliche Übernahmeangebote im Börsengesetz und im EG-Recht, in: Aktuelle Juristische Praxis, Heft Nr. 3, 1994, S. 308-318

Urry, Maggie [Device, 1996]: US grows sick of its anti-takeover device, in: The Financial Times, 9.4.1996, S. 12

Vischer, Frank [Börsengesetz, 1994]: Rechtliche Aspekte des neuen Börsengesetzes, in: Ein schweizerisches Börsengesetz im europäischen Kontext, 1994 (Basler Schriften zur europäischen Integration, Bd. 2), S. 1-50

Vock, Thomas [Aspekte, 1987]: Aspekte der Unternehmenskontrolle - Eine Analyse für die Schweiz, Zürich: ADAG Adminstration & Druck AG, 1987 (zugl. Diss. rer. pol. Univ. Bern)

Vogt, Nedim Peter/ Watter, Rolf [M&A, 1993]: Mergers & Acquisitions in Switzerland, Basel / Frankfurt am Main: Helbing & Lichtenhahn, 1993

Ward, Angela [M&A, 1994]: A very positive year for M&A, in: Acquisitions Monthly - Annual 1994, 1994, S. 15-16

Watter, Rolf [Unternehmensübernahmen, 1990]: Unternehmensübernahmen - Kontrollwechsel in der Aktiengesellschaft mittels Aktienkauf, Übernahmeangebot, Fusion und verwandter Tatbestände, Zürich: Schulthess Polygraphischer Verlag, 1990

Weber, Rolf [Offenlegungspflichten, 1994]: Offenlegungspflichten im neuen Börsengesetz und im EG-Recht, in: Aktuelle Juristische Praxis, Heft Nr. 3, 1994, S. 301-307

Werner, Winfried [Probleme, 1989]: Probleme „feindlicher" Übernahmen im Aktienrecht, Berlin / New York: Walter de Gruyter, 1989 (Schriftenreihe der Juristischen Gesellschaft zu Berlin, Heft 115)

Weston, J. Fred / Chung, Kwang S. / Hoag, Susan E. [Restructuring, 1990]: Mergers, Restructuring and Corporate Control, London: Prentice-Hall International, 1990

Xuereb, Peter G. [Rights, 1989] The Rights of Shareholders, Oxford etc.: BSP Professional Book, 1989

Zoern, Alexander [Motive, 1994]: Motive für nationale Unternehmensakquisitionen deutscher und englischer Unternehmen, München / Mering: Rainer Hampp Verlag, 1994 (Strategie- und Informationsmanagement, Bd. 6)

Zulauf-Poli, Daniel [Schindler-Klausel, 1997]: Die „Schindler-Klausel" - Das neue Kotierungsreglement trägt auch Partikularinteressen Rechnung, in: Finanz und Wirtschaft, Nr. 45, 11.6.1997, S. 21

Peter Lang · Europäischer Verlag der Wissenschaften

Andreas von der Heydt

Efficient Consumer Response (ECR)

3., aktualisierte und erweiterte Auflage

Basisstrategien und Grundtechniken, zentrale Erfolgsfaktoren sowie globaler Implementierungsplan

Frankfurt/M., Berlin, Bern, New York, Paris, Wien, 1997, 3., akt. u. erw. Aufl. 1998.
287 S., zahlr. Abb. u. Fallbeispiele
Europäische Hochschulschriften: Reihe 5, Volks- und Betriebswirtschaft. Bd. 2062
ISBN 3-631-33228-9 · br. DM 65.–*

Dieses Buch hat richtungsweisende Akzente in der ECR-Diskussion gesetzt und sich innerhalb kürzester Zeit als Standardwerk in Praxis und Wissenschaft etabliert. Auch in der nun vorliegenden dritten, aktualisierten und erweiterten Auflage soll der immer wichtiger werdende ECR-Ansatz, der eine partnerschaftlich angelegte Zusammenarbeit zwischen Handel und Industrie zum Wohle des Verbrauchers postuliert, in seiner Gesamtheit vorgestellt und analysiert werden.

„Mit dieser Grundlagenarbeit, die mit keiner Seite die wertvolle Zeit des Lesers verschwendet, ist es dem Autor nicht nur gelungen, ECR umfassend, kritisch und fundiert zu untersuchen, sondern es konnten vielmehr auch wichtige Lösungsvorschläge und Anregungen geliefert werden, die den Unternehmen von großem Wert sein dürften."
Alexander M. Lintner, Geschäftsführer Roland Berger & Partner

„Eine sehr detaillierte und gleichermaßen verständliche und eingängige Ausarbeitung."
Lebensmittel Zeitung

„Ich bin froh, diese Schrift in Händen zu haben."
Prof. Dr. Lothar Müller-Hagedorn, Universität Köln

„Dieses Werk ist für unsere Mitglieder sicherlich von großem Interesse."
Angelika Wiesgen-Pick, Geschäftsführerin Bundesverband der Deutschen Spirituosenindustrie e.V., Bonn

„Umfassend, verständlich und auf Deutsch."
manager magazin

„Ein wichtiger Beitrag zum Thema ECR, der sicher vielen Managern eine wichtige Entscheidungshilfe sein kann."
Prof. Dr. H.-P. Liebmann, Universität Graz

„Eine hervorragende Arbeit. Nicht nur phantastisch präsentiert, sondern auch inhaltlich ausgezeichnet."
Wolfgang K. A. Disch, Herausgeber MARKETING JOURNAL, Hamburg

Aus dem Inhalt: ECR-Historie · ECR-Basisstrategien und Grundtechniken · Zentrale ECR-Erfolgsfaktoren · Globaler ECR-Implementierungsplan

Frankfurt/M · Berlin · Bern · New York · Paris · Wien
Auslieferung: Verlag Peter Lang AG
Jupiterstr. 15, CH-3000 Bern 15
Telefax (004131) 9402131
*inklusive Mehrwertsteuer
Preisänderungen vorbehalten

FSC
www.fsc.org
MIX
Papier | Fördert gute Waldnutzung
FSC® C083411

Kolibri 360 GmbH
Ferdinand-Jühlke-Straße 7
99095 Erfurt, Deutschland
produktsicherheit@kolibri360.de

Druck:
CPI Druckdienstleistungen GmbH
im Auftrag der
Kolibri 360 GmbH
Ferdinand-Jühlke-Str. 7
99095 Erfurt